房地产平台经济论丛　　　中央高校基本科研业务费专项资金资助项目
　　　　　　　　　　　　住房和城乡建设部科学技术项目计划(2018-R4-008)

房地产网络平台多平台接入及相关市场界定

吴伟巍　著

东南大学出版社
SOUTHEAST UNIVERSITY PRESS
·南京·

内 容 提 要

　　互联网已经渗透到人们日常工作和生活中的各个领域,房地产作为重要产业之一,也借助网络进行平台转型升级。然而房地产网络平台同质化严重,用户多平台接入现象普遍,加剧了房地产网络平台的竞争。已有的研究并未从双边市场理论对房地产网络平台及用户经济行为进行系统性研究,无法对新型市场结构下房地产网络平台的竞争进行解释。因此,本书以双边市场理论为基础,通过分析房地产网络平台的双边市场特征、市场结构,在霍特林(Hotelling)模型框架下构建房地产网络平台的竞争模型,研究用户多平台接入情形下房地产网络平台的竞争策略。

　　此外,因为房地产网络平台的双边市场特征,逐渐显现出一家独大的发展趋势,对反垄断理论提出了新的挑战。然而,相关市场界定是反垄断实施的关键第一步,目前针对房地产网络平台相关市场界定的研究还很少。本书结合双边市场理论,对房地产网络平台相关市场界定方法的研究,一方面构建了双边方式下房地产网络平台相关市场界定的定量分析框架,另一方面明确了不同情形下房地产网络平台相关市场界定方式的策略选择。

图书在版编目(CIP)数据

房地产网络平台多平台接入及相关市场界定 / 吴伟巍著.
—南京:东南大学出版社,2020.8
（房地产平台经济论丛）
ISBN 978-7-5641-9006-4

Ⅰ.①房… Ⅱ.①吴… Ⅲ.①房地产市场—网络营销—研究 Ⅳ.①F293.352

中国版本图书馆 CIP 数据核字(2020)第 131964 号

房地产网络平台多平台接入及相关市场界定
Fangdichan Wangluo Pingtai Duopingtai Jieru Ji Xiangguan Shichang Jieding
著　　者　吴伟巍

出版发行	东南大学出版社
社　　址	南京市四牌楼 2 号　邮编:210096
出 版 人	江建中
责任编辑	丁　丁
编辑邮箱	d.d.00@163.com
网　　址	http://www.seupress.com
电子邮箱	press@seupress.com
经　　销	全国各地新华书店
印　　刷	江苏凤凰数码印务有限公司
版　　次	2020 年 8 月第 1 版
印　　次	2020 年 8 月第 1 次印刷
开　　本	787 mm×1 092 mm　1/16
印　　张	11.25
字　　数	281 千
书　　号	ISBN 978-7-5641-9006-4
定　　价	58.00 元

本社图书若有印装质量问题,请直接与营销部联系。电话(传真):025-83791830

前　言

　　毋庸置疑，互联网平台已经在深刻改变着我们的生活方式。从产业方向来看，基于互联网进行产业的升级和改造是必然方向，平台是"互联网＋"战略下最有效的产业升级改造的方式之一。平台的本质在于"解决陌生人与陌生人之间的信任"。由于双边市场具有的网络外部性特征，一旦突破临界容量之后，平台就有可能实现赢家通吃，这也是平台的最大魅力所在。而房地产网络平台，由于低频、高值、重线下服务，使之具有不同于消费信用体系的特点。买卖平台、租售平台、信息搜寻平台、装修平台、贷款平台、后服务平台等，涉及的买方信用、卖方信用、中介信用、租客信用、房东信用、装修信用、物管信用等，大部分都不同于已经构建的"用户产生内容"体系。

　　房地产作为重要产业之一，也一直在尝试借助互联网平台进行转型升级。然而房地产网络平台同质化严重，用户多平台接入现象普遍，加剧了房地产网络平台的竞争。已有的研究并未从双边市场理论对房地产网络平台及用户经济行为进行系统性研究，无法对新型市场结构下房地产网络平台的竞争进行解释。因此，本书以双边市场理论为基础，通过分析房地产网络平台的双边市场特征、市场结构，在霍特林（Hotelling）模型框架下构建房地产网络平台的竞争模型，研究用户多平台接入情形下房地产网络平台的竞争策略。

　　此外，因为房地产网络平台的双边市场特征，逐渐呈现出一家独大的发展趋势，对反垄断理论提出新的挑战。然而，相关市场界定是反垄断实施的关键第一步，目前针对房地产网络平台相关市场界定的研究还很少。本书结合双边市场理论，对房地产网络平台相关市场的界定方法进行了研究，一方面构建了双边方式下房地产网络平台相关市场界定的定量分析框架，另一方面明确了不同情形下房地产网络平台相关市场界定方式的策略选择。

　　整个书稿完成过程中，得到了来自良师益友、东南大学经济管理学院周勤教授及其课题组成员的深入指导；同时受到了恩师、东南大学土木工程学院李启明教授的鼎力支持。没有两位教授的倾力相助，就不可能有本书的诞生，在此一并表示深深的谢意！

　　此外，东南大学硕士研究生黄慧敏主要参与了第1章、第2章、第3章、第4章、第5章的撰写工作；东南大学硕士研究生葛季承主要参与了第1章、第2章、第6章、第7章、

第 8 章的撰写工作。东南大学硕士研究生韩兆、周晶莹参加了书稿最后的编排工作,在此一并表示感谢!

房地产网络平台的尝试才刚刚开始,我辈工程管理人任重而道远!当然,由于作者才疏学浅,疏漏和错误不可避免,此书权当抛砖引玉,请各位读者批评指正!

吴伟巍

2020 年 7 月 20 日于南京藏龙御景

CONTENTS 目录

第1章 研究背景及研究内容 … 001
1.1 研究背景 … 001
1.1.1 多平台接入情形下房地产网络平台竞争 … 001
1.1.2 房地产网络平台相关市场界定 … 002
1.2 国内外研究现状 … 004
1.2.1 房地产网络平台的研究现状 … 004
1.2.2 多平台接入问题研究现状 … 005
1.2.3 平台竞争研究现状 … 006
1.2.4 房地产电子商务研究现状 … 007
1.2.5 相关市场界定研究现状 … 007
1.2.6 现有研究不足总结 … 010
1.3 研究内容 … 010
1.3.1 多平台接入情形下房地产网络平台竞争模型研究 … 010
1.3.2 房地产网络平台相关市场界定方法研究 … 013

第2章 理论基础及方法 … 016
2.1 双边市场理论 … 016
2.1.1 传统理论和双边市场理论的比较 … 016
2.1.2 双边市场的定义与特征 … 018
2.1.3 双边市场分类 … 020
2.1.4 双边市场的市场结构 … 020
2.1.5 双边市场定价模式 … 022
2.2 多平台接入研究 … 024
2.2.1 多平台接入的定义 … 024
2.2.2 用户多平台接入现象普遍性 … 025
2.2.3 多平台接入产生原因 … 026
2.3 双边平台竞争研究 … 027
2.3.1 平台竞争基础模型 … 027
2.3.2 平台竞争模型的拓展 … 028
2.4 反垄断相关理论 … 030

2.4.1 市场势力内涵及测度方法 ·· 031
2.4.2 相关市场界定的内涵及重要性 ·· 032
2.4.3 相关市场界定的一般方法 ·· 033
2.4.4 双边市场中相关市场界定方法的改进 ································ 034

上篇 多平台接入情形下房地产网络平台竞争

第3章 房地产网络平台的概念与特征 ·· 039
3.1 房地产网络平台的概念 ··· 039
3.1.1 房地产网络平台的定义 ·· 039
3.1.2 房地产网络平台的范围界定 ··· 040
3.1.3 房地产网络平台的构成要素 ··· 043
3.2 房地产网络平台的双边市场特征 ··· 045
3.2.1 房地产网络平台的相关概念界定 ······································ 045
3.2.2 房地产网络平台的双边市场特征辨析 ······························· 047
3.3 房地产网络平台的双边市场结构 ··· 050
3.3.1 房地产网络平台的竞争性市场结构 ··································· 050
3.3.2 多平台接入情形下房地产网络平台的双边市场结构 ········· 052

第4章 房地产网络平台竞争模型构建与分析 ·································· 054
4.1 Hotelling 基础模型的适用性 ·· 054
4.1.1 房地产网络平台竞争与 Hotelling 模型假设的适用性 ········ 054
4.1.2 Hotelling 竞争模型在双边市场中的通用性 ······················· 055
4.2 房地产网络平台竞争模型的参数假设及模型搭建 ················ 055
4.2.1 房地产网络平台竞争模型的参数假设 ······························· 055
4.2.2 房地产网络平台竞争模型构建 ··· 061
4.3 房地产网络平台竞争模型的求解 ··· 062
4.3.1 两边用户均为单平台接入情形 ··· 062
4.3.2 一边单平台接入一边多平台接入情形 ······························· 072
4.3.3 两边用户均为多平台接入情形 ··· 078
4.4 房地产网络平台竞争分析 ·· 082
4.4.1 模型均衡结果分析 ··· 082
4.4.2 房地产网络平台的竞争策略建议 ······································ 084

第5章 房地产网络平台竞争案例分析——以房天下和安居客为例 ········ 089
5.1 案例选择与背景 ·· 089

5.1.1 案例选择 ·· 089
　　5.1.2 房天下和安居客简介 ·· 090
5.2 房天下和安居客的网络平台和双边市场特征 ······························· 093
　　5.2.1 网络平台特征分析 ·· 093
　　5.2.2 双边市场特征分析 ·· 095
5.3 房天下和安居客的竞争 ·· 097
　　5.3.1 安居客进入市场期平台竞争 ··· 097
　　5.3.2 房天下与安居客发展期竞争 ··· 100

下　篇　房地产网络平台相关市场界定方法

第6章　房地产网络平台的定义及市场分类 ·· 105
6.1 房地产网络平台的定义及市场范围 ··· 105
　　6.1.1 房地产网络平台的定义 ·· 105
　　6.1.2 房地产网络平台的市场范围 ··· 106
6.2 房地产网络平台定价模型分析 ·· 107
　　6.2.1 定价模型的适用性分析 ·· 107
　　6.2.2 定价模型的构建 ·· 109
　　6.2.3 定价模型的求解 ·· 114
6.3 房地产网络平台市场分类 ··· 116
　　6.3.1 房地产网络平台市场分类标准 ·· 116
　　6.3.2 房地产网络平台产品市场分类 ·· 118

第7章　房地产网络平台相关市场界定模型构建与分析 ······················· 120
7.1 SSNIP测试及CLA模型适用性、参数设定及假设分析 ················· 120
　　7.1.1 SSNIP测试及CLA模型适用性分析 ····································· 120
　　7.1.2 SSNIP测试及CLA模型参数设定及假设分析 ······················· 123
7.2 SSNIP测试的构建与解析 ··· 126
　　7.2.1 交易类产品SSNIP测试构建与解析 ····································· 126
　　7.2.2 注册类产品SSNIP测试构建与解析 ····································· 130
7.3 CLA模型的构建与解析 ·· 133
　　7.3.1 交易类产品CLA模型构建与解析 ·· 133
　　7.3.2 注册类产品CLA模型构建与解析 ·· 135

第8章　广告服务市场相关市场界定模拟实验分析 ······························· 139
8.1 模拟实验对象选择及传统单边方式CLA模型构建 ······················· 139

8.1.1　模拟实验产品市场类型选择 …………………………………… 139
　　8.1.2　模拟实验产品市场选择及背景 …………………………………… 139
　　8.1.3　传统单边方式 CLA 模型构建 …………………………………… 141
8.2　房地产网络平台广告服务市场各指标取值说明 …………………………… 143
　　8.2.1　广告服务需求自价格弹性 …………………………………… 144
　　8.2.2　广告服务需求对边价格弹性 …………………………………… 145
　　8.2.3　广告服务勒纳指数及销售收入比 …………………………………… 146
　　8.2.4　房天下广告服务市场各指标取值 …………………………………… 147
8.3　各状态广告投放市场界定结果对比分析 …………………………………… 148
　　8.3.1　广告服务双边市场状态① …………………………………… 148
　　8.3.2　广告服务双边市场状态② …………………………………… 151
　　8.3.3　广告服务双边市场状态③ …………………………………… 153
　　8.3.4　广告投放市场界定结果对比分析结论 …………………………………… 155
8.4　"房天下垄断模拟案"相关市场界定模拟与分析 …………………………… 156
　　8.4.1　"房天下垄断模拟案"相关市场界定过程模拟 …………………………… 156
　　8.4.2　"房天下垄断模拟案"单边方式界定结果偏差分析 …………………… 158
　　8.4.3　"房天下垄断模拟案"相关市场界定启示 …………………………… 158

参考文献 ………………………………………………………………………… 160

第1章
研究背景及研究内容

1.1 研究背景

1.1.1 多平台接入情形下房地产网络平台竞争

互联网已经渗透到人们日常工作和生活中的各个领域,对社会经济和人民生活都产生了重大影响,并且正在深刻改变着中国的经济格局[1-3]。截至 2017 年 12 月底,我国网民总数为 7.72 亿人,互联网普及率达到 55.8%[4]。仅 2017 年上半年,中国电子商务交易额就达到 13.35 万亿元[5],"互联网+"已经上升为国家战略[6-9]。

随着互联网技术的不断进步,网络经济兴起,平台模式逐渐融入国民经济的重要产业中[10],一系列产业已经平台化:以滴滴打车、美团打车为首的打车平台改变了人们的出行;从大众点评到外卖配送 App,餐饮行业开启了 O2O 变革;在线教育、互联网金融等都涌入江潮。平台的革新大潮呼啸而来,正在深刻改变着人们衣食住行的习惯[11-14]。平台模式不再是传统的单边市场(企业与用户直接进行交易互动构成市场),而是连接两组不同类型的用户,为这些用户提供服务促进双方能够更好互动和交易的模式,具有典型的双边市场特征。由于双边市场网络外部性的存在,每一位用户所得到的效用随另一边用户数量的增加而呈跳跃式增加[15-17]。用户数量直接影响用户效用,进而影响平台的市场份额和收益。因此,和传统企业相比,平台十分重视两边用户数量。而多数平台的用户会同时接入多个平台,这一现象加剧了平台竞争[18],例如:司机和乘客通常会使用滴滴和美团打车两个软件,平台为争夺用户纷纷给予用户高额的补贴,加剧竞争。

房地产作为重要产业之一,也积极在互联网风口顺势而为,借助网络进行平台转型升级[19]。房地产网络平台如雨后春笋般出现并迅速壮大,如房天下、安居客、房多多、爱屋吉屋、蚂蚁短租、土巴兔等,渗透到房地产产业链的各个阶段。和其他平台一样,房地产网络平台连接着两个不同的群体,如买方和卖方、出租方和承租方,具有典型的双边市场特征[20-21]。并且,由于房地产交易低频、高值、过程复杂的特性,买方(承租方)用户会接入多个房地产网络平台以获得更多信息,从中择优完成交易,导致房地产网络平台中用户多平台接入现象极为普遍[22]。例如:有租房需求的用户会同时在 58 同城、安居客等多个平台搜索房源;有装修需求的用户会同时在土巴兔、齐家网等挑选装修服务,独立设计师也会在多个装修平台注册接单。

当前大多数房地产网络平台集中在交易信息发布、商机搜索以及网站服务上,平台产品和服务同质化严重。例如:房天下、掌上链家、爱屋吉屋等平台,提供的房源信息相近甚至一样,"一键卖房""地图找房""线下看房团"等功能服务也大同小异。房地产网络平台服务的同质性导致用户体验差异小,更加剧了多平台接入的情况。进而,房地产网络平台纷纷开启佣金价格战,平台间争夺用户的竞争更加激烈[23-25]。以房产权益交易服务为例,通常平台收取1.5%~3%的佣金点数;在价格战之时,房天下推出过"0.5佣金"模式;房多多推出过"2 999+0.3%"交易费模式等。但是,价格战无法持久解决平台的竞争问题,甚至会导致恶性竞争和资源浪费。那么具备双边市场特征的房地产网络平台该如何在用户多平台接入情形下进行竞争?平台的定价、收益和竞争策略和什么因素有关?为了探索房地产网络平台在用户多平台接入时该如何突出重围,亟须运用双边市场理论去搭建新的理论框架来对房地产网络平台竞争提出相关建议。

1.1.2 房地产网络平台相关市场界定

虽然对于双边市场的研究近年来才刚刚兴起,但它所描述的现象早就存在于人们的生活中,如早期的报纸作为广告商与读者之间的媒介,实际上已经是典型的双边平台[26]。近年来,随着网络技术的不断进步,网络经济兴起,平台模式逐渐融入国民经济的重要产业中[10]。随着双边平台型企业的发展,各产业中已经出现了几家具有高份额的平台型企业,如Visa、谷歌、微软、百度等[27]。这些具备双边市场特征的平台型企业对传统单边市场的反垄断理论提出了新的挑战,其反垄断问题日益引起关注[28]。从早期的微软案例、支付卡系统案例,到后来引起广泛关注的"奇虎360诉腾讯""百度—莆田之争""滴滴—优步合并",独特的双边平台模式使得反垄断之争从未停歇[29]。

房地产作为国民经济的重要产业之一,积极响应"互联网+"国家战略[8]的号召,顺势探寻传统房地产企业与互联网契合的新模式[30]。近年来,国内就出现了诸如房天下、土巴兔装修网、链家网、平安好房等众多房地产网络平台。房地产网络平台所具备的双边市场特征及互联网企业特性使得其一家独大的趋势愈加突显[31]。例如:美国、英国等国家的二手房经纪行业已出现像Zillow、REA这样的房地产网络平台巨头[32];国内的房天下也迅速成长为拥有经纪人、室内设计师、房屋购买者等各类注册用户1.1亿的领军企业。"互联网+"浪潮及双边平台模式,无疑为房地产行业带来了巨大机遇,但同时也给政府的反垄断规制带来了巨大挑战。

市场势力是产业组织理论中反垄断规制的核心议题,市场势力及市场势力的滥用一直是反垄断相关法律法规关注的焦点[33-34]。在反垄断案件的实际审理中,市场势力的测度分为以下两种途径:(1)根据界定好的相关市场范围确定企业的市场势力;(2)直接测度企业市场势力[35]。因市场份额及集中度数据的相对可获性,"相关市场"自1911年"标准石油案"首次提出后,一直是各类反垄断案件中关键性的一步[29,36]。在反垄断案件判定中,界定的相关市场范围过宽或过窄,会导致某一产业反垄断规制的方向性错误,从而对经济福利产生深远影响[37],反垄断案件判定的过程如图1-1所示。因此,如何科学合理地界定相关市场是反垄断规制不可回避的首要问题[38-39]。

第1章 研究背景及研究内容

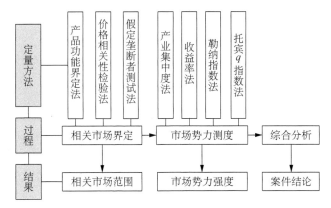

图 1-1 反垄断案件判定过程示意图

房地产网络平台具备的双边市场特征（如交叉网络外部性、价格结构非中性等）以及其交易具有的低频、高值特点，对传统相关市场界定方法提出了新的挑战。例如：在进行定量界定的过程中，价格的变动会出现多种情况：提高一边价格，另一边价格固定不变；提高一边价格，考虑价格结构的调整，降低另一边价格；提高两边价格，考虑价格结构的调整。面对这些情况，在进行房地产网络平台相关市场界定时，反垄断当局需做何调整？总而言之，传统单边市场中的界定方法不再适用于房地产网络平台，如何界定房地产网络平台的相关市场是一个有实际意义的研究方向。

本书的研究目标主要体现在以下几个问题的解答上，具体如下：

（1）如何界定房地产网络平台？房地产网络平台具备哪些双边市场特征？这些特征对相关市场界定产生怎样的影响？

（2）传统单边方式下的 SSNIP 测试和 CLA 模型思路是否适用于房地产网络平台的相关市场界定？

（3）根据房地产网络平台相关市场界定的情况，其市场是否同属一类？若非如此，可以分为几类，各类市场又具备怎样的特征？

（4）双边方式下的房地产网络平台相关市场界定与传统单边方式下的有哪些区别？这些区别将导致怎样的变化？

（5）基于传统单、双边方式下相关市场界定的差异，实际情况中该如何对房地产网络平台进行相关市场的定量界定？

本书选取房地产网络平台相关市场界定作为研究方向，基于以下两点考虑：

（1）实践意义

虽然房地产网络平台发展水平参差错落，整体发展时间和水平均低于零售等其他行业，但是房地产网络平台同样具备双边市场的特征，其所具备的交叉网络外部性同样会带来行业的高集中度[40]。届时，类似于"奇虎360诉腾讯"这样关于双边平台的垄断案也将出现在房地产网络平台所涉及的房地产业领域，作为反垄断分析前提的相关市场界定问题自然不可回避。而我国《关于相关市场界定的指南》发布时间远晚于欧美国家，反垄断当局对相关市场界定的认识还较浅、经验还较缺乏[37]。因此,针对房地产网络平台相关市场界定的研究,一方面协助反垄断当局合理界定相关市场范围,避免其对房地产网络平台市场行为进行的无谓干预,减少司法资源的浪费;另一方面减少了房地产网络平台对自身市场行为是否合规合法的猜疑,从某种意义上说,为房地产网络平台的发展营造了良好的环境。

(2)理论意义

双边市场理论已经应用到媒体业、银行业、电信业等产业的经济解释、规制政策制定等方面,并取得了颇丰的理论研究成果[41],但结合到相关市场界定中的研究还较少,更没有结合到房地产网络平台相关市场界定中的研究。在此背景下,本书在双边市场理论框架下,结合房地产网络平台涉及的房地产行业特点,探究房地产网络平台产品定价模式。而后,以房地产网络平台产品定价模式及传统单边市场理论框架下的相关市场界定方法为基础,探寻适用于房地产网络平台相关市场界定的方法,建立起针对房地产网络平台垄断案件中相关市场界定的定量分析框架。

1.2 国内外研究现状

1.2.1 房地产网络平台的研究现状

国内对房地产网络平台的研究一般基于电子商务相关理论,认为房地产电子商务是电子商务理念和技术在房地产业中的应用。现有研究以房地产信息平台和网络中介为主要研究对象[42],应用范围涉及房地产材料采购、房地产营销业务、房地产中介、物业管理等领域[43-44],发展模式包括B2C、B2C、C2C、网络售房的O2O模式以及企业内部的电子商务管理[45-47]。Aalberts和Townsend认为互联网可以更加方便地展示信息,提高了房地产相关交易主体的沟通和交易效率,且使彼此之间的工作关系更加密切[48]。黄向荣等指出了房地产电子商务应用特征,认为房地产企业可以通过电子商务降低企业的销售和运营成本、提高企业的运营效率[49-50]。房地产中介与互联网结合的网络中介形式受到学者关注,Lu等认为网络中介可以同时为更多的房地产买卖双方用户服务,大幅缩短交易时间,提高自身工作效率,有效促进房地产交易的达成。但大部分房地产网络中介提供的信息同质化严重,原创内容较少,需进一步改进[51-52]。国外关于房地产网络平台研究以实政居多,Wu和Gelman对美国著名的房地产网站Zillow(美国最大的房地产网站)进行案例分析,指出Zillow作为一个房地产信息平台提供房源信息展示、地图搜索、房地产估价在内的具体房地产相关信息服务,以广告收入作为主要盈利来源;后来又提供专业的中介交易服务和贷款服务,且交易与贷款服务已经成为新的重要收入增长点[53]。Cherif和Grant分析了美国6个服务较为多元化且处于市场领先地位的房地产网络平台,包括craiglist.com、Redfin.com、Realestate.yahoo.com、realtor.com、Trulia.com和Zillow.com,对比分析这些网站针对的目标用户群体、提供的主要服务、收入来源、创新点、竞争优势点等方面[54]。

综合对国内外研究发现,目前研究房地产网络平台的文献较少,主要研究方向是电子商务在房地产中的应用，包括房地产电子商务的内容建设、销售模式和盈利模式等。

1.2.2 多平台接入问题研究现状

研究平台的理论基础是"双边市场"理论，"双边市场"理论是国际经济学界和产业组织理论学界研究的最新热点和前沿领域。而对于平台而言，多平台接入是双边市场的一个典型特点，也是非常普遍的现象[24]。与传统的单边市场相比，用户多平台接入的特征使得平台间竞争更为激烈。

多平台接入问题研究的重点早期主要集中在用户多平台接入行为对平台竞争策略的影响，主要包括平台定价策略和兼容选择等。最早的是 Calliaud 和 Jullien，他们的研究表明在平台排他性行为存在的情况下，平台在一边设定的价格必须使得用户净收益大于竞争平台的交易价格，才能吸引用户[55]。Rochet 和 Tirole 假设了所有买方都多平台接入，而供应者只需加入一个平台就可以连接所有的买者。在这种情况下，买方的多平台接入行为加剧了平台吸引供应者的竞争，也影响了平台的价格策略[56]。Gabszewicz 和 Wauthy 基于两个平台之间双头垄断竞争模型，得出：当所有代理商可以多平台接入时，均衡状态是多平台接入行为只发生在市场的一边[57]。Roson 建立了把多平台接入看作平台本身属性而非事前假设的理论框架。基于成本收益结构、代理商异质类型和程度、平台竞争的激烈程度，得出相对较高的独立交易成本或者相对较低的独立交易收益都会降低多平台接入的可能性，并且一边多平台接入使得另一边更不趋向于多平台接入[58-59]。Armstrong 提出了竞争瓶颈模型：假设一边加入了所有平台，得出平台会对多平台接入方进行垄断定价，对非多平台接入方进行近似边际成本定价的结论[31]。Doganoglu 和 Wright 从社会福利的角度分析了多平台接入对兼容性选择的影响。研究表明用户的多平台接入和平台兼容程度的提高都会增加平台的社会福利，然而，平台兼容之后用户将趋于单平台接入[60]。

近些年，多平台接入问题研究拓展到前端影响因素的研究。Koh 等研究了在 B2B 交易平台里，买方和卖方的行为如何影响多平台接入的买方消费者的交易倾向[61]。Halaburda 和 Yehezkel 认为信任和信息也影响着多平台接入情形下平台竞争均衡，指出多平台接入行为如何缓解与不对称信息相伴而来的协调问题[62]。Jeitschko 和 Tremblay 建立了一个模型，假定用户多平台接入选择是内生属性，发现：竞争使得价格更低市场更广阔；垄断可以带来交叉补贴从而增加社会总福利。市场结构就在两者的相互影响中创造更多的福利，且内生性的多平台接入行为可以阻止平台严重倾斜[63]。

目前多平台接入问题的实证研究主要集中在媒体、软件应用等轻资产产业，尚未涉及房地产行业。

（1）在媒体行业，Gentzkow 等提出在传统的媒体行业就存在多平台接入行为，比如美国报纸[64]。Anderson 等采用的均衡分析认为媒体机构无法通过降低广告价格吸引消费者，这与传统的双边市场理论是相悖的[65]。Athey 等认为多平台接入的消费者不会考虑到广告商对消费者产生的负的网络外部性[66]。在实证方面，Gentzkow 等建立了一个结构模型说明广告市场的竞争取决于读者的重叠程度。竞争带来多样性，可以更好地迎合大多数消费者的喜好[67]。Devalve 和 Pekec 建立模型得出双寡头媒体平台更愿意消费者多平台接入的结论[68]。

(2)在软件生态系统,Idu 等研究了苹果生态系统的多平台接入情况[69];Hyrynaslmi 等研究了多平台接入行为如何影响手机软件生态系统,通过对三个主要手机应用市场的850 000 个应用的统计分析得出,很小一部分开发者会利用多平台接入的开发策略来开发一些应用,并且在单平台接入和多平台接入的应用中应用的类型和受欢迎程度类似[70]。Lee 研究了电视游戏市场,发现 Xbox 之所以能够进入电视游戏市场是因为与游戏开发者签订的独家合同允许微软公司克服平台接入的协调问题[71]。

1.2.3 平台竞争研究现状

通常具有双边市场特征的平台型企业在市场中通常表现为具有竞争性,一家平台企业垄断市场的结构较为少见。已有的研究平台竞争的文献多集中于平台竞争对双边价格策略、联网通用等的影响。Rochet 和 Tirole 最早提出了研究平台竞争的一般性模型,探究了在不同双边市场结构下双边价格的决定因素[72]。Ambrus 和 Argenziano 分析了存在双边网络效应非对称的双边市场平台竞争问题,得出垄断平台对不同的接入用户实施价格歧视策略的结论[73]。此外,联网通用与兼容性是平台最常采用的竞争策略。Schiff 从平台是否兼容的视角研究不同市场结构状态下的均衡,得出兼容性的平台竞争市场结构是最优的市场结构,垄断平台市场其次,不兼容的双网络平台的市场结构最后。且平台可能有动机去向某边多平台接入的用户提供排他性协议从而吸引另一边用户到平台上来[74]。Armstrong 和 Wright 从竞争性平静均衡和排他性均衡的角度研究了两者的差别,研究结论表明:在平台不实施排他性协议时会产生竞争性瓶颈均衡。在这个均衡中,多平台接入的一边获取不到任何交易剩余,单平台接入的一边可以享受低于成本的价格。当平台实施排他性协议时,均衡结果会发生变化[75]。谢运博和陈宏民把市场理论与 Salop 模型相结合,构建互联网平台型企业竞争模型,得出监管者对于互联网平台型企业的退出、合并无须做过多的干预的结论[76]。

目前平台竞争问题的研究主要集中在银行卡组织、操作系统、媒体、电子商务中介等行业,尚未涉及房地产行业。

(1)在银行卡组织行业,Chakravorti 和 Roson 建立了银行卡网络竞争模型,在模型中,依据银行卡组织产品具有差异性的前提,得出竞争可以提高消费者和商户福利的结论[77]。

(2)在操作系统产业,Economides 和 Katsamakas 以操作系统平台为例研究了操作系统开发商的竞争定价问题,指出当操作系统平台为封闭性平台时,其与开放性平台竞争将占优势,即封闭性平台将获得更大市场及利润[78]。Hagiu 研究了消费者对应用软件的多样性需求对操作系统平台竞争的影响。研究表明,当操作系统平台市场为垄断性市场时,消费者多样性的需求将使得各软件产品替代程度减弱,导致平台的收入来源为向应用软件提供商收取的接入费。而当为竞争性市场结构且系统差异化较大时,平台收入来源依赖于消费者的接入费[79-81]。

（3）在电子商务产业，Bakos 和 Katsamakas 通过电子商务网络平台间的竞争研究了电子网络平台的所有权设计问题，得出当用户从电子交易网络中获得的网络效用较小时，该边用户将免费享受服务，且双边用户接入平台获得交叉网络效用不一样时，网络平台应采取非对称倾斜定价策略[82]。

（4）在媒体行业，Anderson 和 Coate 将节目数量及广告数量设为研究对象，对比研究了垄断电视媒体和竞争电视媒体两种市场结构，得出市场中广告是否过多的判定取决于广告商给消费者带来的交叉网络外部性强度与获得的网络效用强度比值，并指出垄断性的电视媒体比竞争性市场结构产生更高的社会剩余[83]。Peitz 和 Valletti 通过付费电视竞争和免费电视竞争考察了电视媒体节目定位于广告播放量问题，研究表明免费电视的广告播放量大于付费电视，且免费电视间通常节目差异化率较低，付费电视间则反之[84]。

1.2.4　房地产电子商务研究现状

国内外研究学者主要结合电子商务相关理论对部分房地产网络平台展开研究，一般从房地产电子商务的发展模式、盈利模式两大角度进行研究分析，其研究对象一般以房地产信息网站和网络中介为主，涵盖房地产新房营销、房地产材料采购、家装、房地产经纪、物业管理等多个领域[85]。

黄向荣等指出了房地产企业向电子商务发展的合理性，认为通过电子商务可以降低企业的销售和运营成本、提高企业的运营效率[49,86]。同样，Hung 和 Tseng 通过对房产网络中介和房地产建材 B2B 企业的研究，也指出借助电子商务模式能有效提高企业效率，降低交易成本[53]。Gelman 对美国房地产信息网站 Zillow 进行了分析，指出目前类似 Zillow 的房地产信息类网站在提供简单地估价、地理信息之余，往往还提供房产经纪服务，甚至抵押贷款类服务[87]。刘文生结合当前房地产电子商务企业的现状，提出了适用于新房销售、二手房买卖、房屋租赁、物业管理的电子商务模式[46]。

国内的房地产电子商务相对国外而言，其盈利模式较为单一。万久红以房天下（原名搜房网）为例，发现企业营收的绝对来源是广告宣传，占比 75%，其中还不包括分类信息服务[88]。按照盈利模式的不同，徐晓丽归纳出在线广告、端口费、团购、咨询服务四种模式，并认为电子商务模式相对于传统模式的巨大优势，决定了目前房地产电子商务企业以广告为营业收入主体的状况[89]。虽然国外房地产电子商务企业的广告收入也居于营业收入首位，但其中介收入、移动应用收入、抵押贷款收入等同样占据了不小的份额[87]。如同 Scornavacca 等认为的那样，移动应用收入既是盈利的新途径，又能提高信息传播速度，使消费者产生黏性[90]。

1.2.5　相关市场界定研究现状

传统产业组织理论的分析中，反垄断与竞争政策制定的目的，就是为了抑制市场势力的滥用，促进竞争，以达到良好的经济绩效[30]。纵观已有的反垄断案件分析过程，确定企业是否滥用市场势力最为常用的也是最为重要的评判路径，即依据合理的相关市场范围测度出市场势力[91]。因此，学界对相关市场界定的关键性步骤关注度颇高[92]。

在最近兴起的关于双边市场反垄断的研究中,虽然有少部分学者认为应该绕过相关市场界定,通过直接法明确市场势力的滥用情况[37,93-94]。2010年美国颁布的《横向合并指南》似乎也有意绕过了市场界定,提出用提价压力测试(UPP)替代市场界定,而美国法院允许反垄断当局在没有明确相关市场范围的情况下阻止合并[95-96]。但是,相关市场界定的地位仍然不可动摇且注定会继续存续[97],从众多研究学者的方向和内容上就可以看出一二。

所谓"相关市场",它描述的是竞争发生的区域,以此明确目标企业面临的竞争性约束[98]。相关市场界定是指对"经营者在一定时期内就特定商品或者服务(以下统称商品)进行竞争的商品范围和地域范围"[99]进行科学合理的界定。

传统单边市场中,关于相关市场的研究主要由经济学家来完成,按照相关市场界定方法的不同来分类,主要包括:(1) 产品功能界定方法研究,其中研究最多的就是由Landes和Posner首次引入的反垄断相关市场分析的需求交叉弹性法[100];(2) 价格相关性检验方法研究,但部分学者表示该方法所基于的"市场"并非反垄断中"市场"的概念,通过该类方法界定出来的相关市场很大程度上是错的[101];(3) 假定垄断者测试法(SSNIP)研究,其中最具代表性的就是关于由Harris和Simons提出的临界损失分析法(CLA)的研究[103]。

近年来,随着互联网的迅猛发展以及双边市场理论的不断完善,学者们和反垄断当局逐渐意识到,应用于传统企业反垄断案件的相关市场界定方法,已不再完全适用于"微软案"等反垄断案件[103-105]。虽然目前涉及双边市场的反垄断案件还不太常见,但部分学者已经意识到未来双边市场的反垄断案件将日益增多[41]。因此,围绕双边市场反垄断的研究逐渐活跃起来,而作为市场势力判别关键步骤的相关市场界定,自然成了双边市场反垄断研究的前沿阵地。

目前国内外关于双边市场中相关市场界定的研究主要分为两大类:一类为双边市场中竞争性约束变化的角度切入,主要分析双边市场中相关市场界定的困境;另一类则关注于双边市场中相关市场界定方法的研究。

(1) 双边市场中竞争性约束

一部分研究关注双边市场特征对竞争性约束的增强效果,尤其是交叉网络外部性特征对竞争性约束的影响[106-108],即当考虑了交叉网络外部性之后,平台两边用户的需求弹性会增大,而平台提价后的盈利能力将下降[36]。Song通过实证研究发现,当考虑了正交叉网络外部性时,估算得出的需求弹性变为原先的两倍[108]。假设双边平台对买方用户提价,则平台两边的用户数量和需求会呈现一系列的连锁反应,最终会因买方用户数量的减少而致使该平台对卖方的价值(取决于与买方互动并交易的可能性)降低[109]。

除了关注平台内部变化外,Evans等还对平台面对的外部情况进行了分析,均认为平台所面临的竞争对手,除了拥有相同两边用户群的平台之外,可能还包括传统企业以及拥有相同一边用户群的平台[43,110-111]。对于多边平台而言情况更加复杂,因为其服务的用户群更多。也正是如此,多边平台可以提供更加多样化的产品和服务,并以此优势牢牢压制住双边平台[112]。

另一部分研究则关注双边市场特征对竞争性约束的削弱效果。Evans等指出,平台必须达到临界规模才能生存下去,若任何一方经济主体的参与者数目不足时,催化反应将终止而不是被触发,即如果不能达到临界规模,平台规模就会收缩,最终平台被遗弃[113]。因此,双边市场所具备的交叉网络外部性也可能降低平台可替代性、抬高进入壁垒[28]。21世纪初大部分B2B电子交易平台企业的失败就是受限于临界规模[114],该领域的新进入者没能说服用户从一个成功的平台企业转移到一个用户数量还不足的新平台上来[115]。此外,Evans还指出,进入壁垒的高低还取决于产品的差异化程度和用户多平台接入的可能性[27]。因而,在分析双边平台的竞争性约束时,有必要把差异化程度和用户多平台接入这两个因素考虑进来。

(2) 双边市场中相关市场界定方法

一部分学者结合双边市场的特征定性或定量地分析了传统市场界定方法在双边市场中应用的缺陷,其中国内学者多以批判性地定性分析为主。涉及双边市场的案件较少,国内学者一般多以"奇虎360诉腾讯案"为例,指出该案忽视了即时通信服务市场其双边市场的特性,在相关市场界定上存在诸多问题,并提出了界定相关市场的新思路、新视角[39,116-120]。其中,齐驰名认为,可以从平台"吸引力"这个新视角,分析相关市场范围,明确双边平台的市场势力情况[117]。这一视角与Ratliff和Rubinfeld提出的"注意力吸引"新思路不谋而合[121]。此外,陆伟刚等以"南北电信宽带垄断案"为例,认为在相关市场界定过程中,必须将产品范围圈定的标准严格限制在因价格变动的需求替代性上,必须有效剔除相关性的影响[123]。

而国外学者的研究多以定量为主,旨在构建适用于双边平台的通用性相关市场界定模型。结合已有的关于双边平台的研究,学者们发现,双边平台间的某些差异会影响相关市场界定过程,据此,在构建一般方法前,学者们均会对双边平台进行分类,主流观点认为需将平台分为交易型和非交易型[26,43,123-125]。在此基础上,部分学者依据传统临界损失模型(CLA模型)的思路,构建了适用于非交易型平台的CLA模型,结合模型的结果指出,忽略双边市场中正交叉网络外部性,将导致运用传统方法界定的市场范围过宽或过窄[41,124,126]。但是,Filistrucchi等质疑了其"垄断者对一边进行提价而另一边价格维持原状"的假设,认为应当允许垄断者调整平台的价格结构以使平台利润最大化,即对假定垄断者一边用户提价后,假定垄断者会选择相应地调整另一边用户价格,以期获得最大化的利润[26,127]。

另一部分学者从反垄断案件判定的简便性上入手,研究传统单边方式下的界定方法适用于哪些类型的双边平台,或适用于哪些情况。Alexandrov借鉴Evans以平台功能为标准的分类[128],研究了传统单边市场下临界弹性和临界损失分析模型在各类双边平台中的适用性,得出适用于市场创造型和市场匹配型双边平台的结论[129]。但是,林平等认为,Alexandrov所指的"市场创造型平台"是一个从零售价格与进货价格差中获利的转售商,属于典型的单边市场,这与Evans所指的"市场创造型平台"并不相同[92]。

而其他学者并未从双边平台分类入手,而是专注于双边平台用户关系对界定方法的影响。部分学者研究发现,若双边平台的两边用户规模以固定比例存在,则传统单边方式下的界定方法基本适用[28,56,130]。需要说明的是,在上述情况中,需将双边平台的两边市场合二为一,不再单独界定任意一边市场,这与研究通用性模型的学者们对交易型平台界定方法的调整相同[91]。在支付卡系统反垄断案件的审理过程中,美国司法部门就借鉴了上述调整思路[131]。

1.2.6 现有研究不足总结

(1) 目前研究房地产网络平台的文献较少,且现有文献缺乏对房地产网络平台经济特征和经济行为的深入分析,不能从本质上解释房地产网络平台的经济现象。

(2) 关于多平台接入及平台竞争具体到产业的研究仅局限于媒体、软件应用、银行卡产业等轻资产产业,尚未涉及房地产行业。

(3) 关于房地产网络平台的研究,多结合电子商务模式分析其发展与盈利,未能解释房地产网络平台某些经济行为背后的真实原因。

(4) 关于双边平台相关市场界定的研究多围绕界定困境及竞争性约束展开,对定量方法的研究较少。虽然部分学者基于传统单边市场方式下的界定方法,试图构建适用于各类双边平台的通用性模型,但其模型仍然局限于广告支撑型媒体和支付卡系统这两类双边平台。

房地产产业双边市场特征显著且具有低频次、重服务的特性,如何争取到用户多平台接入的问题更加至关重要。将多平台接入的竞争研究拓展到房地产产业势在必行。

1.3 研究内容

1.3.1 多平台接入情形下房地产网络平台竞争模型研究

互联网已经渗透到人们日常工作和生活中的各个领域,房地产作为重要产业之一,借助网络进行平台转型升级[1-3,9]。然而已有的研究并未从双边市场理论对房地产网络平台行为进行系统性研究,无法对新型市场结构下房地产网络平台的竞争行为提出指导性建议。

本部分的研究目标就是基于双边市场理论基础,对房地产网络平台进行定义,并建立房地产网络平台竞争模型,提出不同市场结构下房地产网络平台的竞争策略。通过理论研究与分析,试图回答以下问题:

(1) 房地产网络平台是什么?有什么特征?呈现什么市场结构?

(2) 房地产网络平台是否存在用户多平台接入现象?为什么?

(3) 在用户多平台接入情形下房地产网络平台如何选择竞争策略?房地产网络平台应采用何种基准模型?

(4) 本书构建的房地产网络平台的竞争模型是否能够解释市场现象和企业行为?

本章节的基本思路是首先对双边市场和多平台接入的基本理论进行综述,然后从房地产网络平台产业入手,将国内外房地产网络平台的竞争策略进行比较,透过现象思考并总结出它们背后的双边市场内在特征规律,并建立适合房地产网络平台的数学模型,对其均衡结果进行分析,得到竞争特征。最后选取一个具体的实例,考察一般规律作用于具体企业的确凿性,本书从整体上完成了从实践到理论再到实践的"归纳—演绎"过程。主要内容包括:

(1) 基于网络经济和房地产产业对房地产网络平台定义

结合网络平台的定义和房地产的定义,对房地产网络平台进行定义,并界定房地产网络平台的范围,对现有市场上的各类房地产网站、移动端进行是否为本书研究对象的梳理判定。

(2) 房地产网络平台特征及市场结构研究

基于网络经济理论和双边市场理论,对房地产网络平台的特征进行描述,并在特征的基础上研究分析房地产网络平台的市场结构。

(3) 基于 Hotelling 模型的房地产网络平台竞争模型搭建及求解

以 Hotelling 模型为基础,建立了符合房地产网络平台特征的平台竞争模型。比较分析了三种双边市场结构(两边用户均单平台接入、仅有一边用户多平台接入以及两边用户均多平台接入)下,平台企业的均衡价格和市场份额的变化,分析对竞争性平台策略的影响,讨论不同用户接入情形下平台应做出的相应竞争策略。

(4) 房地产网络平台竞争的案例研究

在房地产网络平台市场选取两个典型的房地产网络平台,分析其特征及市场结构,并以房地产网络平台竞争模型所得出的结论指导所选择的房地产网络平台在不同情况下进行竞争策略选择,以实际结果检验模型的正确性与有效性。

该部分研究内容之间的关系可以用如图 1-2 所示的框架结构图表示。

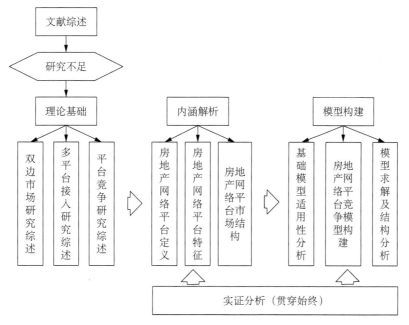

图 1-2 研究内容框架结构图

本部分研究采用理论与实践相结合的方法,在选题确定后,首先对多平台接入和平台竞争研究进行文献分析,根据研究现状以及存在的问题,得出研究思路,设计案例研究方案,分析不同用户接入行为如何影响房地产网络平台的竞争策略。涉及的研究方法主要有文献研究法、模型分析法、案例分析法。

(1) 文献分析法

文献研究的主要目的一方面是通过查阅相关文献和新闻了解房地产网络平台现状及存在的问题,以便确定自己的研究方向;另一方面是通过学校数字图书资源、著作阅读等获取双边市场、平台经济学相关理论,熟悉双边市场平台竞争策略在国内外各种领域中的研究应用,找到研究的结合点。主要通过图书馆和网络两种渠道,查阅了大量相关的专业书籍、学位论文、期刊论文及网站等,基本上了解了前人所做的工作,并在此基础上确定了自己的研究内容。

(2) Hotelling 模型分析法

通过对国内外其他产业文献中关于双边市场多平台接入竞争模型的分析和总结,确定了本书的模型思路,构建了三种用户接入行为下房地产网络平台竞争模型,揭示了影响平台定价和收益的因素,得出了房地产网络市场平台在不同用户接入情况下的竞争策略变化。

(3) 案例分析法

本部分具体印证了模型中总结的不同用户情况下的竞争策略,然后结合前几章的研究成果,给出房地产网络平台竞争策略的一些意见和建议。

本部分的研究内容与技术路线如图 1-3 所示。

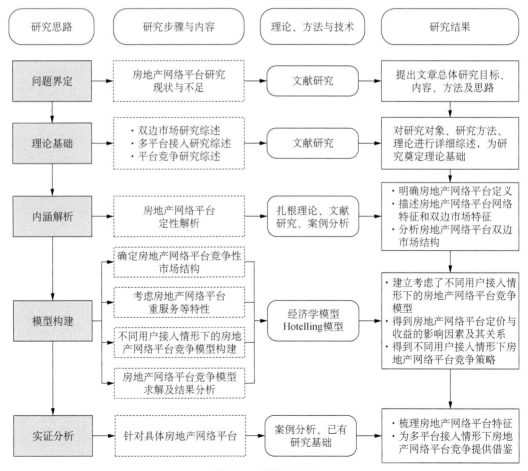

图 1-3　技术路线图

1.3.2 房地产网络平台相关市场界定方法研究

本部分的基本思路是首先对双边市场和相关市场界定的基础理论进行综述,结合房地产网络平台产业定价模式分析,构建适合于房地产网络平台的相关市场界定模型。然后,将本书界定模型与传统单边市场的相关市场界定模型进行比较,并对两种界定结果的差异进行分析和解释。同时,模拟一个房地产网络平台反垄断案件的相关市场界定过程。最终,给出房地产网络平台相关市场界定的建议和策略。

(1) 房地产网络平台的界定及市场分类

首先界定了房地产网络平台的概念,明确了其市场范围。然后,基于房地产网络平台的双边市场特征,分析了房地产网络平台的定价模式。最后,依据相关市场界定的需要和房地产网络平台的定价模式,将其产品市场进行了分类。

(2) 相关市场界定模型的构建和解析

首先整体分析了传统单边方式下界定方法思路的适用性。然后,基于房地产网络平台产品市场的分类,分别对各类产品市场中界定方法的适用性进行了分析。最后,为适用的房地产网络平台产品市场构建了 SSNIP 测试和 CLA 模型,并求解出用于判别相关产品市场范围大小的判别式,简要分析了与传统单边方式下的区别。

(3) 房地产网络平台产品市场 CLA 模型的模拟实验

参照房天下及非房地产网络平台广告服务市场的情况,合理限定广告服务市场各待估测指标取值的范围,以此表示不同状态的广告服务市场。然后,运用 MATLAB 绘图功能,用图形的方式,直观展示单、双边方式下 CLA 模型对不同状态广告服务市场的判别结果,并对此进行分析。最后,选择其中三组取值,代表三种不同的广告服务市场状态,以此模拟了"房天下垄断模拟案"相关市场界定的过程,并给出实际案件中房地产网络平台相关市场界定的建议。

各章节之间的关联性及内在逻辑如图 1-4 所示。

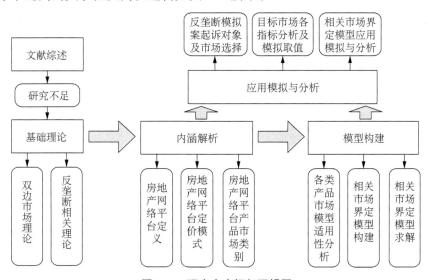

图 1-4　研究内容框架逻辑图

本部分研究采用理论与实践相结合的方法,首先对双边市场理论和相关市场界定进行文献分析,根据研究现状以及存在的问题,得出研究思路,分析房地产网络平台相关市场界定与传统界定之间的差异,构建适用于房地产网络平台的界定模型。涉及的研究方法主要有文献综述法、定价模型法、假定垄断者测试法、临界损失分析法和模拟实验法。

(1) 文献综述法。文献综述的主要目的:一方面是通过查阅相关文献和新闻了解房地产网络平台现状及存在的问题,从中找寻现实中存在的问题;另一方面是通过学校电子图书资源、著作等了解双边市场和相关市场界定理论,熟悉双边市场相关市场界定方法在国内外不同产业中的研究应用,明确本书研究的方向。

(2) 定价模型法。通过对双边市场中一般定价模型的学习和分析,结合房地产网络平台的双边市场特征,构建房地产网络平台的一般定价模型,用以分析房地产网络平台的定价模式,为其产品市场的分类做准备。

(3) 假定垄断者测试法(SSNIP)。通过对传统假定垄断者测试法思路的学习,结合房地产网络平台的双边市场特征,构建房地产网络平台的假定垄断者模型,明确了假定垄断者测试法在房地产网络平台中运用的思路。

(4) 临界损失分析法(CLA)。通过对传统临界损失分析法思路的学习,结合房地产网络平台的双边市场特征,构建适用于房地产网络平台的CLA模型,进一步明确假定垄断者测试法的执行方法和途径。

(5) 模拟实验法。依据构建的房地产网络平台CLA模型结果,通过模拟实验比较分析其与传统单边方式下模型结果的差异,明确现实情况中房地产网络平台相关市场界定的策略。

整体的技术路线如图1-5所示。

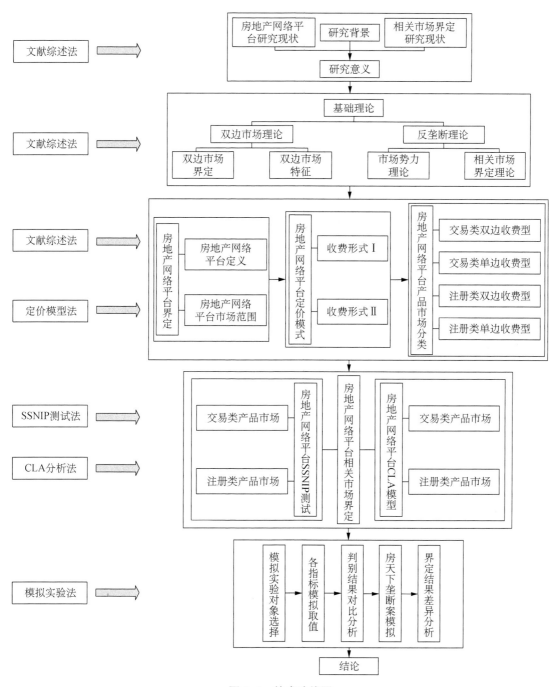

图 1-5 技术路线图

第 2 章
理论基础及方法

2.1 双边市场理论

从银联、门户网站、操作系统到电子商务等一直创新,逐渐形成了一批具有"平台经济"特征的企业[132]。这些平台企业,不再是由一个企业作为供给方给客户提供服务,而是由一个独立的平台,为两类截然不同的客户提供不同的服务。在传统市场中,一个企业以低于边际成本定价会被认为是掠夺性定价,然而,门户网站往往免费向用户开放,而向广告商收取高额广告费;银行卡只向消费者收取少量的年费甚至免费,而向商户收取每笔交易的交易费。传统经济理论难以解释这些产业的盈利模式,因此我们急需一种理论来解释这些现实生活中存在的经济现象。

2.1.1 传统理论和双边市场理论的比较

双边市场理论源于网络外部性和多产品定价理论,首先简要介绍这两类理论,对双边市场中的概念及相关问题研究综述做铺垫。

Leibenstein 于 1950 年提出网络外部性这一概念,最早展开了对网络外部性的相关研究[133]。Rohlfs 于 1974 年在对电信产业研究时发现,一个用户从通信服务所获得的效用会因为加入这一系统人数的增加而增加,后来经济学家称这种现象为网络外部性[134]。Katz 等在其论文中正式定义了"网络外部性"的概念,该定义也成为被后续文献引用最多的一种定义。他们认为:当一个用户消费(使用)一种产品所获得的效用随着使用该产品的用户人数增加而增加时,就存在网络外部性。也就是说,当某种产品具有网络外部性时,该市场中的消费者不仅能够获得商品本身的价值,还能享受这个网络中用户规模带来的协同价值[135]。著名的梅特卡夫法则中指出,网络的价值以网络节点数平方的速度增长,网络的效益随着网络用户的增加而呈指数增长,网络对每个人的价值与网络中其他人的数量成正比。Farrell 和 Saloner 将网络外部性进行分类和界定[136]。直接的网络外部性是指一个消费者所拥有的产品价值随着本市场主体的数量的增加而增加;而间接的网络外部性是指当一种产品的互补品(如零件、软件、售后服务)变得更加便宜或者容易得到时,该市场的消费者效用也会得到增加[137]。

多产品定价理论研究最根本的发现就是,企业对产品的定价随需求价格弹性、边际成本的变化而变化。著名的法则就是"拉姆西定价"法则,表达出了三者之间的关系。Hess 和 Gerstner 认为厂商以低于成本对产品进行定价是为了吸引消费者冲动购买,从而让消费者消费更多的互补产品组合[138]。例如:电动牙刷通过低廉的牙刷柄带动电动牙刷的需求。Bagwell 和 Ramey 认为需求方也是存在规模经济的,产品定价低于成本可以作为协调需求的工具[139]。在多产品的定价问题上,慕银平等分析了多产品厂商的内部转移定价决策问题,分析了产生多产品定价的原因[140]。而张雪宁等则采用多产品多目标的灰色分析,解释了现代营销中产生的问题[141]。

目前理论界对双边市场的研究主要借鉴多产品理论和网络外部性理论这两类理论,但却与这两类理论存在明显差异[72]。一方面,传统的网络外部性关注的是单个市场用户需求的影响,而双边市场中的交叉网络外部性,更关注的是不同市场的用户数量之间的相互影响。交叉网络外部性产生于两组或多组消费者群体间,这是交叉网络外部性同传统网络外部性的本质区别[142]。另一方面,双边市场的研究与已有多产品定价研究的差别在于:传统多产品市场的互补性来自功能性互补,而双边市场中,产品之间的互补性来自需求性互补,是基于不同市场的用户安装基础。市场的需求来自双边市场的联合需求,无论缺少哪一边,平台厂商的需求就无法形成闭合[143-144]。

总结来说,双边市场是一种市场失灵现象,即消费者消费商品或服务的效用不仅和商品本身价值有关,也和用户规模有关。这一点与网络外部性的相关研究类似,只是此时双边市场的失灵是由不同市场间用户需求的交叉网络外部性造成的;同时多产品定价理论是双边市场价格结构研究的灵感来源,而区别在于平台企业面对的是两个或多个市场需求,产品的互补性并非基于功能性互补,这是现有的多产品定价理论不能适用的。

传统的单边市场结构中,企业是产品和服务的提供方,用户是产品和服务的需求方,企业与用户直接进行交易互动构成市场,无须通过一边用户去吸引另一边用户(见图 2-1)。双边市场中的平台连接了两组不同类型的用户,平台企业为这些用户提供了一个相互作用的平台,平台并不生产双边用户需要的产品,只是提供服务使得双方用户能够更好地互动和交易。平台需要通过一边用户吸引另一边用户,只有双边用户对彼此有需求且同时加入平台后,平台才能发挥自身价值。一边用户 A 与平台构成一边市场,另一边用户 B 与平台构成一边市场(见图 2-2)。

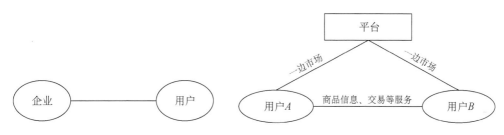

图 2-1 单边市场结构示意图　　　图 2-2 双边市场结构示意图

2.1.2 双边市场的定义与特征

（1）双边市场定义

双边市场（Two-sided Market）直到 2001 年才被首次明确认识，这要归功于 Rochet 和 Tirole 的开创性工作。至此，双边市场这个话题成为经济学研究的一个非常活跃的领域。但是对双边市场概念的界定，国际上仍无统一的标准。在实际研究中，不同学者根据各自的研究背景和关注重点，从不同的角度对双边市场进行界定。目前学界对双边市场的界定主要分为两种：其一是以 Rochet 和 Tirole 为代表，从"价格结构"的角度对双边市场进行界定；其二是以 Armstrong 等为代表，从"交叉网络外部性"的角度对双边市场进行界定。

Rochet 和 Tirole 认为在两边价格总和不变的前提下，如果一个平台仅仅通过对一边市场提价而对另一边市场降价的方式就能影响该平台的交易量，那么这样的市场是双边市场[149]。换句话说，价格结构是关键，平台企业必须通过价格结构的设计使两边用户整合到平台上来。用简单的公式辅助描述，即假设平台企业对两边用户各收取费用 P^A 和 P^B，则平台对两边收费的价格水平 $P = P^A + P^B$。如果价格水平 P 固定不变，只是改变 P^A 和 P^B 之间的比例，平台的交易量发生变化，则认为该市场为双边市场。这种双边市场的判定原则称为价格结构非中性原则。平台企业价格非中性的产生原因可能是由用户之间价格转嫁不完美造成的。所谓完美，以政府征税为例，假设政府向生产者和消费者征税比例的均衡点比例是 8∶2。如果政府向生产者征税，生产者可以通过调整商品价格把其中的 20% 税收转嫁给消费者；如果政府向消费者征税，则消费者可以通过减少需求从而迫使生产者降低价格，从而把 20% 的税收转嫁给生产者。因此，在这个市场中，无论价格结构是怎样的，市场的交易量是不变的，政府的税收也是不变的。但是，在双边市场，价格转嫁往往是不完美的，因为每边用户的需求不仅受价格影响，还受另一边用户规模的影响，即使转嫁，也是不完美的[73]。

Armstrong 从交叉网络外部性的视角对双边市场进行了界定：如果平台一边的用户所得到的效用取决于另一边用户群的表现，简言之为一边用户的净效用会随着另一边用户数量的增长而变化，那么称这样的市场为双边市场[31]。此外，Wright 等也对双边市场给出了类似的描述：双边市场涉及两种截然不同的用户群，两类用户群通过一个共同的平台进行互动，而由于该平台利用两边用户无法自己内部化的外部性使得两边用户群和平台自身获得价值，即平台一边的用户数量和质量会通过交叉网络外部性对另一边用户的效用产生影响[58, 125, 146-148]。例如，对一个二手房买卖交易型平台而言，如果平台卖方一边的数量在一定范围内增大，那么平台另一边的买方找到合适二手房的概率就增大了，从某种意义上而言，这种变化即买方效用的增加。

Evans 在前面的基础上给出了描述性的定义：双边平台提供产品或服务给两个完全不同但互相需要的消费者群体，他们依赖平台进行中间交易。双边平台通过把两方放在一起可以最小化实体的交易成本，并且提出了双边平台的三个重要特征：间接网络外部性、两边的共生关系、平衡两边的必要性[114]。

不难发现，上述学者的界定偏向定性描述，因此，此后的大多数学者更倾向于将两类界定方式进行综合。即先按照 Rochet 和 Tirole 的价格结构非中性原则进行判定,然后再基于 Armstrong 交叉网络外部性的视角,运用数理模型进行进一步的实证检验。李煜等就结合了这两种判定视角,对双边市场进行了定义:通过平台中介进行交易,交易的双方或多方具有交叉网络外部性,同时平台的交易量与价格结构有关的这样一类市场[148]。黄民礼的观点也是综合网络外部性和价格结构非中性两个视角,认为:若某种产品或服务的供求双方之间具有交叉网络外部性而使得平台企业将买卖双方同时凝聚到一个交易平台,平台企业向买卖双方收取的总价格固定的前提下,价格结构的变化对平台的总需求和交易量有直接影响,这样的市场就是双边市场[149]。本书采用李煜、黄民礼对于双边市场的定义,认为价格结构非中性和交叉网络外部性均是双边市场的特征。

(2) 双边市场特征

双边市场作为区别于单边市场的特殊市场形态,具有以下四个方面的特征[144, 147, 150-152]。

① 需求互补性

双边市场中的平台企业通过提供某些产品或者服务,将平台两边的用户同时吸引到平台上去。其市场需求来自双边市场的联合需求,缺少任意市场的需求,平台的需求就难以形成。

如果只有一方有需求或双方均无需求,那么平台企业提供的产品和服务是没有价值的[58, 153]。如租房用户通过房地产网络平台是希望找到合适的房屋,如果平台不提供房租出租的信息,那么租房用户对于平台的需求就为零,房东出租房屋也是如此。因此,平台厂商不仅要考虑产品或服务对两边用户的影响,还要考虑其两边市场的相互影响,并保证两边用户的需求能同时实现。这样平台的产品或服务才具有价值,才能形成双边市场。

② 交叉网络外部性

双边市场的一个基本特点是:平台的一边用户不能内部化地使用平台对另一边用户造成的福利影响(即交叉网络外部性)[154]。在双边市场中,最先强调交叉网络外部性重要性的是 Armstrong。他从交叉网络外部性角度对双边市场进行了界定,认为如果一边用户的净效用随着另一边用户数量的变化而变化,这样的市场就是双边市场[155]。Wright 进一步解释,双边市场涉及两类截然不同的用户,平台企业可以影响用户间外部性被内部化的程度或者所享受的交叉网络外部性的程度[20]。一般而言,平台的交叉网络外部性通常是正的。当然,在双边市场中也存在负交叉网络外部性的情况,如媒体市场。媒体市场连接消费者和广告商,消费者通常是广告厌恶型,因此平台投放的广告数量越多,消费者的效用越低。那些对另一边大多数用户都表现出很强的正外部性的用户,应当成为平台企业积极争取的目标,相对于供给成本来说,平台企业应当对他们收取较低的价格;而那些对另一边用户产生负外部性的用户则应当受到控制并被收取高价格[75, 156-157]。

③ 价格结构非中性

在传统的单边市场中,产品定价考虑的因素主要是产品的边际成本和消费者的需求弹性。而根据 Rochet 和 Tirole 对于双边市场的定义可看出,双边市场平台的需求量不仅取决于平台对两边用户收费的总价格水平,更依赖于总价格水平在两边用户之间的分配情况。Armstrong 在研究中指出,价格结构的非中性是由交叉网络外部性导致的,平台对交叉网络外部性强的一边会收取低的价格(甚至小于零),而对交叉网络外部性弱的一边收取高价格,从而将该网络外部性内部化[31],比如滴滴打车在早期培育市场阶段,对乘客和司机给予补贴[31, 125]。因此在双边市场中,平台企业对其产品或服务的定价大多不遵循边际成本加成的原则,平台价格结构具有显著的非中性特征。在双边市场中,平台不仅应该关注向买卖双边收取的价格总水平,更应该关注价格结构对平台的交易量和总收益的影响。

④ 多平台接入特性

多平台接入是指用户同时接入多个平台,即同时购买多个竞争性厂商提供的产品或服务,或者同时到多个平台进行相关信息的搜索等行为[39]。多平台接入行为在双边市场中是非常普遍的。Caillaud 等将消费者购买多个竞争性厂商的服务或者产品的行为称为多平台接入现象[55, 72]。Armstrong 也提出了描述性的解释:当一个代理商选择只使用一个平台时,就称该代理商是单平台接入;当该代理商使用多个平台时,则称为多平台接入。并考虑了三种情况:①两边都是单平台接入;②一边是单平台接入,另一边是多平台接入;③两边都是多平台接入。用户单平台或者多平台接入的选择受进入成本和平台另一边的选择影响[58]。多平台接入行为与传统重复购买不同,多平台接入是平台的一边或两边(多边)使用多个平台,以获得最大的网络效应[22]。

2.1.3 双边市场分类

学者们根据不同的研究目的,从不同的角度对双边市场进行了划分。依据双边市场结构的复杂程度,Rochet 和 Tirole 将双边市场分为简单结构双边市场和复杂结构双边市场[150]。例如,无线广播、电视、广告支持的媒体属于简单的双边市场;而支付卡系统、房地产中介等就属于复杂的双边市场,因为其中有时会多出诸如服务中介这样的主体。Kaiser 和 Wright 根据市场的功能将双边市场分为目录服务、配对市场、媒体市场和交易站点四类[16]。Armstrong 从平台竞争程度,将市场分为三类:一是垄断者平台,市场上只有一个可供选择的平台;二是竞争性平台,市场双边都有多个平台可供选择,但双边中的各边仍然是单平台接入的,即每边的参与者只能选择其中一个平台进行交易;三是存在竞争性瓶颈的平台,两边的用户都希望接入所有平台,即两边用户均为"多平台接入"的[31]。Roson 按照平台的开放程度的不同,还可分为开放平台、封闭平台和垄断平台。开放平台中,双边市场的用户可以自由进入平台市场;封闭平台中,现有成员可以阻止后来者进入;而垄断平台中,所有的市场均由一个垄断者控制[58]。Evans 从实证的角度,将平台分成市场创造型、受众创造型和需求协调型[128],Evans 和 Schmalensee 又进一步将双边市场分为四类:交易中介、以广告为其主要收入的媒体、交易支付系统和软件平台[109]。

2.1.4 双边市场的市场结构

市场结构理论源于 20 世纪 30 年代美国张伯伦的垄断竞争理论[158]。市场结构被定义为某一特定产业中的企业与企业之间的规模、数量与份额关系以及由此决定的竞争形式[159]。它描述了市场的竞争状态,是对组织形态及特征的概括,它决定着企业主体的市场行为和市场绩效[160]。根据产业市场的竞争程度的不同,可以将市场结构划分为四种基本类型:完全竞争、垄断竞争、寡头垄断和完全垄断[161]。其中前三种类型均属于竞争性市场结构,完全垄断市场结构不存在竞争。

传统市场结构理论一般通过以下三个方面来进行市场结构分析:①行业内生产者数目或企业数目。如果本行业就一家企业,那么就可以划分为完全垄断市场;一个行业内企业数目越多,其竞争程度就越激烈;反之,一个行业内企业数目越少,其垄断程度就越高。②产品差异化。这种差异化即表现为提供不同种类产品的平台间的差异,也表现为提供同类产品的平台提供的产品与服务的差异,还体现在企业品牌形象和影响力的差异上。差异化越小,竞争越激烈,此指标一般用来区分垄断竞争市场和完全竞争市场。③行业进入壁垒分析。它是指产业内既存企业对于潜在进入企业和新进企业所具有的某种优势的程度。这个因素主要用来描述市场中已经存在的平台与潜在进入的平台之间的关系性问题[162]。决定双边市场是否存在进入壁垒的因素主要有:规模经济、产品差异化和必要的资金需求量[163](见图2-3)。

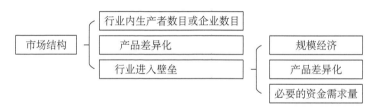

图2-3 市场结构要素

新型市场结构理论认为由于信息产品的特征和高度的技术竞争,信息经济领域已经出现了竞争和垄断同时双双被强化的态势,即市场的开放度越高(进退无障碍),竞争就越激烈,技术创新的速度也就越快,所形成的行业垄断性就越强,集中度也就越高;而垄断性越强,集中度越高,市场竞争反而越激烈。在竞争和垄断双强态势的作用下,竞争和垄断这种二律背反的共生现象竟然演化出一种新的市场结构"竞争性垄断"。国外学者并没有把"竞争性垄断"作为一种市场结构形态来研究,而是更多地描述为:双边市场中是垄断结构里存在竞争的部分[125, 164]。

依据产业组织理论 SCP(市场结构—市场行为—市场绩效)的研究路径,通过对现实经济生活中双边市场结构的分析,双边市场可总结为多种类型的市场结构[59]。本书并不一一赘述,仅介绍与研究内容相关的两类市场结构。

(1)基本市场结构

Bain 将网络外部性分为"使用外部性"和"成员外部性"[165]。其中使用外部性(Usage externalities)与交易量相关,网络中的交易量越大、使用频率越高,该平台的网络外部性就越强,该网络就更具有吸引力。成员外部性(Membership externalities)的存在无须对产品进一步消费,只要平台中存在消费者,就会对其他消费者的消费行为和决策产生影响。成员外部性是一种事前外部性,它影响了生产商和消费者的预期;而使用外部性直接降低了网络的运营成本,属于事后外部性。如图2-4所示是双边市场的基本结构。

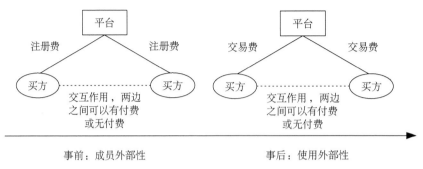

图2-4 双边市场基本结构——使用外部性和成员外部性

(2)用户多平台接入情形下市场结构

此类双边市场结构是本书重点研究的内容,发生于竞争的市场结构下。消费者多平台接入是双边市场中的常态行为,消费者希望接入多个平台以接触广泛的潜在交易对象。关于多平台接入的详细内容将在下一小节详细阐述,此处将介绍双边多平台接入情形下的市场结构。具体如图2-5所示:

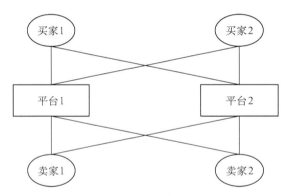

图2-5 双边多平台接入情形下的市场结构

2.1.5 双边市场定价模式

虽然现实中平台企业的收费形式五花八门,如会员费、广告费、押金、佣金等,学者们依据各种收费形式的本质特征,将双边平台的收费归纳为注册费、交易费和两部收费这三种形式[3,153]。注册费,指平台依据时间的长短向接入平台的消费者收取的相应费用,平台可通过控制该费用调节用户规模;交易费,指双边用户在平台上产生交易时收取的费用,即以发生交易为前提且费用的大小受交易次数影响,平台可通过控制该费用调节交易数量;两部收费,指平台先通过收取注册费的形式向双边用户出售接入平台的准入资格,后通过收取交易费向用户提供在平台交易的资格[3,68]。

因此,学者们一般以上述三种收费形式的一种或几种情况为前提假设,构建经济模型分析平台定价策略[8,139,155],其中最具代表性的是 Rochet、Tirole 及 Armstrong 等人。Rochet 和 Tirole 是最早对垄断情形下双边市场价格结构研究的学者,他们以平台只收取交易费为前提假设,构建平台利润和需求函数,探究双边用户收取的交易费与双边用户的需求价格弹性之间的逻辑关系。结论表明,平台价格结构的倾斜程度受双边用户需求价格弹性影响,平台往往对弹性较高的一边用户定价较低,以吸引更多数量的用户加入;对需求价格弹性较低的一边用户收取较高的使用费[150]。

但是,Rochet 和 Tirole 忽略了交叉网络外部性的存在,Armstrong 则在其模型基础上加入了这一影响因素,并用消费者效用替代价格构建了平台利润和需求函数。结论表明,交叉网络外部性强的一边用户数量的提高,会通过提高相对另一边用户的效用来提高平台交易量[155]。

此后,Rochet 和 Tirole 又指出 Armstrong 的模型仅考虑了用户接入平台的交叉网络外部性,而忽略了用户在平台上交易产生的交叉网络外部性,故结合前面的经济模型进行了进一步地改进,较好地解释了平台采用倾斜定价策略的合理性[145]。考虑到本书后续研究的需要,在此对该定价模型做简单介绍。在介绍一般定价模型前,先将模型中出现的用户等概念做简要解释,具体如下:

(1)"用户"一词常出现于计算机领域,即指通过互联网设备获取网络服务和信息内容的个体[154]。而在经济学领域中,"消费者"一词含义与其相近,指以个人消费为目的而购买使用商品和服务的个体社会成员[141]。

(2)"用户规模"也称用户安装基础(Installed base),指购买、使用某企业所提供产品或服务的用户数量[155]。

(3)"需求"表示在既定价格下将被购买的商品数量[141]。

(4)"交易"是指双方以货币及服务为媒介的价值的交换[11]。金融市场中提及较多,其交易量是指某特定时段内证券或合约成交数量的通称[156]。

(5)"效用"表示消费者从该市场篮子中获得的喜爱程度或偏好水平,反映消费过程中其需求和欲望被满足的程度[144]。

(6)"成本"包括两部分,即不随产出变化的固定成本和随产出变化的可变成本[11]。

(7)"价格"是商品同货币交换比例的指数[141]。

Rochet 和 Tirole 在模型中假设,其分析的平台为垄断者,且平台 A、B 边用户对各自一边的用户规模不关注,仅关注平台厂商拥有的相对另一边市场用户规模。由于 Rochet 和 Tirole 希望构造一个适用于三种收费形式的通用模型,故假设双边用户所交的费用中包含注册费和交易费两部分。此外,还将平台的变动成本拆分为固定成本和每次交易的边际成本,将用户在平台获得的效用拆分为接入平台获得产品的固有效用和由对边用户集聚而产生的外部性通过平台内化给本边用户的效用,称为交叉网络外部性效用。据此,双边用户的效用函数可表示为:

$$\begin{cases} U^A = (b^A - a^A) N^B + B^A - A^A \\ U^B = (b^B - a^B) N^A + B^B - A^B \end{cases} \tag{2-1}$$

式中：U^A、U^B 分别为平台 A、B 边用户的净效用；

b^A、b^B 分别为平台 A、B 边用户获得的交叉网络外部性效用；

a^A、a^B 分别为平台向 A、B 边用户收取的交易费；

N^A、N^B 分别为平台 A、B 边用户规模；

B^A、B^B 分别为平台 A、B 边用户获得的固有效用；

A^A、A^B 分别为平台向 A、B 边用户收取的注册费；

C^A、C^B 分别为平台服务 A、B 边用户所产生的固定成本。

模型中假设双边用户规模与市场需求相等，而用户是否选择该平台则取决于用户效用是否不小于零。据此，用户规模可表示为以下函数形式：

$$\begin{cases} N^A = \Pr(U^A \geqslant 0) \\ N^B = \Pr(U^B \geqslant 0) \end{cases} \quad (2-2)$$

考虑到固定成本 C 较小且有利于利润公式的转换和计算，将用户的注册费按照用户交易的次数折算进总费用中，平台收费可表达为：

$$\begin{cases} P^A = a^A + \dfrac{A^A - C^A}{N^B} \\ P^B = a^B + \dfrac{A^B - C^B}{N^A} \end{cases} \quad (2-3)$$

式中：P^A、P^B 分别为每次交易 A、B 边用户实际支出的总费用。

最后，模型将平台的交易量表示为 $N^A N^B$，据此，平台的利润函数表示为：

$$\pi = (A^A - C^A) N^A + (A^B - C^B) N^B + (a^A + a^B - c) N^A N^B \quad (2-4)$$

依据利润表达式得出，在平台收取的总价格水平一定的前提下，最优价格结构由下式决定：

$$-\dfrac{1}{P-c} = \dfrac{\dfrac{\partial N^A}{\partial P^A}}{N^A} + \dfrac{\dfrac{\partial N^B}{\partial P^A}}{N^B} = \dfrac{\dfrac{\partial N^A}{\partial P^B}}{N^A} + \dfrac{\dfrac{\partial N^B}{\partial P^B}}{N^B} \quad (2-5)$$

2.2　多平台接入研究

2.2.1　多平台接入的定义

"多平台接入"的概念来自计算机通信技术领域，是指通信线路上选择多个相互存在备份和冗余关系的通信路径，如果其中一条链路出现拥堵仍可通过其他的预设路径来保持网络的通畅[73]。在传统的单边市场产业中，消费者通常在竞争性厂商的产品中选择购买一个产品进行使用，然而在双边市场中，若平台市场中存在两个或两个以上的平台时，如果平台没有实施排他性交易行为，则消费者可以通过接入多个平台，同时购买多个竞争性平台的产品或服务。消费者这种接入多个平台购买(可能免费)其产品或服务的行为被称为"多平台接入(Multi-homing)"[31, 55, 125]。需要提出的是，在双边市场用户群中，对于一边用户来说,不是其中所有的用户都选择同一种平台接入行为,有的用户会单平台接入,有的用户会多平台接入。Poolsombat 和 Vernasca 把这种行为称为部分多平台接入[171]。纯粹多平台接入和部分多平台接入的区别如图 2-6 所示。

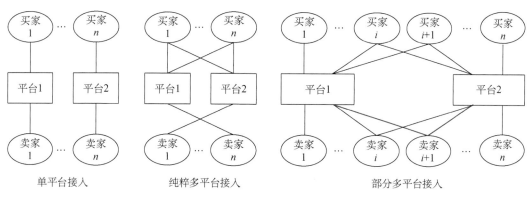

图 2-6　多平台接入

多平台接入行为与传统重复购买不同,多平台接入是平台的一边或两边(多边)使用多个平台,以获得最大的网络效应[147]。多平台接入行为的存在必然导致不同平台之间的竞争加剧[167]。

2.2.2　用户多平台接入现象普遍性

多平台接入现象在现实生活的双边市场中极其普遍。例如,在银行卡市场中的消费者可以持有多张不同品牌的信用卡,商户也可以同时受理多个不同品牌的信用卡。在媒体市场中的消费者可以同时观看不同视频网站的节目,广告商也可以同时在多个不同媒体平台进行广告宣传,电脑用户会使用 Windows、Linux 等不同的操作系统。只要用户有需求,软件开发商也会为不同的操作系统开发应用软件。租客会使用不同的房源信息平台查阅租房信息,相应的,房东也会将自身的房源信息挂在多方网站提高被浏览的概率。

按照两边接入情形划分,多平台接入包括买方多平台接入、卖方多平台接入和买卖双方多平台接入三种类型[168]。

(1) 卖方多平台接入一般是指商品供大于求,供应方相互竞争商品价格下降,从而使需求方掌握市场主动的市场状况。卖方多平台接入有利于刺激商品生产者改进生产技术,提高经济效益,开发新产品,从而促进生产发展。而商家会尽量让买家多平台接入变成单平台接入。

(2) 买方多平台接入一般是指商品供小于求,需求方相互竞争商品价格趋于上升,从而使供应方掌握市场主动,卖方支配着买方的市场状况。此时买方对产品没有选择的主动权,卖方只关心产品数量,很少考虑市场需求。买方多平台接入的存在,意味着商品交易中的平等关系已经被商品的供不应求所打破。

(3) 而在大多数情况下,买卖双方都是多平台接入。如信贷平台就是一个买卖双方都多平台接入的例子。会有有贷款需求或是盈余资金的人来信贷平台借用资金或是投资,他们通过信贷平台来完成自身资金的借贷;同时,他们有很多机会选择不同的信贷平台,因为有多家信贷平台可以选择并实现贷款或投资,这就是属于买方多平台接入行为。如果这家信贷平台经营有方,各方信息真实且资金链情况良好,那么就会吸引更多人来此贷款或投资,这就体现了此平台的卖方多平台接入行为。

表 2-1 双边市场平台的用户接入特征

产业	平台	边1接入特性	边2接入特性
房地产	房产经纪 买卖	买方多平台接入	卖方多平台接入
房地产	房产经纪 租赁	出租人多平台接入	租赁方多平台接入
媒体	报刊	读者多平台接入	广告商多平台接入
媒体	电视	观众多平台接入	广告商多平台接入
媒体	门户网站	上网者多平台接入	广告商多平台接入
软件	操作系统	多数用户单平台接入	软件开发商多平台接入
银行卡	信用卡	持卡人多平台接入	商家多平台接入
互联网	招聘平台	求职者多平台接入	企业多平台接入
互联网	打车平台	乘客多平台接入	司机多平台接入
互联网	外卖平台	消费者多平台接入	商家多平台接入

从表 2-1 中各产业平台用户接入情况看,多数平台的用户希望能够同时接入多个平台,从而接触到更多的信息、用户、内容等,从而获得更多的交易机会。表中软件产业有些例外,用户边由于学习成本和锁定效应,多数倾向于单平台接入。总结来说,双边市场下用户多平台接入情形十分普遍,然而很多关于双边市场的研究都基于用户单平台接入的假设,具有很大局限性。

2.2.3 多平台接入产生原因

传统竞争理论一般都是假定产品完全同质,消费者在竞争性厂商提供的产品中必须做出非此即彼的选择,即排他性需求。但在双边市场实例中,尽管竞争性平台为双边用户提供具有替代性的产品和服务,双边用户可能会出现非排他性需求。传统理论中极少数的研究注意到这种现象,并将这种非排他性需求称为多重购买(Double purchase),强调的是作为整体被购买的系统产品。然而,在双边市场情形下,与传统的多重购买相类似的多平台接入不仅仅是为了获取产品本身的固有效用,更多动机是想尽可能多地享受另一边用户的规模带来的好处,即网络外部性。

目前关于双边市场中多平台接入产生的根本原因是尽可能享受另一边规模带来的好处,用户单平台或者多平台接入的决策则受进入成本和平台另一边的选择影响[168]。目前关于双边市场中多平台接入产生的原因主要集中在以下几点[169]:

(1) 产品差异性(不完全替代性)。这其中除了产品本身的差异外,也包括平台提供的服务质量的不完全替代性。因为现实生活中平台产品和服务不是完全同质的,不同的消费者会有不同的偏好。因为多平台接入的动机是享受另一边的网络外部性,所以产品的差异性会支配那些对网络外部性评价较低的消费者的购买行为。对网络外部性评价较低的消费者因为自身偏好只选择单个平台,也从而使得两种(或多种)产品都有一定的安装基础,而对网络外部性支付意愿高的消费者为了获得更大的网络规模将进行多平台接入[62]。

(2)平台兼容性[170]。当具有网络外部性的竞争产品之间完全兼容时,多平台接入不会出现。而当竞争产品之间完全不兼容时,由于一部分消费者对更大的网络规模的需求,存在多平台接入的市场结构将可能出现[171]。平台的兼容性和用户多平台接入存在一定的替代性,平台间实现互联互通会弱化用户的多平台接入行为。

(3)多平台接入经济成本。这个经济成本可能包括:交易成本、学习成本、交通成本、人工及合同成本、对产品质量的不确定等。例如,在终端不兼容的情况下,移动通信和食品游戏平台用户多平台接入需要额外购买硬件设备,因此多平台接入成本偏高,导致多数用户不选择多平台接入;而浏览多个网站只需要点击,耗费较小的时间成本,多平台接入的成本几乎为零,所以用户较容易同时浏览多个网站从而实现多平台接入。一般情况下,多平台接入成本高的用户倾向于单平台接入,反之则倾向于多平台接入。

(4)网络外部性强度。网络外部性强度反映用户对于另一个用户群用户的看重程度,外部性强度越高,表示用户对于平台另一个用户群数量和质量的看重程度越高,用户多平台接入的内在激励就越大,反映到用户多平台接入行为上,多平台接入的用户在整体用户群中的比例就越高[172]。网络外部性强度越高,用户多平台接入的内在激励就越大。

2.3 双边平台竞争研究

关于双边市场中不同平台之间进行竞争的研究,最经典的是 Rochet 和 Tirole[145,150]的开创性研究。平台可以采取三种收费模式:注册费、交易费以及注册费加交易费的两部收费[145]。对于不同类型的平台主要的收费模式不同,由于平台竞争模型的复杂性,多数学者在建立模型时将收费形式进行严格假设。Rochet 和 Tirole 研究平台收取交易费时,对于营利性平台间的竞争和非营利性平台间的竞争问题,认为平台连接的买方和卖方用户之间的需求依赖于平台所收取的价格,并根据平台利润函数最大化求解出最优的价格结构水平,但模型并未考虑双边用户之间的交叉网络外部性所产生的影响[150]。Armstrong 首次将交叉网络外部性引入用户效用函数,同时忽略组内网络外部性的作用,研究了平台收取注册费时的一般意义上的平台竞争模型,并采用 Hotelling 空间选址模型分析平台企业间的竞争问题[31],较为通用,后来文献大多在此经典基础模型上进行扩展,对双边市场中平台企业的定价和竞争行为进行建模研究[41]。本书基于此基础竞争模型,然后在其基础上设置恰当的参数,以符合房地产网络平台竞争的情况。

2.3.1 平台竞争基础模型

霍特林(Hotelling)提出了一个解释企业选址和定价行为的模型。尽管他重点研究的是地理空间,但他的模型还是可以通过将产品定位于某个产品或特征空间来研究垄断竞争。

模型前提假设:①产品同质;②两家企业成本函数相同,且 $AC=MC=0$;③消费者的数目在市场的各个区域内呈现均匀分布;④假设市场上同时存在两种品牌,均具有一定的市场占有率;⑤决策变量价格,即市场的需求总是偏向于价格较低的产品。

在一个长为 l 的线性城市中均匀地分布着一些消费者,除了位置以外,所有消费者都是相同的,不偏好于任何一个厂商。线性城市中有两个厂商,假设两厂商的产品是同质的,价格外生均给定为 P。线性城市里消费者每个时期都只购买单位产品,由于存在每千米为 c 的交通成本,每一个理性的消费者都会去离自己更近的厂商处购买。而对于厂商而言,则需在线性城市中选择一个对自己有利的位置,以最大化其需求,因为每个厂商所面对的需求等于购买其商品的顾客的数量。

图 2-7 线性城市中两厂商的定位

如图 2-7 所示,厂商 1 位于距城市左端点 a km 处,厂商 2 位于距城市右端点 b km 处,且厂商 1 在厂商 2 的左边。显然,为最小化交通成本,厂商 1 左边的消费者肯定会去厂商 1 购买产品,在厂商 2 右边的消费者肯定会去厂商 2 购买。关于在两厂商中间的消费者,距厂商 1 近的去厂商 1 购买,距厂商 2 近的去厂商 2 购买。随着从城市两边向中间逼近,最后总有一位消费者去厂商 1 和厂商 2 购买时无差异,假设此消费者位于 m 点,于是就有:

$$D_1=m, D_2=l-m \text{ 且 } m-a=l-b-m$$

由上面几个方程可求出:

$$D_1=\frac{a+l-b}{2}, D_2=\frac{b+l-a}{2}$$

所以厂商 1 面临的需求为 $\frac{a+l-b}{2}$,又因为 $\frac{\partial D_1}{\partial a}=\frac{1}{2}>0$,所以厂商 1 的需求函数是 a 的增函数,因此厂商 1 为了获得更大的市场份额会不断地增大 a 的值,即不停地向右移动。同理,厂商 2 为了获得更大的市场份额会不断地增大 b 的值,即不停地向左移动,最后在 $a=b=\frac{1}{2}$ 处达到均衡,且是唯一的均衡,也就是说两厂商平分整个市场,且都把位置定在线性城市的中心位置。

2.3.2 平台竞争模型的拓展

双边市场中用户之间的交叉网络外部性对平台企业的竞争结果和策略有很大的影响,大量学者基于双边市场存在交叉网络外部性的特性拓展 Hotelling 模型。Armstrong

基于 Hotelling 空间选址模型,首次将交叉网络外部性引入用户效用函数,并忽略组内网络外部性的作用,研究了平台收取注册费时的一般性平台竞争模型[31]。该拓展模型较为通用,后来文献大多在此经典基础模型上进行扩展,对双边市场中平台企业的定价和竞争行为进行建模研究[41]。

基于 Hotelling 模型,将市场内的平台抽象为两个平台且位于 0—1 的线段两端,两个平台提供的产品和服务是完全同质的。平台连接的双边用户的数量均标准化为 1,假设双边用户均匀分布在 0—1 的线段上,且均只接入一个平台。每个用户加入平台所获得的效用由两部分构成,一部分是用户使用平台提供的产品或服务获得的基础效用(U_0),另一部分是由用户规模带来的网络效用。基础效用部分由于平台产品完全同质量,用户获得的基础服务效用相同。网络效用部分一边用户获得的网络效用随着对边用户数量的增大而增大,用 α 表示交叉网络外部性强度系数,系数与另一边用户数量的乘积(αN)表示另一边用户对于本边用户产生的网络效用大小[31]。用户获得效用的同时需支付一定的运输成本,运输成本与距离成线性正比关系(TX、TY),这种空间位置上的差异决定了两个平台企业提供的产品和服务是有差别的,用户自身定位的选择表示用户对于两个平台企业的产品和服务的偏好程度,即衡量了两个平台企业的差别化程度。基于 Hotelling 模型的平台竞争结构如图 2-8 所示。

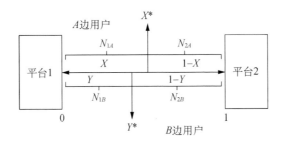

图 2-8 基于 Hotelling 模型的平台竞争结构示意图

平台企业收取双边用户注册费(P),双边用户的净效用等于用户获得的基础服务效用,加上网络效用,减去需要支付的平台收取的注册费,再减去用户到平台需要花费的运输成本。双边用户的效用函数如下:

$$\begin{cases} U_{1A} = U^0 + \alpha N_{1B} - P_{1A} - TX \\ U_{1B} = U^0 + \alpha N_{1A} - P_{1B} - TY \end{cases} \tag{2-6}$$

$$\begin{cases} U_{2A} = U^0 + \alpha N_{1B} - P_{1A} - T(1-X) \\ U_{2B} = U^0 + \alpha N_{1A} - P_{1B} - T(1-Y) \end{cases} \tag{2-7}$$

由于竞争时,平台企业创立时投入的固定成本已为沉淀成本,故不予考虑;同时模型为简化分析,假设平台提供服务的边际成本为零。因此,平台企业获得的利润则取决于平台双边用户的数量以及平台对于双边用户收取的价格水平,平台利润函数为:

$$\pi_i = P_{iA} N_{iA} + P_{iB} N_{iB} \quad (i=1, 2) \tag{2-8}$$

两个平台企业在 Hotelling 框架下进行竞争博弈,首先,两个平台企业各自为双边用户制定价格,然后双边用户根据自身净效用最大化来选择加入哪个平台。两个平台企业则根据自身利润最大化进行竞争博弈。

除了 Armstrong 的拓展模型,大量学者基于双边市场存在交叉网络外部性的特性拓展 Hotelling 模型。Rysman 认为强大的网络外部效应是造成市场进入壁垒的主要原因之一,平台在拥有庞大客户群之后会通过增大转移成本和锁定用户来维持其市场地位[146]。尹冬生认为我国电子支付产业内的平台企业竞争其实质是网络外部性强度的竞争,网络外部性强度的大小最终决定了各电子支付平台企业的核心竞争力的强弱,竞争策略的制定也都围绕着影响网络外部性强度的因素展开[173]。傅联英得出交叉网络外部性强度是影响银行卡组织市场绩效的最主要因素,并深刻影响电子支付行业的竞争格局的结论[174]。Park 等认为交叉网络效应对平台企业市场竞争力具有重要的影响。由于交叉网络外部性的存在,尽管该平台的质量可能并不比其他平台好,但也可能吸引更多的双边用户加入该平台,并最终占领全部市场份额[175-177]。

除了在交叉网络外部性的维度进行拓展外,有不少学者考虑到平台提供的服务不可能完全一致的实际情况,从产品服务异质的角度分析平台竞争[178]。纪汉霖等放松了平台提供服务完全同质的假设,引入服务质量差异系数或质量差异函数等方式表示平台存在纵向差异化,扩展了基础竞争模型中用户效用函数,来分析平台竞争均衡结果[41, 179-180]。Liebowitz 等认为平台质量也是非常重要的,创新能力强的后进入平台可以通过提供高质量的产品或服务战胜在位平台[181-182]。王小芳和纪汉霖假设在位平台拥有一定用户安装基础时,用户会产生拥挤效应,新老平台具有相同的交叉网络外部性强度,规模不对称的新老平台争夺新进入市场的双边用户,该文献没有基于对称均衡的假设,而是实际计算出均衡结果,进一步丰富了 Hotelling 竞争模型的求解过程[183]。

本章先进行拓展模型相关基础概念的阐述,为下一章模型搭建做铺垫:

(1) 用户:常出现在计算机领域,指通过互联网设备获取网络服务和信息内容的个体[184]。

(2) 用户基数:也称用户安装基础(Installed base),指购买、使用某企业提供的产品或服务的用户规模[185]。

(3) 效用:表示消费者从该市场篮子中获得的喜爱程度或偏好水平,反映消费过程中其需求和欲望被满足的程度。

(4) 均衡:指经济体系中各种相互关联和相互对立的因素在既定范围内的变动中处于相对平衡和稳定的状态[186]。其最一般的意义指经济事物中有关的变量在一定条件的相互作用下所达到的相对静止的状态。

(5) 成本:企业通常会产生不随产出变化的固定成本和随产出变化的可变成本[187]。

2.4　反垄断相关理论

反垄断与竞争政策制定的目的,就是为了抑制市场势力的滥用,促进竞争,以达到良好的经济绩效[30]。目前,反垄断案件中测度市场势力的途径分为以下两种:(1)根据界定好的相关市场范围确定企业的市场势力;(2)直接测度企业市场势力[37]。因市场份额及集中度数据的相对可获性,"相关市场"自 1911 年"标准石油案"首次提出后,一直是各类反垄断案件中的关键性第一步[30,38]。为更清晰地表明相关市场界定的作用和地位,有必要对市场势力内涵及测度方法做一定介绍。

2.4.1 市场势力内涵及测度方法

(1) 市场势力内涵及其重要性

反垄断当局制定反垄断法进行反垄断的目的在于阻止通过运用市场势力而损害社会的企业行为和合并,以此增进效率[35]。在反垄断的实际案件中,市场势力一直是反垄断当局关注的焦点。目前,关于市场势力的内涵主要有以下几种说法[188]:①企业将价格维持在边际成本之上的能力;②防止企业创新被迅速模仿和利润受到损害的能力;③企业对价格实施影响的程度;④一个或一群企业持续地将价格维持在边际成本之上,即使价格上升,销售量也不会为此有大下降的能力;⑤企业在不完全竞争的条件下提高价格和限制产量的能力。结合上述观点,本书将市场势力定义为:一个企业(或统一行动的企业群体)在不完全竞争的条件下,有利可图地将价格提高到通常为边际成本的竞争价格水平之上的能力。

随着反垄断法理论的发展,欧美国家反垄断当局在不断地实践过程中形成了两个基本原则,即"本身违法原则"和"合理原则"[5]。一般而言,由于适用于"本身违法原则",其涉案企业具有明显的法律禁止性行为,包括分割市场、限定价格、控制产量等联合抑制竞争行为。因此,无须再考察其动机、手段或对市场竞争影响的程度,也无须再进行市场势力的测度[189]。同时,随着计算机技术的发展,出现了诸如 UPP(Upward Pricing Pressure)测试、合并模拟(Merger Simulation)、自然实验法(Natural Experiments)等直接绕过市场势力测度的方法[190]。

即便如此,市场势力依然是反垄断案件的焦点。一方面随着"本身违法原则"使用范围的萎缩和"合理原则"使用范围的拓宽[62],另一方面上述方法对数据的要求在实际案件中不易满足,故欧美反垄断当局仍坚持市场势力测度这一途径[191]。换言之,涉案厂商必须具备支配地位,不论是绝对的或是相对的,这一条件仍是反垄断法关于滥用市场势力条款适用的前提[192]。

(2) 市场势力测度方法

① 收益率。收益率表示每单位投资所赚得的利润,在进行实际测算时,学者们一般以贝恩指数来表示,即企业的经济利润除以企业的资本价值[35]。贝恩认为,企业获得的经济利润越高,市场势力越强[188]。其中经济利润也称为超额利润,指企业在保持市场平均水平的前提下获得的超过市场平均正常利润的那部分利润[78],即收入减去机会成本[35]。但在估测贝恩指数过程中,经济利润的合理测算往往存在诸如折旧衡量、通货膨胀调整、负债考虑不恰当等问题[35]。

② 勒纳指数。为避免收益率计算或贝恩指数测算有关的问题,阿贝·勒纳

(A.Lerner)提出了勒纳指数方法,也称为价格-成本加成法,即通过度量价格与边际成本的偏离程度来衡量企业市场势力强弱的方法[35]。其具体的公式表示为 $(p-mc)/p$,其中 p 表示价格,mc 表示边际成本。

③ 产业集中度。在多数产业组织研究中,产业集中度是重要的结构变量,通常通过一个关于市场中某些或是所有企业的市场份额的函数来测算。其中最常用的是四企业集中度(C4),即最大的四个企业占市场总销售额的份额[35]。此外,部分学者常用赫芬达尔-赫希曼指数,即产业中每个企业市场份额的平方和[35]。

④ 托宾q值。托宾q值指企业的市场价值与其资产重置成本价值的比率,其中重置成本指购买可比质量资产的长期成本[11]。产业经济学家认为,投资者会抬高企业的股票市值,借此反映企业未来的经济利润贴现值,因而运用市场势力会使托宾 q 值大于1[180]。

2.4.2 相关市场界定的内涵及重要性

相关市场界定是指对"经营者在一定时期内就特定商品或者服务(下文统称为商品)进行竞争的商品范围和地域范围"[61]进行科学合理的界定。相关产品市场由在价格、用途、商品属性等方面具有替代性的一系列商品构成[193]。相关地域市场指按照竞争条件基本一致标准圈定出的相关产品市场的地域范围[193]。

从欧美多年的反垄断实践来看,反垄断当局一般会从产品和地域两个维度进行相关市场界定,有时还会涉及相关时间市场这一维度。但是,一般将时间维度纳入相关产品市场界定过程中,即在界定相关产品市场时就考虑时间因素,因此不再单独列为一个维度。而在产品和地域维度中,相关产品市场的界定更是重中之重,因为它是顺利界定地域或时间市场的前提[194]。

即使存在适用于"本身违法原则"的反垄断案件,但市场势力仍处于大多数反垄断案件判别过程的焦点位置,而作为测度市场势力的重要前提之一,相关市场界定也有着其不可动摇的地位。同时,随着反垄断法豁免制度适用的硬性需求,反垄断当局原则上只有对相关市场进行合理界定后,才能保证有关案件的豁免判决是科学、严谨的[62]。

例如,美国最高法院在杜邦案判决中指出的,反垄断当局在处理涉嫌滥用市场势力的案件中对涉案厂商的行为定性前,原则上必须对涉案厂商所处的市场范围进行分析,即进行相关市场界定[195]。倘若涉案厂商的经济规模或者综合实力不发生变化,则最终界定的相关市场范围大小就直接关系到判别该厂商是否具备市场支配地位了。

此外,虽然部分学者对合并案件中的相关市场界定提出质疑,但主流仍认为正确界定相关市场不仅是合并案件分析的第一步,而且也是对此类案件做出最终裁决的关键因素[192]。而且,从实践来看,无论是对于反垄断当局还是涉案厂商自身而言,相关市场界定原则上都是合并类反垄断案件的一个重要的前提性工作[28]。

综上所述,尽管存在部分适用于"本身违法原则"的反垄断案件,尽管部分学者对合并案件中相关市场界定的作用提出质疑,但对大多数反垄断案件而言,主流学者们仍认为,相关市场界定作为测度市场势力的基础性工作,仍是不可或缺的部分[196]。

2.4.3 相关市场界定的一般方法

在已有的关于相关市场界定的研究中,学者们根据不同的考量,提出了一些界定的方法,大致可以分为以下三大类:一是传统的产品功能界定方法,二是价格相关性检验的方法,三是基于假定垄断者范式的方法。

(1) 产品功能界定法

产品功能界定方法的核心思想是依据产品使用目的或功能上的合理替代性来明确相关市场范围[197]。这一大类中涵盖了如需求交叉弹性法(Cross elasticity of demand)、合理的互换性(Reasonable interchangeable)测试、独有的特征和用途(Peculiar characteristics and uses)测试、聚类市场法(Cluster market)等方法[43]。

在实践过程中主要运用需求交叉弹性法进行相关市场界定,该方法的思路就是测定两种产品之间的需求交叉弹性,根据需求交叉弹性的大小来判别这两种产品是否属于同一市场[198]。换句话说,同属一个相关市场范围的产品之间的需求交叉弹性较大,而与该范围之外的产品之间的需求交叉弹性较小。

随着当前产品功能的多样化和个性化,传统的产品功能界定方法会表现出很强的主观性,具有不同专业知识背景的人很可能做出不同的甚至相反的判断,这无疑赋予了反垄断裁定方过多的自由裁量权,使相关市场的界定显得不那么客观[197]。

(2) 价格相关性检验法

价格相关性检验方法的核心思想就是利用两种产品价格信息之间的相关程度来界定相关市场的范围。目前主要有以下几种方法:价格相关系数检验、价格格兰杰因果检验、价格调整速度检验、价格等同性检验、价格平稳性检验和价格协整检验[43]。

但是,该类方法的基本思路及实际作用受到部分学者的质疑。Werden 和 Froeb 指出,价格相关性检验所基于的市场概念是传统的经济学意义上的,与反垄断的相关市场并非一个含义,因而,通过这些方法界定出来的相关市场可能是错误的[101]。Baker 也表示相关市场界定是为了辨识产品之间的替代性,而价格相关性检验却不易实现这样的目的[97]。Coe 和 Krause 的研究也从侧面验证了这样的看法,他们运用模拟工具对上述各种相关性检验进行了比较分析,发现在没有如原材料成本变动、通货膨胀等类似的整体同步变动时,只有价格相关系数检验能够合理地界定相关市场,而其他的价格相关性检验方法则显得不那么有价值了[199]。

(3) 假定垄断者测试法

假定垄断者测试法,也叫作 SSNIP(Small but Significant and Non-transitory Increase in Price),其核心思想是假设某企业为某个市场的垄断者,固定其他条件,考察该垄断者(追求利润最大化的)是否可以或将会以小幅的、显著的、非暂时的方式提高产品价格[54]。其暗含假设有:备选市场上任意一种产品的差异化程度低;企业是追求利润最大化;产品市场是单边市场[200]。

假定垄断者测试法大致可以分为以下几个步骤[201]:①确定最初的相关市场范围,通常将其设置为涉案的产品及其密切替代品。②假定该市场的产品受假定垄断者控制,分析该垄断者提价(一般为原价的 5%～10%)后利润变化情况。③根据利润变化情况,判别当前市场是否为合理相关市场,其判别的标准为该垄断者是否有利可图。

以此假定垄断者测试方法的范式为基础,学者们又构建了如临界损失分析法、转移率分析法、机会成本法和临界弹性分析法等一系列方法。其中,实际案件中运用最广泛的要数临界损失分析。临界损失分析(Critical Loss Analysis,CLA)由 Harris 和 Simons 首次提出[102],除判别市场范围大小的视角与 SSNIP 测试不同外,模型构建及求解的思路基本相同。相对于 SSNIP 测试而言,CLA 模型的优势就在于其判别视角为需求的变化情况,体现需求变化情况的数据更易获取[199]。而 SSNIP 测试不仅仅是 CLA 模型构建思路的来源,更在 CLA 模型的求解过程中起到基础性作用,即其求解必须依据 SSNIP 测试求解过程中的阶段性成果。两种方法间既有差别,又存有依存关系。

CLA 模型的步骤大致可分为三步[202]:①假设假定垄断者价格上浮之后利润维持原状,测算的需求损失即为临界损失。②通过构建需求函数等方式估算实际损失。③依据实际损失与临界损失的大小关系判别当前市场是否为合理相关市场。若实际损失较大,则表明当前市场范围偏小;若实际损失较小,则表明当前市场范围偏大。④根据每次判别的结果调整当前市场范围,重新按照上述步骤进行新一轮判别,直至确定合理的相关市场。

此外,关于临界损失的争论集中于转移率分析与临界损失分析谁更合理上,即实际损失估算方式。临界损失分析更依赖于根据事实证据直接估算实际损失,而转移率分析则更依赖于依据经济学理论构建的特殊经济学模型来估算实际损失。正因如此,当经济理论与事实证据存在矛盾时,前者认为事实胜于理论,而后者认为理论高于事实,尽管他们都认可估算实际损失需要结合经济理论和事实证据[203]。

综上所述,这三大类方法各有特点与缺陷:传统的产品功能界定方法往往呈现出过强的主观性,但在进行初始市场确定时也是不错的选择;价格相关性检验也并非百无一用,至少从案例中发现该方法是一种界定相关地域市场的好方法[204];使用最为广泛,认可度最高的要数假定垄断者测试法,虽然也存在些许问题,但这并不妨碍其成为目前最好的相关市场界定的范式[205]。

2.4.4 双边市场中相关市场界定方法的改进

目前,双边市场中相关市场界定的研究,以分析双边市场特性给相关市场界定带来的问题居多,即定性地、批判性地分析传统相关市场界定方法适用性的问题,而围绕具体界定方法展开实质性改进的研究则较少。其中,研究较深入且最具代表性的要数 Evans 和 Filistrucchi 等人,他们就传统相关市场界定的 SSNIP 和 CLA 模型进行了实质性改进和定量分析[26-27]。

在改进相关市场界定方法前,学者们仍参照假定垄断者测试方法的基本思路,将双边市场分为交易型和非交易型双边市场两种类型,并根据各类型双边市场的特点,提出了关于 SSNIP 测试及 CLA 模型的改进思路,分别构建了交易型双边市场和非交易型双边市场相关市场界定模型[30,48]。

SSNIP 测试作为基础性模型,且非交易型双边市场中的判别结果与传统单边方式下差异更显著,故考虑到文章篇幅原因,在此仅介绍适用于非交易型双边市场的 SSNIP 测试的构建,后续求解过程不在此赘述。

基于 SSNIP 测试的基本思路,先假设某广告支撑的媒体的两边市场中均存在 n 种可选产品,即 $i=1,2,3,\cdots,n$。假定该平台为关于产品 1 的垄断企业,且假设平台只收取注册费,分别用 P^A 和 P^B 表示平台向两边用户的收费。同时,用 C、π 分别表示平台的成本和利润,用 Q^A 和 Q^B 表示两边用户数量,用 D^A 和 D^B 表示两边市场的需求,且假设两边用户数量与两边市场的需求相等。由于双边市场具有交叉网络外部性的特征,故一边用户的需求除了受到该边价格的影响外还受到另一边用户数量的影响,可表示为:

$$\begin{cases} Q^A = D^A(P^A, Q^B) \\ Q^B = D^B(P^B, Q^A) \end{cases} \quad (2-9)$$

为简化计算,假设式(2-9)有唯一解,则经计算可得 Q_1^A 和 Q_1^B:

$$\begin{cases} Q_1^A = Q^A(P^A, P^B) \\ Q_1^B = Q^B(P^A, P^B) \end{cases} \quad (2-10)$$

由此,该广告支撑的媒体的利润可表示为:

$$\pi = P^A Q^A(P^A, P^B) + P^B Q^B(P^A, P^B) - C[Q^A(P^A, P^B), Q^B(P^A, P^B)] \quad (2-11)$$

以 A 边市场为例,当 P^A 按照标准涨幅(一般为 5%)提价后,依据该广告支撑的媒体追求利润最大化的基本假设相应调整 P^B 以达最优价格结构,最终明确提价后该广告支撑的媒体的利润变化情况。而最终利润表达式中包含了以下几个待估测的指标:

(1) 需求价格弹性。需求价格弹性指在其他变量都保持不变的情况下,因单位价格变化率而产生的需求变化率,即用商品需求变化的百分比除以商品价格变化的百分比,且一般产品的需求价格弹性为负数[206]。利润表达式中具体包括两边市场的需求自价格弹性及需求对边价格弹性。

(2) 勒纳指数。勒纳指数指价格与边际成本的偏离程度,即价格与边际成本的差值除以价格[35]。利润表达式中具体包括两边市场的勒纳指数。

(3) 销售收入。会计学中销售收入指销售产品和提供劳务等主营业务取得的业务总额[207],而本书指销售当前市场范围内所有产品或服务的收入。利润表达式中具体包括两边市场的销售收入。

若根据利润表达式及上述指标值求得的利润不增反降,则说明产品 1 并构成的初始相关市场范围过小,需要继续纳入产品 2,按照上面的方式将该广告支撑的媒体的利润重新调整,继续估测上述指标值并判别利润变化情况,如此反复,直至利润变化不为负时,则此时的产品相关市场范围为合理的相关市场范围,相关产品市场界定到此结束。

上 篇

多平台接入情形下房地产网络平台竞争

第 3 章
房地产网络平台的概念与特征

3.1 房地产网络平台的概念

3.1.1 房地产网络平台的定义

目前学术界尚无对房地产网络平台概念的定义,本书以产业经济学为框架,基于网络平台和房地产市场两个基础概念定义房地产网络平台。

本书的平台是指平台经济学中定义的平台,该平台是一种交易空间或场所,可以存在于现实世界,也可以存在于虚拟网络空间。该空间引导或促成两方或多方客户通过平台进行信息交互或进行交易[10, 59, 147, 155],并且通过收取恰当的费用努力吸引交易各方使用该空间或场所,最终追求收益最大化[10]。

网络经济是信息技术革命和因特网的产物。它是以信息为基础,以计算机网络为依托,以生产、分配、交换和消费网络产品为主要内容,以高科技为支柱,以知识和技术创新为灵魂的新型经济形态[212]。网络产业是指以网络技术为物质基础,以网络为依托,以提供信息服务、电子商务等中介服务为主要内容,由网络催生的相关产业组成的新兴产业群体[208]。所谓网络平台,是结合了网络经济和平台经济特征的一种商业模式,是网络产业中的一种平台化经营模式,即由专业的平台开发商或运营商以互联网为基础,以网络技术为依托构建一个平台架构,为网络用户提供集认证、支付、物流、客服于一体的一站式服务,吸引买卖双方参与到平台上来进行交易或互动的一种平台化运营模式[19, 209]。图 3-1 表示了网络平台与双边用户之间的关系架构。网络平台企业作为第三方本身不生产商品、不参与交易业务,只为买家和卖家同时提供发布和搜索供求信息、撮合交易和信用管理等服务[210]。

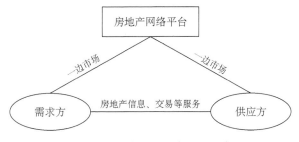

图 3-1 房地产网络平台结构示意图

房地产是地产和房产的合称,是指承载土地和以房屋为主的建筑物或构筑物及其衍生的各种权利的总和[211]。在经济形态上,从土地使用权获得、房屋的开发建设到房地产的买卖、租赁等各种经济活动,房屋财产和土地财产一直作为一个整体而出现,二者不可分割,所以房产和地产构成的整体称为房地产[212]。而房地产市场指市场交易主体将房地产作为一种商品,进行的买卖、租赁、交换、抵押等交易关系的总和,包括土地的出让、转让、抵押、开发;房屋的买卖、租赁、转让、抵押、信托;以及与房地产相关的开发、建设、维修、装饰等服务市场[212]。在市场经济条件下,房地产的各种市场经济活动的实质就是其权利运行过程的反映[213]。

借鉴网络平台和房地产的定义,考虑到网络平台为双边用户提供信息和交易服务的特征,本书将房地产网络平台定义为:由专业的平台开发商或运营商以互联网为基础,以网络技术为依托构建一个平台架构,为房地产网络用户提供发布和搜索供求信息、资格认证、撮合交易、资金支付和信用管理等服务,吸引买卖双方参与到平台上的一种商业模式[30]。一般平台与平台企业不加以严格区分[155],因此本书的房地产网络平台与房地产网络平台企业亦不加以严格区分。

3.1.2 房地产网络平台的范围界定

房地产市场经济活动繁多,但并非所有与房地产商品相关的市场活动都涉及房地产网络平台这一新形式企业。本书从产业链的角度,按照房地产市场经济活动的先后顺序,梳理我国目前房地产网络平台的业务范围。

本书以国标行业分类标准中房地产业活动范围为基础,围绕房地产商品的生产、流通和消费三个环节,从产业链的角度全面筛查房地产网络平台涉猎的业务范围。以房地产为中心产品,房地产市场可以分为三级市场:房地产一级市场指土地使用权出让市场,房地产二级市场指土地使用者经过开发建设,将新建成的房地产进行出售或出租的市场,房地产三级市场指房地产购买者再次将房地产转卖或转租形成的市场,即二手房的流通交易市场。随着房地产业向纵深发展,社区服务、装饰装修等交易后服务市场不断发展壮大,并向房地产渗透,进而形成了越来越强大的房地产产业体系[212, 215-217]。

(1) 房地产一级市场中的网络平台

房地产一级市场指土地使用权出让市场,地产是房产的基础,是整个房地产产业链的上游。我国土地所有权的归属问题导致了我国土地所有权的垄断,即我国城镇土地的所有权归国家所有,农村土地所有权归集体所有,且法律规定不允许让渡土地所有权。因此,我国只存在土地使用权市场,分为土地一级市场和土地二级市场。土地一级市场是国家作为土地所有者将土地使用权让渡给土地使用者的一系列活动,主要形式有国有土地的划拨、出让(协议、招标、拍卖和挂牌)、租赁和出资入股[32]。在土地一级市场中,政府作为土地所有权的垄断者,通过自建的政府网站与土地交易场所,直接将土地使用权出让给开发商。这个过程政府自身作为卖方,只吸引买方一方加入平台,不符合本书房地产网络平台的定义。土地二级市场包括土地使用者之间对于国有土地使用权让渡的一系列活动,主要形式有转让、抵押和出租(租赁)等[218]。在土地二级市场中,则存在一些吸引买卖双方参与平台的房地产网络平台,如土地资源网、土易网、土流网、聚土网、地合网等,为用户二级土地转让活动提供信息发布、土地资讯、土地交易数据统计、土地价格评估、权证办理、融资等服务。

(2) 房地产二、三级市场中的网络平台

房地产二级市场主要包括了房地产开发建设市场及新房交易(出售或租赁)市场;房地产三级市场主要是二手房的交易市场。通常涉及新房市场的房地产网络平台也兼顾二手房市场业务,故下文将从房地产开发建设市场和房地产二三级权益交易市场两个维度筛查房地产网络平台。

房地产开发建设市场主要市场活动包括了:融资、设计、材料设备采购、施工、项目管理等。现有该市场下的网络平台主要围绕招投标和融资业务。房地产开发企业通常采用招标的方式选择合适的企业来完成上述诸多活动。虽然待匹配的两边企业可以直接在市场中搜寻并完成交易,但是其匹配的效率和交易成本可能并不如人意。在此种现实情况下,产生了对房地产网络平台这样的第三方平台的需求,以内化待匹配双边用户聚集产生的外部性,降低匹配等活动的交易成本。目前市场上存在中国招标与采购网、千里马招标网、中国建设工程招标网等房地产网络平台,此类房地产网络平台多围绕招标事宜提供招标信息发布、招标信息提醒、投标推荐、竞争对手监控以及与此相关的广告推广、微信公众号推广等服务。除此之外,同土地市场情况一样,房产开发市场上同样也需要大量的资金支持,应运而生了一些为房地产开发企业提供资金来源同时为资金拥有者提供可靠投资项目的房地产网络平台,如:中国地产金融网、投融界等专为房地产业提供融资服务的平台,也有如真会投、360投融等涉猎房地产业融资服务的平台。

房地产开发完成后,房地产产品如住宅、部分办公商用写字楼、部分商铺、体育场馆等进入房地产权益交易市场。房地产权益交易市场包含了新房产所有权或使用权的出售和二手房产所有权或使用权的转让活动,以及与之相关的配套服务如金融贷款、权证办理、广告推广等。这种交易相关活动必然由买卖双边共同配合完成,但同样面临搜寻效率低、交易成本高的问题,此时房地产网络平台作为第三方匹配并撮合交易有极大的优势,增加搜寻匹配广度,增大成交概率并降低交易成本。现有的房地产网络平台多集中在房产权益交易市场,如链家网、安居客、场地通、房天下、乐居、58同城,以及各门户网站的房产资讯频道等。

(3) 房地产后服务市场中的网络平台

随着房地产业向纵深发展,社区服务、装饰装修等交易后服务市场不断向房地产渗透。房地产后服务市场主要包括装修市场和物业管理市场两部分。

装修市场的活动情况同房产开发市场的活动很相似,有匹配专修需求者与设计、施工供应者的需求,有时还涉及金融贷款等企业或个人,因此拥有房地产网络平台生存的环境。此类房地产网络平台对装修过程的参与主体如装修公司、设计师、工长等进行整合与管理,为相关参与方提供更好的服务体验。由于装修市场的部分用户与房产权益交易市场的部分用户是高度重复的,因而综合型的房地产网络平台通常涉猎两个或多个市场。目前市场上专注于装修服务的平台有:土巴兔、齐家网、蜗牛装修、最美装修、美家帮等。

物业管理市场，指涉及对房屋及配套的设施设备和相关场地进行维修、养护、管理，维护环境卫生和相关秩序活动的市场。物业管理市场的各种物业社区服务同样需要房地产网络平台作为第三方来匹配并促成交易，如58到家、好帮家家政网、住这儿、彩生活等。

综上所述，本书结合已有房地产网络平台的市场涉猎情况，从产业链的角度，按照房地产市场经济活动的先后顺序，梳理我国目前房地产网络平台的业务范围，如图3-2所示。

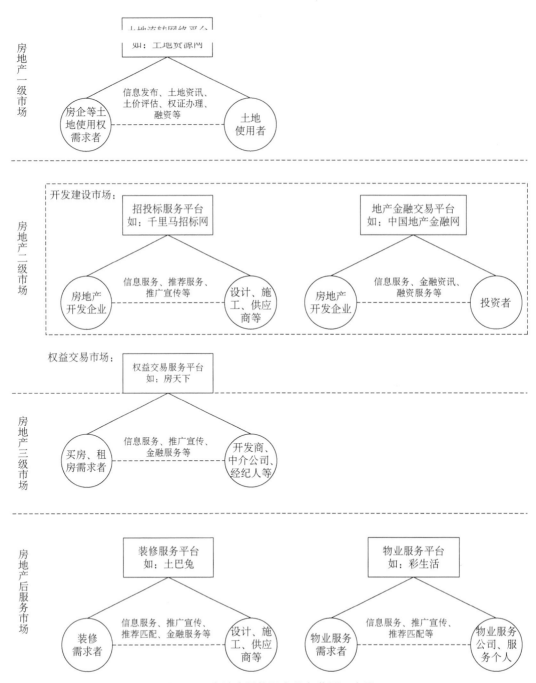

图3-2 房地产网络平台业务范围示意图

3.1.3 房地产网络平台的构成要素

尽管关于网络平台构成要素的界定还未能达成一致认识,但一些网络平台必须满足的前提条件是得到大家一致认可的。以 Evans 为代表,要素可总结为:存在两类或多类不同类型的用户,平台作为第三方存在;平台一边用户的数量会影响另一边用户的效用和决策;平台可以有效地将双边或多边用户无法自我内化的外部性进行内化[128]。网络平台可总结为依托互联网的网络产业中的一种平台化经营模式[47]。以双边市场和网络平台的构成要素为基础,结合房地产网络平台定义,可知房地产网络平台由三个要素构成:

(1) 市场中存在专业的第三方平台开发商或运营商

房地产网络平台本身即是专业的平台开发商,它以双边市场为载体,平台作为第三方存在,联结了需求方与供应方,为保证各类用户群体之间交易的顺利进行而提供房地产业的相关服务,包括信息查询、看房、装修、按揭金融等,其本身不参与交易。通过平台,各类用户群体可以方便快速地上传及查询信息并在更大范围内接触到交易的潜在对象。以房地产权益交易平台为例,相对于传统的房地产中介,房地产网络权益交易平台具有更强的独立性、公平性和公开性。房地产网络平台作为专业平台开发商的主要功能为:

① 信息服务。房地产网络平台打破了房产和地产作为不动产的地区限制,让全国各地甚至境外的购房者可以 24 小时了解到房屋及土地的各类信息,土地使用者、房地产开发商、房地产中介和家装公司等可以借助房地产网络平台,详细地了解土地和房屋的区位、面积、交通、购买方式、付款等信息。同时,房地产网络平台开通了房地产论坛和社区,各类用户可以通过留言,与其他的用户进行交流分享。

② 价格评估。房地产的价值受到各种因素的影响,价格形成比较复杂,每宗土地、房产的价格都各不相同。房地产本身又具有投资属性,需要专业的评估专家进行评估。房地产网络平台往往会提供房地产价格评估工具或专家评估的服务,为用户决策提供依据和帮助。

③ 交易中介服务。房地产交易方式包括有房地产的买卖、租赁、抵押等方式。它不仅涉及房地产本身的业务,而且涉及房地产的关联业务。如:信贷融资、估价、产权转移、公证办理、税费征收等业务,流程复杂,而且专业性非常强。交易类房地产网络平台会提供交易中介服务,帮助用户完成房地产的各类交易。

(2) 房地产网络平台依托互联网和网络技术搭建一个平台架构

在美国,应用最广泛的房地产信息管理系统是 MLS,即多重上市服务系统[32]。房地产经纪人依托 MLS 网络系统大大提高了工作效率,系统会员按规定将自己独家销售的委托在网络中心输入,所有的成员即可随时查看到该房源的房地产交易情况[219]。国内应用比较多的是 B/S 结构房产销售管理信息系统,网络平台上存在三种角色:管理员、普通用户和付费用户。在该平台架构上,管理员可以通过该系统维护系统内部日常信息、审核用户发布的房源信息、对相关会员和普通用户进行管理;普通用户可以浏览、搜索相关房源信息;付费用户可以在系统内管理自己发布的房源信息,同时获取网站其他付费用户发布的真实房源信息[220]。房地产网络平台的系统架构如图 3-3 所示:

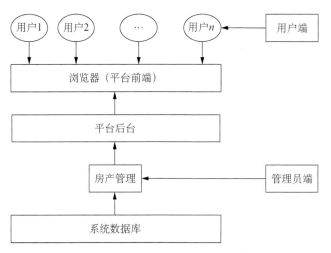

图 3-3　房地产网络平台系统架构

和房地产权益交易网络平台类似,其他业务类型的房地产网络平台运营商都通过搭建网络平台,实现管理的 IT 系统化和信息透明化,缩短双边用户最终达成交易或查询信息的时间,同时也能方便供应方对土地、房源、客源等相关信息的管获取,从而降低用户的交易成本,提高交易效率。一般房地产权益交易网络平台的网络系统模块包括房源模块、客源管理模块、跟进记录模块、合同模块、账户管理模块、留言板模块、实用工具模块和业绩排行榜模块等[221]。另外,本书研究的房地产网络平台属于网络产业,是以互联网为基础,以网络技术为依托构建一个平台架构,其服务的是网络用户。房地产网络平台将政府、房地产开发商、建材供应商、购房者、金融机构等带入了一个网络经济、数字化生存的新空间,用户间的交易也不再受时间和空间的限制。

(3) 房地产网络平台是基于互联网形成的平台化组织

房地产网络平台的运营模式是房地产网络平台通过网站、App、微信公众号、搜索引擎等将流量导入并对房地产开发商、房地产中介、装修公司等资源进行整合,将各类用户聚集到平台上并在交易过程中,为他们提供各类服务进而撮合交易的一种运营模式。以房屋权益交易类平台为例,房地产网络平台的平台化运营模式如图 3-4 所示。

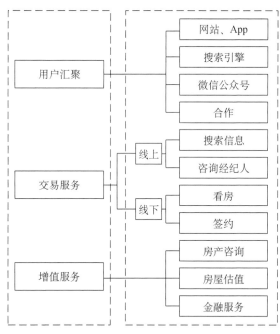

图 3-4　房地产网络平台(房屋交易类)的平台化运营模式

3.2 房地产网络平台的双边市场特征

3.2.1 房地产网络平台的相关概念界定

在辨析房地产网络平台的双边市场特征前需要首先确定其面对的用户、相关的成本、对两边或多边用户的定价,因为这牵涉到房地产网络平台是面对着怎样的用户市场以及成本与价格的关系,进而判断该房地产网络企业是否是具备双边市场特征的网络平台。

(1) 房地产网络平台的用户

房地产网络平台的用户是指使用由房地产网络平台提供的产品或服务来满足消费或盈利目的的个人或厂商。上一节明确了房地产网络平台的业务范围,房地产各级市场的用户群体包括政府、房地产开发商、施工单位、房地产中介、设计公司、咨询公司、物业服务单位、材料设备供应商、购房者和租房者等。这些与房地产商品的生产、经营和服务相关的企业或个人都可以称之为房地产用户,都是房地产网络平台的潜在服务对象。

房地产网络平台一般包括两边用户,一边用户为房地产网络平台连接的土地使用权需求者、购房者、租房者、装修需求者等需求方;另一边是土地使用权使用者、开发商、中介公司、房东、装修公司等供给方。一般认为在平台订阅或购买服务产生消费或盈利才算接入了平台,但对于需求方而言,由于多数房地产网络平台兼具媒体属性,故本书认为需求方只要接入平台进行信息浏览获得信息盈利即可认定为平台用户。例如,向招投标类平台支付会员费获取招标信息、数据、推荐、秘书等产品或服务的施工单位;向二手房交易类平台支付中介费获取完整房源信息、权证办理、金融贷款等产品或服务的二手房购买者;免费从装修服务类平台获取设计案例、装修预算计算工具等产品或服务的装修需求者。

(2) 房地产网络平台的成本

与传统单边市场中的企业一样,房地产网络平台成本也可分为固定成本和可变成本两个部分。其中房地产网络平台固定成本指某时段内不随房地产网络平台用户规模变化而变化的平台支出费用,主要为构建房地产网络平台实现正常营运所投入的费用,包括网站搭建、App开发、算法研发、房产租赁、工作人员基本工资等。房地产网络平台可变成本指某时段内随房地产网络平台用户规模变化而变化的平台支出费用,主要由维持房地产网络平台正常营运所投入的费用,包括人员费用、业务管理费用、系统服务费用等[222]。这里占比最大的就是平台的软硬件购置成本,为了建立主从式架构的计算机环境,企业往往需要花费几百万,每年维护和更新设备的费用也是一笔巨大投入。房地产网络平台运营商往往参考其他产业企业的软硬件购置成本,将成本保证在该成本以下。除此之外,由于房地产网络平台的用户规模大,一些品牌企业可以通过与硬、软件供货商广告交换的合作方式来获取平台所需的相关设备,从而降低成本。虽然房地产网络平台的成本可以明确和计算,但服务于两边用户的成本分配却难以清晰界定[223]。

(3) 房地产网络平台的价格

房地产网络平台与支付卡系统、媒体等平台一样也存在广告费、端口费、佣金、其他增值服务费等多种收费形式。

① 广告费

网络广告是各类网站最基本的盈利模式,房地产网络平台是更精准的用户细分平台,其精准的营销效应将能吸引更多开发商以及房产产业链各个环节相关企业的青睐。广告费主要是来自新房市场房地产开发商的广告投放。截至2017年12月底,我国网民总数为7.72亿人,互联网普及率达到55.8%[4],手机网民规模6.2亿,同比增加了6 303万人。消费者行为习惯的演变,导致向网络平台投放广告的开发商数量大幅增加,投放力度也在加大。截至2016年12月底,我国网络广告市场规模达到2 902.70亿元,较2015年底增长32.9%[224]。其中,房地产类网络广告投放费用在总体网络广告投放费用中占比为15.70%,占比环比提升1.2个百分点,同比则上升了0.5个百分点。开发商的营销费用一般是该楼盘销售额的5%,在网络广告投放的比例大概是10%,随着互联网的普及和房地产网络平台服务质量的提升,我国房地产网络广告市场仍有较大的提升空间。

② 端口费

端口费主要是房地产网络平台向土地使用者、房地产开发商、房地产中介、房地产经纪人等收取的费用,平台为其提供房产类综合信息发布服务。中介或者经纪人通过房地产网络平台提供的端口,展示自己的土地、房源信息,吸引客户查询和点击,从而获得交易佣金或租房佣金。

③ 佣金

佣金是指当房地产网络平台作为房地产交易的中间商时,即房地产中介,平台可以收取一定比例的交易佣金。根据链家发布的数据,2015年我国二手房交易额为2.9万亿元,市场上通过经纪人交易比例为80%,佣金率一般是2%,则对应佣金规模460亿元。越来越多的房地产网络平台从单纯的媒体电商转型为交易中介,佣金收入成为平台的主要收入之一。

④ 其他增值服务费

服务费包括会员服务费和增值服务费等。开发商、代理商、中介公司或者个人房产经纪通过申请为房产网络平台的会员,享受平台提供的基础服务,最主要的就是通过网络平台提供的端口,展示自己的房源或产品信息。而除此之外,还可以增加个性化、定制化的服务,平台可以收取增值服务费。

平台企业的价格分析中通常涉及注册费和交易费两种费用[56]。注册费是指用户参与到平台即收取的费用。一般而言,会按年度或季度等时间限制收取固定费用;而交易费的收取主要依靠实际交易量来产生[225]。房地产网络平台的收费也可归纳为这两种类型,注册费主要包括其向两边或多边用户收取的广告费、端口费、其他增值服务费;交易费指佣金[85](表3-1)。

表3-1 主要房地产网络平台的盈利模式

名称	价值主张	盈利模式
乐居	搭建大型网络平台,开发O2O产品	在线广告、向购房人收取电商费(佣金)

(续表)

名称	价值主张	盈利模式
Q房网	主要接入二手房交易市场	向购房人收取电商费（佣金），向经纪公司收取加盟费和ERP系统使用费
家装E站	标准化设计—施工，标准化主材包F2C	商家入驻服务费、销售佣金
土巴兔	设计—监理—资金托管，提供流量导入施工及建材	装修公司流量费（佣金）
彩生活	提供基础物业服务获取用户	业主服务费、增值服务费、广告费

3.2.2 房地产网络平台的双边市场特征辨析

房地产网络平台和其他房地产传统企业相比，最大的区别在于，房地产网络平台具备典型的双边市场特征，其分析的视角不再是传统的产业组织理论。房地产网络平台的双边市场特征可从双边市场的三个必要条件来辨析。

（1）房地产网络平台需求互补性

双边市场中的平台企业通过为不同的两边用户提供某些产品或者服务，将平台两边的用户同时吸引到平台上去，其市场需求来自双边市场的联合需求，缺少任一市场的需求，平台的需求难以形成，即表现出两边用户的相互依赖性与互补性。

房地产网络平台上至少存在两个异质的用户群体，每类用户群体的需求不同。例如，在新房权益交易网络平台，房地产开发商的需求是将房屋售出或让更多的消费者了解楼盘信息等；购房者的需求是买到满意的房屋或了解到更多的房源信息等，这两类用户群体需求之间存在着很强的相互依存性。如果该市场中，只有消费者，缺少房地产开发商，平台对于双边用户会变得毫无价值。平台在新房交易的每个流程为两边用户提供相应的服务，如为购房者提供房源信息搜索等服务，为开发商提供了展示房源、发布广告等服务。若没有平台所提供的这些服务，消费者难以迅速搜寻到自己所需要的信息，导致搜索成本增加；开发商也难以将自身的信息及时推送给目标客户。可见消费者和房地产开发商共同选择某一平台存在强烈的需求。以新房交易服务为例，房地产网络平台的用户需求匹配流程如图3-5所示：

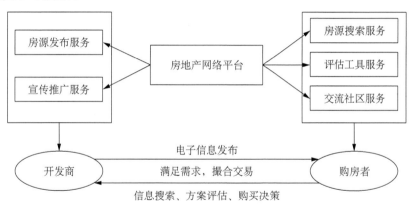

图3-5 新房交易服务房地产网络平台的需求匹配流程

这种需求互补性和传统市场的互补性是不同的,传统市场的互补是功能性需求互补,这对互补性产品通常是被同一个消费者消费。例如,一个消费者必须同时购买电动牙刷和牙刷头才能使用,电动牙刷市场的变动会带来牙刷头的同向变动,这对互补性产品所产生的溢出效应是被同一个消费者所获得的。但是,在双边市场中,房地产网络平台的需求互补性不是功能性的需求互补,其提供的服务或产品被不同类型的用户群体所消费。平台分别通过为房地产开发商提供广告展示、信息发布推广等服务,为消费者提供信息检索、房产论坛等服务,来满足两类不同用户群体的需求,进而促成交易。

需要提出的是,在一些网站中虽然存在不同的用户群体,但并没有联结双方。例如,在克而瑞网站中,尽管也存在政府、开发商或消费者等不同的用户群体,但每类群体的需求是获得不同类型的专业的咨询服务,克而瑞作为交易过程的主体,为各类用户提供服务。在该网站上无须通过一方用户来吸引另一方用户,网站自身与其中任何一方都可以单独形成交易,该市场环境属于典型的单边市场。

（2）房地产网络平台交叉网络外部性

在双边市场中,平台将两边用户连接在一起,形成网络,一边用户的效用受到另一边用户的用户规模的影响,双边市场的网络结构如图3-6所示。Armstrong和Wright将这种特征定义为交叉网络外部性。交叉网络外部性是指在双边市场中,当一边用户的数量增加时,另一边用户所获得的效用增量[75]。

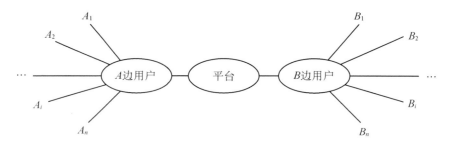

图3-6　双边市场的网络结构

从这个定义来分析房地产网络平台,可以看出房地产网络平台具备典型的交叉网络外部性特征。当平台中只有一个消费者时,由于需求方规模太小,平台另一边的开发商或者中介等不会选择在平台上发布房源,这个阶段的用户效用基本为零。但是随着加入平台的消费者数量的逐渐增多,部分开发商或中介等逐渐加入平台并发布房源,房地产网络平台的网络规模带来的价值也逐渐体现出来。

用户效用的大小,往往取决于平台能够在多大程度上满足人们的欲望或需要[226]。房地产网络平台用户的效用大小,一方面取决于其选择的服务或产品,另一方面也和这个网络中用户规模带来的价值有关。在技术、服务、收费金额等其他条件相似的情况下,用户在选择房地产网络平台时,往往取决于另一边用户规模的大小。以二手房交易网络平台为例,租房者在选择平台时,会选择拥有房源更多的平台,这样租房者也能尽快找到合适的房源,其获得的效用也越高;同样地,想要把房屋出租出去的出租方会选择客源更多的平台,客源越多,房子就能越快出租,房屋空置的时间越短,出租方的效用也就越高。随着新客源(房源)规模的不断增加,也会带来另一边出租方(客源)效用的增加。在该平台上的用户,不仅能够获得平台本身提供的服务,如房源信息搜索、广告投放等,同时还能享受这个网络中用户规模带来的价值,而价值的增加是来源于不同边的用户,其网络外部性是"交叉"的。这就是房地产网络平台中存在的交叉网络外部性。

传统的多产品市场的网络外部性,各类产品面对的是同一类用户,因此不同产品的网络外部性最终会被终端用户内部化,而房地产网络平台的网络外部性是交叉的,这种外部性无法被终端用户内部化。例如,租房者因为房源市场规模的增加而获得了价值,但他无法向房源市场的每个用户支付费用,而平台可以采取倾斜定价的方式,将市场中交叉网络外部性内部化。

(3) 房地产网络平台价格结构非中性

价格结构指的是平台收取的总价格在两边或多边用户之间的分配[145],房地产网络平台价格结构的示意图如图3-7所示。在双边市场中,平台收取价格总水平不变,变动价格结构也会影响平台交易量,同时也影响终端用户对平台的需求,即平台具备价格结构非中性特征。房地产网络平台收取的价格就是指广告费、端口费、佣金、其他增值服务费,其价格结构就是指平台向两边用户收费的比例。

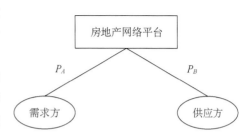

图3-7 房地产网络平台的价格结构

在理论上,平台价格结构的非中性是由于双边用户之间的价格转移不完美造成的[227]。我们知道,在传统的单边市场中,价格总水平不变,调整价格结构,参与交易的双方总能找到一些完美价格转移的途径,因此价格结构呈中性。例如,在万科美好家网站中,如果家装供应商提高其销售价格,万科美好家同样可以采取提价的方式将部分甚至全部的损失转嫁给消费者,而消费者可以通过减少购买量来迫使平台企业降价,从而将其损失转嫁给平台企业,因此在这个市场,价格转嫁是完美的[228]。

以链家网的租房业务为例,若链家网向出租方收取的费用增加α,同时向租房者收取的费用降低α,出租方将会选择其他的免费平台,平台上的房源减少。房源的减少会引起租房者期望效用下降,于是,客源也可能减少。这样,平台便因为价格结构的调整损失了交易量,从而使利润降低。在链家这样的平台中,出租者和租房者的用户需求(或者效用)不仅受价格影响,还受另一边市场用户规模的影响,即交叉网络外部性的影响,用户无法计算价格转嫁的多少,因此,在这个双边市场上,价格转嫁是不完美的。即在双边市场中,调整价格结构会对交易量产生影响,双边市场价格呈非中性。

基于该特征,房地产网络平台往往对一边收取的价格明显高于另一边的价格,甚至收取低于边际成本的价格。例如,Q房网主要向购房人收取电商费(佣金),而对卖房者提供免费服务;而乐居网一方面向开发商收取广告费,另一方面也向购房人收取电商费(佣金)。平台通过调整向两边用户收费的比例,进而增加交易的成交量,提高平台利润。

综合房地产网络平台的概念和双边市场特征,房地产网络平台的特点如图3-8所示:

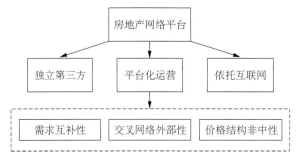

图 3-8 房地产网络平台特征示意图

3.3 房地产网络平台的双边市场结构

3.3.1 房地产网络平台的竞争性市场结构

根据产业市场的竞争程度的不同,完全竞争、垄断竞争、寡头垄断均属于竞争性市场结构,是本书的研究基础。根据传统市场结构理论,一般通过以下行业内生产者数目或企业数目、产品差异化、行业进入壁垒三个方面来进行市场结构分析。

(1)房地产网络平台企业数量众多

我国房地产网络平台经历了近20年的发展,涌现出了很多平台。目前正在进行市场化运营的房地产网络平台约有70余家。参照全球网络媒体第三方检测机构Alexa检测的网站数据,2017年底艾瑞收录了房地产平台(PC终端)63个;TalkingData检测的移动端数据收录了23个房地产网络平台(手机移动端)。除了重叠的14个平台外,共72个有竞争力的房地产网络平台。如图3-9所示,在艾瑞收录的63家PC端房地产资讯平台

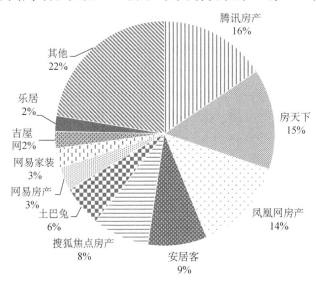

图 3-9 2017年12月国内房产资讯前十网站覆盖用户占比

中,排名前十的网站累计覆盖率为 78%[229],其中排名前三的网站就已经占据了 45% 多。可见我国房地产网络平台密集,竞争激烈。

(2) 房地产网络平台的产品差异化趋小

产品差异化表现为提供不同种类产品的平台间的差异,也表现为提供同类产品的平台提供的产品与服务的差异。一般来说,产品差异化越小,竞争越激烈[162]。

① 主营产品种类的差异化

主营产品种类的差异是指各个房地产网络平台的商品种类的区别。在市场中,既有综合性服务平台,如 365 淘房网、房天下;也有细分业务平台,土巴兔和齐家网提供装修服务,好屋中国和平安好房以新房业务为主,爱屋及乌和丁丁租房主营租房市场,彩生活则以物业服务为主,这使得房地产网络平台在产品的供给方面存在较大的差异性。但是由于交叉网络外部性、转移成本以及客源资源的重叠性,综合类服务平台更能满足消费者对产品的需求和操作的方便,一些房地产网络平台也逐渐向综合化平台发展,使得平台差异化逐渐减小。

② 各房地产网络平台间的差异性趋小

房地产网络平台是依托房地产原有产业搭建的网络平台,其提供的产品多围绕原有产品展开,以住宅为例就包括普通住宅、公寓式住宅、别墅等,且不同种类产品间的划分界限较为清晰。而围绕这些原有产品衍生出的配套服务,如信息搜索、沟通、支付、过户手续办理、信用评价等。目前,各平台间除了信息真实性及收费上略有差异外,其他服务并无显著差异,且随着各房地产网络平台不断推进各服务环节的标准化,信息真实性上的差异也在逐渐缩小。

综上可知,房地产网络平台存在一定产品差异,但差异趋小。

(3) 房地产网络平台的进入壁垒

① 规模经济形成进入壁垒

房地产网络平台在建设初期需要花费大量的成本,一方面为了购置软硬件,企业往往需要花费几百万,每年维护和更新设备的费用也是一笔巨大投入;另一方面,房地产网络平台的核心资源是房源、客源和各类技术,为了获取准确的房源和客源信息,平台也要花费大量的人员费用,同时需要高昂的研发费用,用于开发房地产网络平台的匹配技术和云计算技术等。而对于在位的房地产网络平台,由于供给方规模经济的特征,随着规模的不断增加,平台为单个接入者提供服务的平均成本不断降低。而房地产网络平台的核心资源是信息与匹配技术,这些要素具有共享性和复制性,不存在资源稀缺性的约束,加之信息产品平均成本的递减,使供给方规模经济趋向无限大。因此,成本的巨大差距使得潜在房地产网络平台进入者往往竞争力很低。

② 必要资本量所形成的进入壁垒

必要资本量是房地产网络平台在达到临界容量前,所需要投入的资本量。在双边市场,在位的房地产网络平台之所以能够在该市场站稳脚跟,是因为其前期投入的足够多的资本使其达到平台运营所需要的安装基础。潜在进入的房地产网络平台在进入市场时,也必须投入足够的资本。所有在位的房地产网络平台都在积极利用交叉网络外部性构筑进入壁垒,房地产网络平台的房源与客源往往是一个积累的过程,在位的房地产网络平台积累的用户越多,由交叉网络外部性带来的网络价值越高,需求方规模经济越明显。在位的房地产网络平台的需求方规模经济是潜在的进入者的一个巨大壁垒。

综合以上三方面,房地产网络平台正在发展期,平台数量众多,产品差异化小,竞争激烈。同时,房地产网络平台存在一定的进入壁垒,但不影响其竞争性市场结构,本书不细究其竞争性市场结构的具体类型。

3.3.2　多平台接入情形下房地产网络平台的双边市场结构

上一节已经说明了房地产网络平台的双边市场特征,且房地产网络平台市场属于竞争性市场结构,竞争激烈。在竞争性市场结构的双边市场中,用户多平台接入现象广泛存在。房地产市场由于其客单价高、涉及专业知识复杂,需求方用户通常会在决策前耗费时间与精力尽可能接触多个平台获取更多的信息,供应方为了更多曝光也接入多个平台。这使得房地产网络平台的双边用户多平台接入现象极其普遍,也进一步加剧了我国房地产网络平台竞争[162]。表3-2统计了我国目前不同市场类型的房地产网络平台的用户接入情况,其中多平台接入包括了所有用户多平台接入和部分用户多平台接入。

表3-2　房地产网络平台的用户接入特征

市场类型	房地产网络平台业务类型	需求方接入特征	供应方接入特征
土地二级市场	土地使用权交易类	多平台接入	单/多平台接入
房地产开发市场	招投标类	多平台接入	单/多平台接入
房产权益交易市场	新房交易类	多平台接入	多平台接入
房产权益交易市场	二手房交易类	多平台接入	多平台接入
房产权益交易市场	房屋租赁类	多平台接入	多平台接入
装修市场	装修服务类	单/多平台接入	多平台接入
物业管理市场	物业服务类	单/多平台接入	多平台接入
房地产业相关金融市场	P2P金融服务类	多平台接入	多平台接入
房地产业相关广告市场	广告推广类	多平台接入	多平台接入

从表中罗列的各房地产网络平台用户平台接入情况看,多数房地产网络平台的用户希望能够同时接入多个平台上,从而接触到更多对边用户信息、内容等,增大交易概率。以装修市场为例,土巴兔等平台通常向需求方用户提供免费的设计、量房、报价等咨询服务,使得需求方用户几乎无成本进行多平台接入。由于不同平台有不同设计、施工、材料供应方,需求方用户多数会多平台接入各装修平台获取更多信息和资源。在市场另一边,装修平台向设计、施工、材料供应商、装修公司等按时间长短收取会员费。对于供应方用户,多接入一个装修平台会相应增加一笔会员费,则供应方用户中对网络效应需求大的用户会选择多平台接入,而对接入多个平台获取的效用小于会员费成本的供应方用户则会选择单平台接入。

需要提出的是,房地产网络平台的用户接入特征并不是一成不变的,也随房地产市场以及平台策略的变化而变化。例如，2009年我国房产权益交易市场是卖方市场，供小于求，房地产开发商及中介公司的房源信息是稀缺资源，从而使供应方用户掌握市场主动，各房地产权益交易平台极力争取供应方用户并签订合同使其单平台接入以掌控市场主动权，形成买方多平台接入市场结构。

因此，房地产网络平台的双边市场结构可能存在三种情况，如图3-10至3-12所示：

(1) 两边均单平台接入的双边市场结构

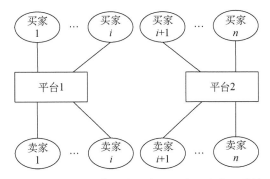

图3-10　两边用户均单平台接入的双边市场结构

(1) 一边多平台接入(需求方多平台接入或供应方多平台接入)的双边市场结构

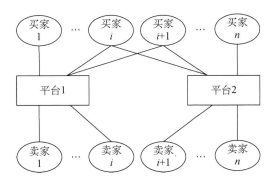

图3-11　一边用户多平台接入的双边市场结构

(2) 两边均多平台接入的双边市场结构

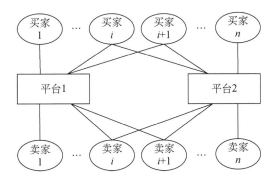

图3-12　两边用户均多平台接入的双边市场结构

第 4 章
房地产网络平台竞争模型构建与分析

4.1 Hotelling 基础模型的适用性

4.1.1 房地产网络平台竞争与 Hotelling 模型假设的适用性

本书从 Hotelling 的假设条件逐一分析此模型对于房地产网络平台的适用性。基于理论基础可总结 Hotelling 模型的假设条件：

假设一：市场上同时存在两种品牌，均具有一定的市场占有率。上一章从行业内生产者数量、产品差异化和产业进入壁垒三个方面分析得出房地产网络平台市场为竞争性市场结构，契合 Hotelling 竞争性的基本前提。本书也将房地产网络平台间的竞争简化为市场中两个房地产网络平台间的竞争，且均有一定的市场占有率。

假设二：价格为决策变量，即市场的需求总是偏向于价格较低的产品。Hotelling 模型中消费者选择成本低的购买方案，此选择从理想产品特性存在偏差的产品中获得的快乐更多。房地产网络平台竞争符合这一假设，双边用户都是基于自身获得的效用（欢乐的多少）来选择平台接入方式。当用户获得的总效用大于总成本时，就会接入平台；当用户多平台接入的净效用大于单平台接入时，则多平台接入。

假设三：两家企业成本函数相同，且 $AC=MC=0$。Hotelling 模型中剔除了竞争企业的成本因素。房地产网络平台核心资源是信息和互联网技术，由于技术共享性和信息制造、使用和销售的可重复性，成本可近似视为零。此外，本书忽略房地产网络平台建立的固定成本，因此符合假设二。

假设四：消费者的数目在市场的各个区域内呈现均匀分布。房地产网络平台竞争模型也可将用户数目限定在理想条件——均匀分布且总规模固定，具体见参数假设。

假设五：产品同质。Hotelling 模型假设产品是同质的，于消费者是完全可替代的。房地产网络平台市场不同于生活制造品等标准化完善的产品，其重服务的属性使得其产品差异性不可忽视，双边用户会认为不同企业的产品和品牌是不能完全替代的。故在模型拓展时考虑产品差异的因素，具体见下一小节。

综合 Hotelling 模型的五条基本假设，房地产网络平台竞争符合 Hotelling 的使用条件，部分参数需考虑房地产网络平台的特性适度拓展。

4.1.2 Hotelling 竞争模型在双边市场中的通用性

Hotelling 竞争基础模型中的效用、基础服务效用、交叉网络外部性、用户数量、价格等参数,是将具有实际意义的概念抽象化为模型参数,是平台竞争的经典模型,较为通用。目前在国内外研究中都多次用于具有双边市场特征的产业竞争中,如具有双边市场特征的银行卡、黄页、媒体等平台型企业,大多是在此模型基础上进行扩展的[47]。

房地产网络平台连接了双边网络用户,满足双边市场的界定条件,具有典型的双边市场特征,双边用户之间具有交叉网络外部性作用。房地产网络平台的双边网络用户加入平台不仅能获得平台提供的房地产信息、政策法规、交易服务、权证办理等服务为用户带来的基础服务效用,同时,由于交叉网络外部性的存在,还会带来与对边用户数量相关的网络效用。因此,房地产网络平台用户的效用满足平台竞争基础模型中对于网络用户效用函数的界定。此外,房地产网络平台的用户也是基于自身效用最大化来做出加入哪个平台的决策,房地产网络平台企业也是一个以盈利为目的的企业。因此,此基础模型对于分析房地产网络平台的市场竞争是适用的。由于此平台竞争模型属于开创性的研究,其假设较为严格,本书将在此模型基础上进行扩展,以期能够更加符合房地产网络平台竞争的实际情况。

4.2 房地产网络平台竞争模型的参数假设及模型搭建

4.2.1 房地产网络平台竞争模型的参数假设

根据 Hotelling 竞争模型,本书将市场中的竞争简化成两个相互竞争的房地产网络平台 1 和 2,基于前文的分析框架,房地产网络平台连接了双边用户,一边用户为房地产网络平台连接的购房者、租房者、装修需求者等需求方;另一边用户是开发商、房东、装修公司等供给方。为方便分析,我们以最常见的房地产权益交易网络平台进行阐述,令购房者为 A 边用户,发布房源需求的经纪人或经纪公司为 B 边用户。假设 A、B 两边用户总规模均为 1。1、2 平台均向 A、B 两边用户提供产品或服务。

在根据 Hotelling 竞争模型进行参数假设之前,先规范本书模型词汇定义。

(1) 房地产网络平台用户

房地产网络平台的用户是指使用由房地产网络平台提供的产品或服务来满足消费或盈利目的的个人或厂商。一般包括了平台的两边用户,且两边用户具备需求互补性。一边用户为房地产网络平台连接的购房者、租房者、装修需求者等需求方;另一边用户是开发商、中介公司、房东、装修公司等供给方。一般认为在平台订阅或购买服务产生消费或盈利才算接入了平台,但对于需求方而言,由于多数房地产网络平台兼具媒体属性,具有成员外部性[47],即需求方用户只需加入网络,成为其中的成员,而无须对产品进一步消费,就会对另一边用户的消费行为和决策产生影响。故本书认为需求方只要接入平台进行信息浏览获得信息盈利即可认定为平台用户。例如,向招投标类平台支付会员费获取招标信息、数据、推荐、秘书等产品或服务的施工单位;向二手房交易类平台支付中介费获取完整房源信息、权证办理、金融贷款等产品或服务的二手房购买者;免费从装修服务类平台获取设计案例、装修预算计算工具等产品或服务的装修需求者。

(2) 房地产网络平台的竞争均衡

房地产网络平台在 Hotelling 框架下进行两阶段竞争博弈。第一阶段两个平台为双边用户制定价格;第二阶段用户根据自身效用最大化来选择加入哪个平台,两个房地产网络平台则根据自身收益最大化进行竞争博弈,得到最终均衡结果。

房地产网络平台的均衡是指在房地产市场中,房地产网络平台对双边用户的要价水平和双边用户数量在既定的范围内的变动中处于相对平衡和稳定的状态[186-187]。在这种状态下,房地产网络平台都不再希望改变当前的价格与双边用户数量。市场处于均衡状态时的价格称为均衡价格,与均衡价格相对应的用户数量称为均衡用户规模[230]。

(3) 房地产网络平台的用户偏好

用户偏好即消费者偏好,是指消费者喜爱或习惯于消费某种商品或服务的心理行为。消费者偏好受到各种因素的影响,包括年龄、个人需要、认知能力、学习能力等,不同的偏好会产生不同的消费者效用[231-233]。即使是同一商品或服务,不同消费者由于其自身的信息化水平、把握市场交易机会等方面存在差异,对两个平台所提供的服务会存在不同的偏好效用。平台经济学学者 Hagiu 指出,消费者偏好的不同是决定平台厂商定价结构的一个很重要的因素[233]。企业提供的产品和服务的质量对于用户效用起着决定性作用[178-234]。

房地产网络平台用户在选择房屋时会考虑价格、户型、区位、周边环境等,不同的用户会有不同的偏好,即便是同一个房屋商品,由于自身的经济实力、对房地产的认知、法律认知等差异,其产生的效用也会不同。房地产网络平台上的交易流程比一般双边市场复杂,在银行卡市场中,只要发生一笔"刷卡消费",就算交易行为发生;操作系统和媒体平台中,参与方很少有直接接触的机会。但对于房地产网络平台来说,在从事服务活动过程中需要同价值链上的各种利益相关者进行各种协商、谈判,也需要对消费者的需求进行了解,这是一个复杂的过程。对于消费者来说,房地产交易涉及房地产知识、法律知识。对于服务或产品提供者来说,在从事服务活动过程中需要同价值链上的各种利益相关者进行各种协商、谈判,也需要对消费者的需求进行了解。所以与其他平台相比,消费者偏好差异很大。例如,对于一些具有房地产知识、法律知识、经济富余的平台用户而言,平台提供的房产鉴定服务、金融服务等并不会太关注,相反,对于那些房地产知识、法律知识水平不高、经济紧张的用户而言,平台提供的房产鉴定服务、金融服务等相应的服务能够成为促使他们接入平台的重要理由。

本书模型引入房地产网络平台的用户偏好系数。由于模型是建立在用户效用最大的前提下,故从用户的角度出发,令参数 θ_A^1、θ_A^2、θ_B^1、θ_B^2 分别表示 A、B 双边用户对于平台 1、2 对 A、B 双边用户所提供服务或产品的偏好程度,θ_A^1、θ_A^2、θ_B^1、$\theta_B^2 \in [0,1]$。如果 $\theta_k^i = 1(k=A、B;i=1、2)$,说明用户对平台提供的服务非常依赖且认可,评价非常高,那么他们接入该平台的收益会比较高;如果 $\theta_k^i = 0(k=A、B;i=1、2)$,说明双边用户对平台提供的服务非常不依赖,使用次数少,平台所提供的服务几乎不能给他们带来任何收益。用户的偏好系数越大,偏好程度越高。双边用户根据效用函数的大小,选择平台服务。但是需要指出的是,即使用户对平台的服务评价非常低,他们仍可能接入平台参与交易,因为平台存在交叉网络外部性所带来的聚合效应(Aggregation benefits)。由于本模型关注的是 A、B 双边用户对于平台 1、2 偏好的相对程度,故假设每个用户的偏好总规模为 1,用于分配至平台 1 和 2,即:$\theta_A^1 = 1 - \theta_A^2$;$\theta_B^1 = 1 - \theta_B^2$。

(4) 房地产网络平台的用户基数

房地产网络平台用户基数指一段时间内使用由房地产网络平台提供的产品或服务来满足消费或盈利目的的个人或厂商数量。需要注意的是,基数是指所有用户的数量而非购买或免费使用行为的人次总量。房地产网络平台用户基数影响交叉网络外部性强度,故该基数是待平台匹配的需求数量,以用户数量统计较适宜。例如,一个购房者平均需要 12 周[229]的时间搜索房源信息,一个新增需求方用户 A 在选定交易前多次免费使用新房(二手房)交易类平台搜寻房源信息,但其需求只是购买一套房子,在统计平台用户数量时仅比此前数量增加 1 人。对于供应方用户,比如一个经纪公司在一段时间内房源信息数量是相对固定的,并不因为其重复购买信息发布端口以及发布重复房源信息而增加供应量。故房地产网络平台基数是指所有用户的数量而非购买或免费使用行为的人次总量。以撮合房地产交易的房地产经纪平台为例,在平台浏览房源信息的意向购房者数量为买方用户基数;在平台购买端口发布房源信息及营销广告的开发商、经纪人、中介公司数量为卖方用户基数。

房地产网络平台的用户基数取决于三个因素:①目标用户定位,即支持达到临界容量的用户基础。房地产网络平台由于其依托互联网技术,使得信息快速传播,网络特有的"病毒式营销"使用户群规模不断扩张,达到临界值后会爆炸式增长。但目标用户定位决定了总蛋糕的大小,直接影响网络平台的成长格局。通常情况下,核心市场和通用市场定位的房地产网络平台会拥有较大的目标用户群,非核心市场和外围市场定位的房地产网络平台目标用户群会有所局限。例如,新房买卖的、家装市场、短租市场,以及国内一线城市的二手房市场都具有较广泛的目标用户,潜在的用户基础庞大,较容易获得高速增长和大的用户安装基础,较容易达到房地产网络平台的临界规模。而在未进入存量时代的三四线城市二手房市场以及高端租赁市场则属于非大众的市场,整体用户基础较小,专注于此类市场的平台相对较难获得快速增长。②临界容量。房地产网络平台由于网络外部性的存在,必须突破临界容量后才可以生存下去,否则市场将萎缩为零。临界容量是企业进一步发展的最小规模。用户数达到临界容量的产品,由于网络效应的存在,其产品或服务的价值会快速上升,同时产品本身也会引发自反馈机制,形成高速增长。③房地产网络平台的双边用户具有正反馈机制,具有成长性。随着房地产网络平台自身不断发展完善,以及使用房地产网络平台提供服务的用户数量增多,用户对房地产网络平台的认知度和认可度会不断提升,未来将有更多用户使用房地产网络平台提供的服务,房地产网络平台双边用户规模会越来越大,这非常符合目前房地产网络平台的发展趋势。

在模型中我们用 n 表示用户基数,为区分单平台接入用户和多平台接入用户,分别用 n_A^1、n_A^2、n_B^1、n_B^2 表示平台 1、2 在 A、B 两边的单平台用户基数;用 N_A、N_B 表示买卖两边多平台接入的用户基数。为分析方便,将房地产网络平台两边新用户的总规模均标准化为1,且服从[0,1]上的均匀分布。

(5)房地产网络平台的价格参数

上一章将房地产网络平台收费归纳为注册费和交易费两种费用[56,147]。其中广告费、端口服务费、会员费、金融服务费以及增值服务费,是与平台实际交易量无直接关系的费用,可以统一归为注册费;而与双边用户达成的交易相关的佣金或交易提成属于交易费。对于不同用户,房地产网络平台的收费形式及要价能力通常不同。例如,我国二级土地市场的房地产网络平台在撮合土地使用权的转让交易时在双边用户完成匹配并交易后收取交易费。房地产招投标服务平台服务于招投标过程中候选人匹配等最终交易前的活动,不涉及最终交易过程的活动,因此无法按照交易的情况来收取费用,只能按照一段固定时间收取固定费用即注册费。表4-1罗列了目前我国房地产网络平台市场主要平台的收费类型。

由于平台竞争中涉及的变量参数较多,如果平台收取注册费和交易费,则会导致均衡结果异常复杂以致无法进行分析,目前学界为了简化模型计算,一般基于对称假设进行分析,假设平台只收取注册费的情况[31,41,151,179,183,235]。

表4-1 房地产网络平台收费类型

市场类型	房地产网络平台业务类型	需求方收费类型	供应方收费类型
土地二级市场	土地使用权交易类	交易费	交易费
房地产开发市场	招投标类	注册费	注册费
房产权益交易市场	新房交易类	交易费	注册费+交易费
	二手房交易类	交易费	注册费+交易费
	房屋租赁类	交易费	注册费+交易费
装修市场	装修服务类	交易费	注册费+交易费
物业管理市场	物业服务类	交易费	交易费
房地产业相关金融市场	P2P金融服务类	交易费	交易费
房地产业相关广告市场	广告推广类	/	注册费

注:表中各类房地产网络平台业务可能同属一个平台,如金融服务类和广告推广类一般不会单独存在,会与上述其他业务的一类或多类业务组合出现。

本书为简化分析,也只考虑房地产网络平台收取注册费的情况。令 P_A^1 为平台1对于 A 边用户制定的价格;P_B^1 为平台1对于 B 边用户制定的价格;P_A^2 为平台2对于 A 边用户制定的价格;P_B^2 为平台2对于 B 边用户制定的价格。

(6)房地产网络平台及用户成本

房地产网络平台的成本:为分析简便起见,认为房地产网络平台企业向双边用户提供服务的软硬件设施、办公场所等方面的成本为沉没成本。由于房地产网络平台提供的信息和服务是共享的,平台可以无限地复制其服务,复制的成本几乎为零,因此,在本章中假定房地产网络平台向需求方和供应方用户提供服务的可变成本 $f=0$。

用户的成本(平台差异性):在Hotelling模型中,消费者到达平台进行交易需要支付一定的运输成本(或者称赶路成本),对于房地产网络平台,用户接入不同的平台除了订阅或购买产品的服务外,还会产生交易成本,包括了解信息成本、讨价还价和决策成本以及执行和控制成本[236]。例如,购房需求者会花时间在网站或App上进行搜索,预约线下看房等服务时存在一个等待时间成本;中介公司上传及管理房源信息有时间成本。和多数文章一样,本书把用户的接入成本用于体现平台的差异化[237-240]。

平台差异从方向上分为:横向差异化和纵向差异化。横向差异化中,对产品的选择只是消费者的偏好不用,不存在绝对的好、坏;而纵向差异化是指不同的消费者对产品特征具有一致性偏好,产品是可以区分好或者差的,质量是产品纵向差异空间一种典型的产品特性[241-243]。

依据Hotelling模型,令t为两个平台的差异化程度,为距离的线性函数,由于平台差异带来的接入两个平台的成本差距可表示为$t_k x$。若两个平台对于某一用户是同质的,其分别接入两个房地产网络平台耗费的接入成本是一样的。

(7) 房地产网络平台的交叉网络外部性

房地产网络平台是典型的双边市场,双边用户之间存在交叉网络外部性。依据假设,平台某一边用户所获得的效用仅与平台另一边用户的规模有关[31]。如对于租房平台来说,平台连接的房东数量越多,租房者租到合适房子的可能性越大;反之,平台上有租房需求的活跃用户数量越多,房东的待出租的房源信息交易成功的可能性越大。因此,交叉网络外部性强度反映了租房者(出租者)的用户数量对于出租者(租房者)的网络效用增加值。

本书用λ_A、λ_B表示双边用户之间的交叉网络外部性强度($0<\lambda_k<1$)。交叉网络外部性强度越大,表示对边用户数量增加,该边用户获得的网络效用增加幅度大。

实际上,平台的双边用户存在自网络效应e(也称组内网络外部性),即如果接入平台的某一边同类用户越多,由于这些企业之间会展开激烈的竞争,他们通过平台实现交易的可能性会降低。如租房平台中房东数量越多也增加了房东之间的竞争,但与其能够吸引更多的房客加入平台相比,同边竞争可忽略不计。为了便于分析,本书和Armstrong价格模型相同,认为$\lambda \gg e$,忽略自网络效应的影响。

(8) 房地产网络平台的用户效用

房地产网络平台用户效用表示两边用户从房地产网络平台提供的产品或服务中获得的喜爱程度或偏好水平,反映的是使用房地产网络平台过程中其需求和欲望被满足的程度。不用用户接入平台的效用不一样,按照效用来源的不同可将其分为固有效用和网络外部性效用两部分。

① 房地产网络平台固有效用指由房地产网络平台提供的产品或服务本身为两边用户带来的需求和欲望被满足的程度,当不考虑产品或服务差异化时,该效用值为固定值。此部分效用和传统单边市场的产品或服务本身带来的效用一致。例如,施工企业因招投标类平台提供的招标信息、数据、推荐等产品或服务获得投标资格并完成投标带来满足感,即施工单位用户获得了接入招投标类平台的基础效用;装修需求者因装修服务类平台

提供的设计师、施工人员甄选、装修监理等产品或服务解决了装修人员配备及装修质量管控等问题,需求被满足,即装修需求者用户获得了接入房地产装修服务类平台的固有效用。

本书用 U^0 表示用户接入平台的固有效用,由于此参数不考虑平台差异化因素,故同一房地产市场内的所有平台固有效用相等。由于用户对各房地产网络平台存在用户偏好(从平台角度为用户黏性差异),故每个用户能获得的基础效用各不同,为 $\theta_k^i U^0$。

② 房地产网络平台网络外部性效用是由于其交叉网络外部性存在而产生的效用,指由房地产网络平台两边用户集聚产生的网络外部性为两边用户带来满足感。本书研究的房地产网络平台具备典型的双边市场特性,一边的价值依据该房地产网络平台另一边相对方的数量。例如,一房屋租赁网络平台,租房需求者在选择是否接入该平台查询房源信息的决策是依据平台上房源信息(房东)的数量。如果平台上有很多房东集聚,对于租房者来说可以接触到更多房源信息,从而增加了其最终租到房屋的可能性,带来满足感,即产生网络外部性效用。

网络外部性效用与用户基数相关[143]。不同房地产网络平台的网络外部性效用可以表示为 λ_n。

在两个竞争的房地产市场中,房地产网络平台的双边用户可能选择仅接入其中一个平台,此时获得该房地产网络平台的固有效用和网络外部性效用。有的双边用户想尽可能接触更多的另一边用户,享受另一边用户规模带来的好处,从而选择多平台接入,此时获得两个房地产网络平台的固有收益和两个平台的网络外部性收益。但由于不考虑产品或服务差异化时,两个平台固有效用对于用户是重叠的,仅算作一次固有效用。如租房需求者不管是接入一个或同时接入两个房屋租赁网络平台,其最终只会完成一次房屋租赁需求,获得一次满足感。总结来说,多平台接入固有收益不会随数量增加而提高,增加的只是网络外部性效用[143]。

③ 房地产网络平台用户净效用

本书的第一阶段博弈是用户基于自身效用最大化的标准下进行接入平台选择。房地产网络平台的 A、B 边加入平台可获得两部分效用,一是基础效用,二是网络外部性效用;也会花费两部分成本,一是接入平台的付费价格,二是接入平台的时间精力成本(也作为平台差异化造成的效用差异)。而净效用是本书衡量用户是否会选择加入平台的一个总和指标。两部分效用总和减去成本总和,用 U_k^i 表示。U_A^1 为 A 边用户加入平台1所得到的净效用;U_B^1 为 B 边用户加入平台1所得到的净效用;U_A^2 为 A 边用户加入平台2所得到的净效用;U_B^2 为 B 边用户加入平台2所得到的净效用。

(9) 房地产网络平台的收益

房地产网络平台前期需投入大量的固定成本,在运营期间固定成本已为沉淀成本,不予考虑,假设为零[41,145]。由于双边用户对于平台的信息和服务要求非常相似,平台可以无限低成本地复制,为简化分析,本书假设平台向双边用户提供服务的边际成本为零。考虑房地产网络平台的收入而不是利润更加符合房地产网络平台追求企业价值最大化的目标,因此,平台的收益函数取决于平台两边用户数量和收取的注册费大小,得到两个平台的收益函数：$L_i = P_A^i(n_A^i + N_A) + P_B^i(n_B^i + N_B)$。

4.2.2 房地产网络平台竞争模型构建

根据适用性分析，本书将此现象抽象为市场内两个房地产网络平台企业为房地产双边网络用户提供发布和搜索供求信息、资格认证、撮合交易、资金支付和信用管理等平台服务。通过分析两个房地产网络平台之间的竞争均衡结果，分析解决以下两个问题：用户不同的平台接入行为对房地产网络平台竞争将产生怎么样的影响？这些价格和利润的变化受哪些因素的影响以及如何影响？

基于标准 Hotelling 模型，假设 k 为双边市场的边，$k=A,B$，分别为双边市场的两边，为方便称 A 边为卖方，B 边为买方。A、B 两边用户总规模均为 1。市场中有两个对称的平台 $i,i=1、2$，位于 Hotelling 线路的两端。只在平台 i 购买的用户规模表示为 n_k^i，多平台接入的用户规模用 N_k 表示。

市场上的两个房地产网络平台在 Hotelling 框架下进行两阶段竞争博弈，第一阶段两个平台为双边用户制定价格，用户根据自身效用最大化来选择加入哪个平台；第二阶段两个房地产网络平台则根据自身收益最大化进行竞争博弈，得到最终均衡结果。

第一阶段，房地产网络平台同时给定双边用户价格后，因为每个用户的平台偏好、网络外部性强度不同，故每个用户接入平台的效用都不一样，用户根据自身效用最大化来选择平台接入行为。

当 k 边一用户只接入平台 1 时，k 边在位置为 0~1 之间，网络收益参数为 λ_k 时获得的净效用如下：

$$U_A^1 = \theta_A^1 U^0 + \lambda_A(n_B^1 + N_B) - P_A^1 - t_A x \quad (A \text{ 边单平台接入平台 1}) \quad (4-1)$$

$$U_B^1 = \theta_B^1 U^0 + \lambda_B(n_A^1 + N_A) - P_B^1 - t_B x \quad (B \text{ 边单平台接入平台 1}) \quad (4-2)$$

式中：U_A^1、U_B^1 表示需求方和供应方用户单平台接入房地产网络平台 1 时获得的净效用；

U^0 表示用户接入房地产网络平台获得的固有效用；

θ_A^1、θ_B^1 表示该需求方用户或供应方用户的用户偏好，该参数值因用户而异；

λ_A、λ_B 表示该需求方用户或供应方用户的网络外部性强度，每个用户的网络外部性强度不一样；

n_A^1、n_B^1 表示需求方和供应方市场单平台接入房地产网络平台 1 的用户基数；

N_A、N_B 表示需求方和供应方市场多平台接入房地产网络平台的用户基数；

$\lambda_A(n_B^1 + N_B)$、$\lambda_B(n_A^1 + N_A)$ 表示需求方用户和供应方用户在房地产网络平台 1 获得的网络效用；

P_A^1、P_B^1 表示房地产网络平台 1 向需求方和供应方收取的价格费用；

t_A、t_B 表示需求方和供应方接入房地产网络平台 1、2 的单位交易成本，经济学含义为平台差异；

x 表示用户到房地产网络平台的距离。

同等情况下，k 边该用户只接入平台 2 时，获得的净效用如下：

$$U_A^2 = \theta_A^2 U^0 + \lambda_A(n_B^2 + N_B) - P_A^2 - t_A(1-x) \quad (A\text{ 边单平台接入平台 2}) \quad (4\text{-}3)$$
$$U_B^2 = \theta_B^2 U^0 + \lambda_B(n_A^2 + N_A) - P_B^2 - t_B(1-x) \quad (B\text{ 边单平台接入平台 2}) \quad (4\text{-}4)$$

式(4-3)、式(4-4)中各参数含义与式(4-1)(4-2)相同,仅用户单平台接入的对象为房地产网络平台 2,相应的,用户距离平台的距离用 $(1-x)$ 表示。

当该用户选择多平台接入,即同时接入 1、2 两个平台时,其可获取的总效用为:

$$U_A^{12} = \theta_d U^0 + \lambda_A(n_B^1 + n_B^2 + N_B) - P_A^1 - P_A^2 - t_A \quad (A\text{ 边多平台接入}) \quad (4\text{-}5)$$
$$U_B^{12} = \theta_d U^0 + \lambda_B(n_A^1 + n_A^2 + N_A) - P_B^1 - P_B^2 - t_B \quad (B\text{ 边多平台接入}) \quad (4\text{-}6)$$

式中:U_A^{12}、U_B^{12} 表示需求方和供应方用户多平台接入两个房地产网络平台时获得的净效用;

θ_d 表示用户对房地产网络平台 1、2 偏好系数中更高的值;

$\theta_d U^0$ 表示用户接入两个房地产网络平台获得的总基础效用(即较高的基础效应)。

第二阶段,两个房地产网络平台则根据自身收益最大化进行竞争博弈,此时平台的收益为:

$$L_i = P_A^i(n_A^i + N_A) + P_B^i(n_B^i + N_B) \quad (4\text{-}7)$$

4.3 房地产网络平台竞争模型的求解

4.3.1 两边用户均为单平台接入情形

两边用户均单平台接入时,房地产网络平台市场结构如图 4-1 所示:

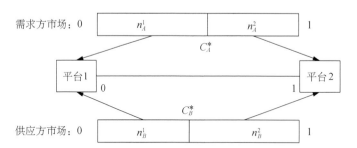

图 4-1 两边用户均单平台接入情形下房地产网络平台市场结构

(1) 两边用户均单平台接入发生条件

在两边用户都单平台接入的房地产网络平台中,假设双边用户接入平台的固有效用 U^0 足够高,无论房地产网络平台定多高的价格,对于任一用户而言始终存在 $U_A \geqslant 0$ 和 $U_B \geqslant 0$,此时市场内的双边用户都可以全覆盖,即用户习惯已经养成,有房地产信息及交易需求的用户都会选择至少接入一个房地产网络平台来满足需求,此时 $n_A^1 + n_A^2 = 1$,$n_B^1 + n_B^2 = 1$。

① 当 $U_k^1 = U_k^2$ 时,用户最有可能倾向多平台接入

第4章 房地产网络平台竞争模型构建与分析

当房地产网络平台价格、交易成本确定的前提下,用户加入不同的房地产网络平台效用有差异时,用户选择接入效用高的房地产网络平台。显然,靠近房地产网络平台1的用户接入平台1的成本低、效用高,会选择接入平台1;靠近城市右端的用户会选择接入房地产网络平台2。而在城市中间肯定存在某个位置的用户加入平台1和平台2的效用相等,该位置用户最有可能倾向多平台接入,此时$U_k^1 = U_k^2$。

$$\theta_k^1 U^0 + \lambda_k(n_j^1 + N_j) - P_k^1 - t_k x = \theta_k^2 U^0 + \lambda_k(n_j^2 + N_j) - P_k^2 - t_k(1-x) \quad (4-8)$$
$$(k = A、B;j = A、B \neq k;\theta_k^2 = 1 - \theta_k^1)$$

求得:

$$x = \frac{\lambda_k}{2t_k}(n_j^1 - n_j^2) - \frac{1}{2t_k}(P_k^1 - P_k^2) + \frac{1}{2} + \frac{U^0}{2t_k}(\theta_k^1 - \theta_k^2) \quad (4-9)$$

令式(4-9)中的x为用户接入平台1、2的无差异点C_k^*,此时用户选择同时接入两个房地产网络平台比仅单平台(假设为平台1)接入多的净效用为:

$$\begin{aligned}U_k' &= U_k^{12} - U_k^1(x = C_k^*) \\ &= [\theta_d U^0 + \lambda_k(n_j^1 + n_j^2 + N_j) - P_k^1 - P_k^2 - t_k] - \\ &\quad [\theta_k^1 U^0 + \lambda_k(n_j^1 + N_j) - P_k^1 - t_k C_k^*]\end{aligned} \quad (4-10)$$

把(4-9)代入(4-10),不考虑用户偏好差异,解得额外效用为:

$$U_k' = \frac{\lambda_k(n_j^1 + n_j^2) - P_k^1 - P_k^2 - t_k}{2} \quad (4-11)$$

由于用户是理性的,当两边用户同时接入两个房地产网络平台获得的净效用小于接入单个房地产网络平台的净效用时,两边用户均单平台接入情况才会发生。故$U_k' < 0$,用户不会多平台接入。由于P_k^1、$P_k^2 \geq 0$且$n_j^1 + n_j^1 = 1$,所以当$t_k > \lambda_k$时,式(4-11)必定为负,即:

$$U_k' = \frac{\lambda_k(n_j^1 + n_j^2) - P_k^1 - P_k^2 - t_k}{2} < 0$$

② 当$U_k^1 > U_k^2$时,位于最靠近平台2处($x = 1$)的用户最可能同时接入两个房地产网络平台

当$x = 1$时,选择多平台接入比仅接入平台1多出的额外效用为:

$$\begin{aligned}U_k' &= U_k^{12}(x=1) - U_k^1(x=1) \\ &= [\theta_d U^0 + \lambda_k(n_j^1 + n_j^2 + N_j) - P_k^1 - P_k^2 - t_k] - \\ &\quad [\theta_k^1 U^0 + \lambda_k(n_j^1 + N_j) - P_k^1 - t_k \times 1]\end{aligned} \quad (4-12)$$

解得:

$$U_k' = \lambda_k n_j^2 - P_k^2 \quad (4-13)$$

但又因为$U_k^1(x=1) > U_k^2(x=1)$,代入化简可得:$\lambda_k n_j^1 - P_k^1 - t_k > \lambda_k n_j^2 - P_k^2$,故:

$$U'_k < \lambda_k n_j^1 - P_k^1 - t_k \tag{4-14}$$

同情形(1)一样,为了确保用户不会选择多平台接入,必须使得额外效用为负数。已有条件:$n_j^1 \leqslant 1, P_k^1 \geqslant 0$,所以当 $t_k > \lambda_k$ 时,式(4-14)必定为负,即:

$$U'_k = \lambda_k n_j^2 - P_k^2 < 0$$

③当 $U_k^2 > U_k^1$ 时,位于最靠近平台1($x=0$)的用户最可能同时接入两个房地产网络平台

由于对称性可同样获得结论:若 $t_k > \lambda_k$,则额外效用 $U'_k < 0$,此时没有用户会倾向多平台接入。综合上述三种情形,可总结结论1如下:

结论1:在房地产网络平台中,用户全覆盖的前提下,当 $t_k > \lambda_k$ 时,即平台差异大于用户的网络外部性强度时,该用户都会单平台接入。若该边市场所有用户均满足 $t_k > \lambda_k$,则该边所有用户都单平台接入。

在模型里 t_k 用于体现平台的差异性,即房地产网络平台的产品和服务差异。从结论1可知,当两个房地产网络平台的差异性很大时,会超越网络效应带给用户多平台接入的驱动。这个结论也与实际情况相符,当两个房地产网络平台的产品差异性很大时,用户只需要接入其中一个符合自己需求的平台即可,市场上的另一房地产网络平台的网络外部效用并不足以吸引用户接入另一平台。例如,在安居客的"好租网"刚推出时,定位高端租赁业务针对的需求面比较单一,对房屋档次要求比较高的高收入人群会接入"好租网",容易寻找到合意的房子;相应的,"好租网"对用户的收费也比较高。而当时的"赶集网"则定位一般档次住宅的房屋租赁服务,针对的需求比较大众化,对用户的收费也相应较低。通常这类情况下,高档住宅租赁平台"好租网"内只有高档房源和高端客户,中档中介平台"赶集网"内只有大众化房源和中端客户。双边用户多接入另一个平台促成交易的概率并未明显增加,故会倾向单平台接入。在学术界,Smith 在 1956 年就提出将产品差异化描述为改变公司面临的价格数量需求曲线形状的一种方法[142]。房地产网络平台可提高自身横向与纵向差异化程度,从平台竞争中取胜。

如果平台无差异,则会陷入伯川德陷阱。这个结论在后文对 t_k 的分析中会详细阐述。

(2) 两边用户均单平台接入均衡结果

由式(4-9)可知,对于用户来说接入平台1、2的无差异点是:

$$C_k^* = \frac{\lambda_k}{2t_k}(n_j^1 - n_j^2) - \frac{1}{2t_k}(P_k^1 - P_k^2) + \frac{1}{2} + \frac{U^0}{2t_k}(\theta_k^1 - \theta_k^2)$$

则有 $U_k^1(x_k = C_k^*) = U_k^2(x_k = C_k^*)$:

$$\begin{cases} \theta_A^1 U^0 + \lambda_A(n_B^1 + N_B) - P_A^1 - t_A x_A = \theta_A^2 U^0 + \lambda_A(n_B^2 + N_B) - P_A^2 - t_A(1-x_A) \\ \theta_B^1 U^0 + \lambda_B(n_A^1 + N_A) - P_B^1 - t_B x_B = \theta_B^2 U^0 + \lambda_B(n_A^2 + N_A) - P_B^2 - t_B(1-x_B) \end{cases}$$

$$\tag{4-15}$$

根据 Katz 和 Shapiro 的可实现预期方法[244]，即预期的用户规模和实际的用户规模相等，如图 4-1 所示，位于 $[0, C_A^*]$ 的 A 边用户会加入平台 1，位于 $[C_A^*, 1]$ 的 A 边用户会加入平台 2。同理，位于 $[0, C_B^*]$ 的 B 边用户会加入平台 1，位于 $[C_B^*, 1]$ 的 B 边用户会加入平台 2。因此，把 $x_A = C_A^* = n_A^1$，$x_B = C_B^* = n_B^1$ 以及由结论 1 得到的 $N_A = N_B = 0$，$n_k^1 = 1 - n_k^2$ 分别代入式(4-15)，将模型变形为：

$$n_A^1 = \frac{1}{2} + \frac{(P_B^1 - P_B^2) + t_B(2n_B^1 - 1) + U^0(\theta_A^2 - \theta_A^1)}{2\lambda_B}$$
$$= \frac{1}{2} + \frac{(P_A^2 - P_A^1) + \lambda_A(2n_B^1 - 1) + U^0(\theta_A^1 - \theta_A^2)}{2t_A} \quad (4\text{-}16)$$

$$n_B^1 = \frac{1}{2} + \frac{(P_A^1 - P_A^2) + t_A(2n_A^1 - 1) + U^0(\theta_B^2 - \theta_B^1)}{2\lambda_A}$$
$$= \frac{1}{2} + \frac{(P_B^2 - P_B^1) + \lambda_B(2n_A^1 - 1) + U^0(\theta_B^1 - \theta_B^2)}{2t_B} \quad (4\text{-}17)$$

把式(4-17)整体代入式(4-16)中，得到房地产网络平台 1 的需求方 A 边和供应方 B 边市场份额分别为：

$$n_A^1 = \frac{1}{2} + \frac{\lambda_A(P_B^2 - P_B^1) + t_B(P_A^2 - P_A^1) + t_B U^0(\theta_A^1 - \theta_A^2) + \lambda_A U^0(\theta_B^1 - \theta_B^2)}{2(t_A t_B - \lambda_A \lambda_B)} \quad (4\text{-}18)$$

$$n_B^1 = \frac{1}{2} + \frac{\lambda_B(P_A^2 - P_A^1) + t_A(P_B^2 - P_B^1) + t_A U^0(\theta_B^1 - \theta_B^2) + \lambda_B U^0(\theta_A^1 - \theta_A^2)}{2(t_A t_B - \lambda_A \lambda_B)} \quad (4\text{-}19)$$

由于双边用户是单平台接入并且市场达到完全覆盖，因此房地产网络平台 2 的双边市场份额可表示为：$n_A^2 = 1 - n_A^1$，$n_B^2 = 1 - n_B^1$。

此时房地产网络平台 1 的收益为：

$$L_1 = P_A^1 n_A^1 + P_B^1 n_B^1$$

将式(4-19)、式(4-20)代入得到收益函数表达式为：

$$L_1 = P_A^1 \left[\frac{1}{2} + \frac{\lambda_A(P_B^2 - P_B^1) + t_B(P_A^2 - P_A^1) + t_B U^0(\theta_A^1 - \theta_A^2) + \lambda_A U^0(\theta_B^1 - \theta_B^2)}{2(t_A t_B - \lambda_A \lambda_B)} \right] +$$
$$P_B^1 \left[\frac{1}{2} + \frac{\lambda_B(P_A^2 - P_A^1) + t_A(P_B^2 - P_B^1) + t_A U^0(\theta_B^1 - \theta_B^2) + \lambda_B U^0(\theta_A^1 - \theta_A^2)}{2(t_A t_B - \lambda_A \lambda_B)} \right]$$

$$(4\text{-}20)$$

对于平台 1 的收益函数来说，在 (P_A^1, P_B^1) 给定的情况下，L_1 是关于 (P_A^2, P_B^2) 的二元函数，收益函数 L_1 取得极大值，实际上是收益函数 L_1 求极值的问题。

收益函数关于 P_A^1 和 P_B^1 的一阶偏导数为：

$$\frac{\partial L_1}{\partial P_A^1} = \frac{1}{2} + \frac{\lambda_A(P_B^2 - P_B^1) + t_B(P_A^2 - 2P_A^1) + t_B U^0(\theta_A^1 - \theta_A^2) + \lambda_A U^0(\theta_B^1 - \theta_B^2) - \lambda_B P_B^1}{2(t_A t_B - \lambda_A \lambda_B)}$$

(4-21)

$$\frac{\partial L_1}{\partial P_B^1} = \frac{1}{2} + \frac{\lambda_B(P_A^2 - P_A^1) + t_A(P_B^2 - 2P_B^1) + t_A U^0(\theta_B^1 - \theta_B^2) + \lambda_B U^0(\theta_A^1 - \theta_A^2) - \lambda_A P_A^1}{2(t_A t_B - \lambda_A \lambda_B)}$$

(4-22)

由式(4-21)和式(4-22)可知一阶导数是线性的。要保证收益函数有极大值,则必须确保其为凹函数。依据海森判断矩阵可知,收益函数的二阶偏导需满足: $\frac{\partial^2 L_1}{\partial (P_A^1)^2} < 0$, $\left(\frac{\partial^2 L_1}{\partial (P_A^1)(P_B^1)}\right)^2 - \frac{\partial^2 L_1}{\partial (P_A^1)^2} \frac{\partial^2 L_1}{\partial (P_B^1)^2} < 0$。根据式(4-21)和(式4-22)可计算得到利润函数 L_1 关于 (P_A^1, P_B^1) 的二阶导数:

$$\frac{\partial^2 L_1}{\partial (P_A^1)^2} = \frac{-2t_B}{2(t_A t_B - \lambda_A \lambda_B)} = A \quad (4\text{-}23)$$

$$\frac{\partial^2 L_1}{\partial (P_B^1)^2} = \frac{-2t_A}{2(t_A t_B - \lambda_A \lambda_B)} = C \quad (4\text{-}24)$$

$$\frac{\partial^2 L_1}{\partial (P_A^1)(P_B^1)} = \frac{-\lambda_A - \lambda_B}{2(t_A t_B - \lambda_A \lambda_B)} = B \quad (4\text{-}25)$$

结论1已给出平台差异大于每个用户网络外部性强度的假设,即: $t_A > \lambda_A, t_B > \lambda_B$,且 $t_A、t_B、\lambda_A、\lambda_B > 0$。可知, $A = \frac{-2t_B}{2(t_A t_B - \lambda_A \lambda_B)} < 0$ 已满足,所以要确保收益函数是凹函数,其有极大值,应满足表达式: $B^2 - AC = (\lambda_A + \lambda_B)^2 - 4t_A t_B < 0$。(平台2可对称求得相同结果)

将表达式变形整理可知: $4\lambda_A \lambda_B < (\lambda_A + \lambda_B)^2 < 4t_A t_B$,故仍旧是平台的差异性大于双边用户交叉网络外部性强度时,平台才有收益的最优解。需要注意的是,此时网络外部性强度并非某个用户的值,而是整个房地产市场用户网络外部性的平均水平。

由于平台竞争模型的价格参数较多,为了计算和分析的方便,平台竞争模型多是基于对称均衡去分析模型结果[31]。本书也基于对称均衡假设 $P_A^1 = P_A^2$、$P_B^1 = P_B^2$ 进行分析,分别用收益函数对双边用户的注册费水平求导,即令一阶偏导式(4-21)和式(4-22)为零,最优价格为:

$$P_A^* = P_A^1 = P_A^2 = t_A - \lambda_B + \frac{(t_A - \lambda_B)U^0}{t_A t_B - \lambda_A \lambda_B}[t_B(\theta_A^1 - \theta_A^2) + \lambda_A(\theta_B^1 - \theta_B^2)] \quad (4\text{-}26)$$

$$P_B^* = P_B^1 = P_B^2 = t_B - \lambda_A + \frac{(t_B - \lambda_A)U^0}{t_A t_B - \lambda_A \lambda_B}[t_A(\theta_A^1 - \theta_A^2) + \lambda_B(\theta_B^1 - \theta_B^2)] \quad (4\text{-}27)$$

①情景Ⅰ:两个实力相当的房地产网络平台竞争,用户对平台1、2偏好无差异

当 $t_A = \lambda_B$ 且 $t_B = \lambda_A$ 时,均衡价格为:

$$P_A^* = P_A^1 = P_A^2 = t_A - \lambda_B \tag{4-28}$$

$$P_B^* = P_B^1 = P_B^2 = t_B - \lambda_A \tag{4-29}$$

把式(4-28)、式(4-29)代入式(4-18)、式(4-19)可求得：$n_A^1 = n_A^2 = n_B^1 = n_B^2 = 1/2$。所以当所有用户的一半加入 A 平台，另一半加入 B 平台且均单平台接入时存在唯一均衡解：

此时均衡收益为：

$$L^* = L_1 = L_2 = \frac{t_A + t_B - \lambda_A - \lambda_B}{2} > 0 \tag{4-30}$$

从式(4-28)、式(4-29)可以发现，存在网络外部性时，房地产网络平台的价格低于没有网络外部性时的价格，即网络外部性加剧了市场竞争。其原因在于网络外部性增加了价格的需求弹性。因为价格的下降不仅直接导致了需求的增加，而且需求的增加又通过网络的外部性间接导致了需求的进一步增加，从而房地产网络平台有更大的积极性进一步降低价格。当网络外部性足够大时，均衡价格可能为零甚至为负。也就是说，网络外部性有可能使竞争变得激烈，以至在两寡头差异化市场结构中均衡结果和完全竞争市场相同。

进一步分析，双边用户均单平台接入房地产网络平台的竞争中，无论是供应方还是需求方，房地产网络平台向双边用户收取的注册费取决于该边市场平台的差异化水平以及对方边用户的整体交叉网络外部性强度。例如，房地产网络平台在需求边市场提供的产品及服务差异性越大，供应边用户的网络外部性越强，平台向需求边用户收取的价格越高。房地产网络平台要价水平与平台差异性呈正相关，差异性越大，收费水平越高。当平台无差异时，即平台同质化达到极端状态时，市场上的平台向两边用户要价的能力会陷入伯川德均衡[245]（图 4-2）。

	B厂商	
	不免费	免费
不免费	0.5PQ, 0.5PQ	0, PQ
免费	PQ, 0	0.5PQ, 0.5PQ

图 4-2 平台厂商策略组合示意图

如果两个房地产网络平台是完全同质的，只要其中一个房地产网络平台采取免费策略则会获取整个市场份额，但无法实现收益。由于两个平台都是理性的，均会考虑对方采取的策略来选择自己的占优策略，所以(不免费，不免费)的策略不稳定，两个房地产网络平台都会希望对方保持价格不变而己方降低价格获取用户规模优势，故两个平台最终都均免费，达到(免费，免费)的均衡状态。此时各占一半市场份额的均衡，(0,0)成了博弈模型的唯一纳什均衡，故差异化战略是多数平台需要着重思考的竞争战略。而对于新进的房地产网络平台，则需郑重考虑进入哪些细分市场以避免同质化竞争。学术论证上彭讲华以网上购物平台为行业背景，构建了其价格结构模型，结论指出平台应提高其差异化水平，可以收取更高的会员费进而增加盈利[31]。

房地产网络平台要价水平与对方边的交叉网络外部性强度呈负相关,供应方用户的交叉网络外部性越强,平台对需求方用户的收费水平越低;需求方用户的交叉网络外部性越强,平台对供应方用户的收费水平越低。如果平台的两边用户是均质,即 $t_A = t_B$ 的情况下,如果存在 $\lambda_A > \lambda_B$,则有 $P_A^* = P_A^1 = P_A^2 > P_B^* = P_B^1 = P_B^2$,说明平台将向交叉网络外部性强的一边用户收取较高的注册费。

结论 2:在单平台接入的势均力敌的房地产网络平台竞争市场中,两个平台向同一边市场(供应方或需求方)收取相同的注册费,分别为 $t_A - \lambda_B$、$t_B - \lambda_A$。平台差异化程度越大,平台的均衡价格就越高,并且平台倾向交叉网络外部性强的一边用户收取较高的注册费。两个房地产网络平台各拥有一半的双边市场份额。

平台向交叉网络外部性强的一边用户收取较高的注册费在以广告为主要盈利点的房地产网络平台尤其明显。该类房地产网络平台提供以内容吸引消费者,内容越丰富、准确、有效,就越能够吸引更多的受众,进而增强开发商等到该平台投放广告的动机;而广告商越多,平台提供的房产信息越丰富,也会吸引更多的受众接入平台。通常情况下,广告商一边的交叉网络外部性强,消费者数量的增加使得广告商的效用增加幅度远大于消费者因内容更丰富增加的效用。因此,房地产广告网络平台一般对消费者采取免费策略,通过广告商费用的支撑,为消费者提供优质的房地产信息服务。例如,网易房产依托平台发布房地产行业新闻、房地产行情等,如房地产政策、房地产成交数据分析、论坛活动、新盘评测、热点专题等。房地产开发商比如万科企业股份有限公司、中海地产集团有限公司、绿地集团、华润置地等会在平台上投放广告。网易房产通过提供丰富精准的房产信息,匹配购房者和广告商。在网易房产这个房地产网络平台,开发商即广告商的交叉网络外部性强,消费者交叉网络外部性弱,因此网易房产向交叉网络外部性强的开发商边收取高费用。

② 情景Ⅱ:平台 2 是新进入市场的房地产网络平台,平台 1 已经具备一定用户偏好优势

在 $\theta_A^1 > \theta_A^2, \theta_B^1 > \theta_B^2$ 的条件下,依据式(4-26)、式(4-27)可知在均衡状态下,在位房地产网络平台和潜在房地产网络平台对 A、B 边用户的定价为:

$$P_A^* = P_A^1 = P_A^2 = t_A - \lambda_B + \frac{(t_A - \lambda_B)U^0}{t_A t_B - \lambda_A \lambda_B}[t_B(\theta_A^1 - \theta_A^2) + \lambda_A(\theta_B^1 - \theta_B^2)] > t_A - \lambda_B \tag{4-31}$$

$$P_B^* = P_B^1 = P_B^2 = t_B - \lambda_A + \frac{(t_B - \lambda_A)U^0}{t_A t_B - \lambda_A \lambda_B}[t_A(\theta_A^1 - \theta_A^2) + \lambda_B(\theta_B^1 - \theta_B^2)] > t_B - \lambda_A \tag{4-32}$$

依据式(4-18)、式(4-19)可知,相应的市场规模为:

$$\begin{cases} n_A^1 = \frac{1}{2} + \frac{t_B U^0(\theta_A^1 - \theta_A^2) + \lambda_A U^0(\theta_B^1 - \theta_B^2)}{2(t_A t_B - \lambda_A \lambda_B)} > \frac{1}{2} \\ n_B^1 = \frac{1}{2} + \frac{t_A U^0(\theta_B^1 - \theta_B^2) + \lambda_B U^0(\theta_A^1 - \theta_A^2)}{2(t_A t_B - \lambda_A \lambda_B)} > \frac{1}{2} \end{cases} \tag{4-33}$$

$$\begin{cases} n_A^2 = \dfrac{1}{2} - \dfrac{t_B U^0(\theta_A^1 - \theta_A^2) + \lambda_A U^0(\theta_B^1 - \theta_B^2)}{2(t_A t_B - \lambda_A \lambda_B)} < \dfrac{1}{2} \\ n_B^2 = \dfrac{1}{2} - \dfrac{t_A U^0(\theta_B^1 - \theta_B^2) + \lambda_B U^0(\theta_A^1 - \theta_A^2)}{2(t_A t_B - \lambda_A \lambda_B)} < \dfrac{1}{2} \end{cases} \quad (4\text{-}34)$$

令 $\dfrac{t_B U^0(\theta_A^1 - \theta_A^2) + \lambda_A U^0(\theta_B^1 - \theta_B^2)}{t_A t_B - \lambda_A \lambda_B} = \theta_A$, $\dfrac{t_A U^0(\theta_B^1 - \theta_B^2) + \lambda_B U^0(\theta_A^1 - \theta_A^2)}{t_A t_B - \lambda_A \lambda_B} = \theta_B$, $\theta_A, \theta_B \geqslant 0$, 则两个平台的收益为:

$$L_1 = P_A^1 n_A^1 + P_B^1 n_B^1 = (t_A - \lambda_B)(1 + \theta_A) \dfrac{1}{2}(1 + \theta_A) + \\ (t_B - \lambda_A)(1 + \theta_B) \dfrac{1}{2}(1 + \theta_B) > \dfrac{t_A + t_B - \lambda_A - \lambda_B}{2} \quad (4\text{-}35)$$

$$L_2 = P_A^2 n_A^2 + P_B^2 n_B^2 = (t_A - \lambda_B)(1 + \theta_A) \dfrac{1}{2}(1 - \theta_A) + \\ (t_B - \lambda_A)(1 + \theta_B) \dfrac{1}{2}(1 - \theta_B) < \dfrac{t_A + t_B - \lambda_A - \lambda_B}{2} \quad (4\text{-}36)$$

考虑极端情况,当用户接入房地产网络平台1、2的无差异点 $C_k^* \geqslant 1$ 时,在位房地产网络平台1覆盖了整个市场,阻止了潜在房地产网络平台2的进入。此时:

$$C_k^* = \dfrac{\lambda_k}{2t_k}(n_j^1 - n_j^2) - \dfrac{1}{2t_k}(P_k^1 - P_k^2) + \dfrac{1}{2} + \dfrac{U^0}{2t_k}(\theta_k^1 - \theta_k^2) \geqslant 1$$

化简得:

$$\lambda_k(n_j^1 - n_j^2) - P_k^1 + P_k^2 + U^0(\theta_k^1 - \theta_k^2) - t_k \geqslant 0 \quad (4\text{-}37)$$

因此,在位房地产网络平台1价格越低,潜在进入的房地产网络平台2价格越高,产品差异化程度越小,用户网络外部性强度越大,用户偏好优势越强,那么在位房地产网络平台1越容易阻止房地产网络平台2进入;反之,在位房地产网络平台1价格越高,潜在进入的房地产网络平台2价格越低,产品差异化程度越大,用户网络外部性强度越小,用户偏好优势越弱,房地产网络平台2越容易进入市场。

结论3:当两个房地产网络平台存在用户偏好差异时,均衡状态下两个平台的要价能力均增强(相比于无用户偏好差异),用户偏好高的平台市场规模占优,且在位房地产网络平台1价格越低,潜在进入的房地产网络平台2价格越高,产品差异化程度越小,用户网络外部性强度越大,用户偏好优势越强,那么在位房地产网络平台1市场规模优势越大。用户偏好高的平台收益能力增强,用户偏好低的平台收益能力下降(虽然要价能力增强,但用户规模影响更大)。

这一结论很好地解释了对于潜在的房地产网络平台进入时需要考虑的情况。若已经存在的房地产网络平台提供了不错的产品功能和服务体验,用户对其产品服务认可已经具备一定的用户偏好。均衡状态下,两个竞争平台的要价能力均相等且高于用户偏好相等时的要价能力。此时,因先发优势获取高的用户偏好的在位平台占据市场份额优势,其市场规模大于 1/2，用户偏好低（新进入）的平台市场规模小于 1/2。市场规模差值与用户偏好差值成正比。从式(4-37)可以看出，当用户偏好差值足够大时，在位房地产网络平台市场份额为 1，达到阻止潜在房地产网络平台进入的结果。最终用户偏好高的平台收益能力优于一般水平，用户偏好低的平台虽然要价能力提高，但收益能力不如用户偏好相等时的收益能力。

若一个潜在进入的房地产网络平台为了能够进入目标市场，对于用户需求进行了深入的调查分析，非常了解目前房地产网络平台能够为双边用户带来的便利，同时对于目前仍然存在的用户痛点有着清晰的认识，并且能够为解决这些痛点提供一套更好的解决方案，能够提供更好的平台服务。因此，相对在位房地产网络平台而言，新用户对于潜在进入房地产网络平台更加偏好。在其他条件相同的情况下，由于新用户对于潜在进入房地产网络平台更加偏好，会使得潜在进入平台占据超过一半市场份额。同样的，当用户偏好差值足够大时，潜在进入的房地产网络平台市场份额为 1，达到彻底击败在位平台的结果。

如房天下最早开始将房地产信息放到网络上，买房者可以通过网络搜集更多的房产价格、区位、交通、学校等相关信息，很好地解决了买房者与开发商之间的信息不对称问题，大大提高了买房者获取信息的效率，同时也为开发商引来大量精准买房流量到线下售楼处，促进房屋销售达成。房天下已经得到用户一定程度的认可，在安居客等新进入房地产交易与服务市场的网络平台进入初期，用户相比之下对已经很熟悉的房天下有较高的偏好，故房天下占据市场优势。而后期，链家网后来居上，有效保障了房产信息的真实性，一定时间后更多用户认可链家，随着链家的用户偏好提高，其用户规模开始上升。但市场上现有的几家信息内容房地产网络平台相互模仿成本低，可替代性强，用户偏好差异不大，使得并没有发生一家独大的局面。

③ 情景Ⅲ：平台 2 是新进入市场的房地产网络平台，平台 1 已经具备一定用户基数优势

在房地产网络平台 1 双边具有初始用户基数 n_{B0}^1, n_{A0}^1 的条件下，根据式(4-1)~(4-4)，新用户在选择平台接入时效用改写为：

$$U_A^1 = \theta_A^1 U^0 + \lambda_A(n_{B0}^1 + n_B^1 + N_B) - P_A^1 - t_A x \quad (A\text{边单平台接入平台}1) \quad (4\text{-}38)$$

$$U_B^1 = \theta_B^1 U^0 + \lambda_B(n_{A0}^1 + n_A^1 + N_A) - P_B^1 - t_B x \quad (B\text{边单平台接入平台}1) \quad (4\text{-}39)$$

$$U_A^2 = \theta_A^2 U^0 + \lambda_A(n_B^2 + N_B) - P_A^2 - t_A(1-x) \quad (A\text{边单平台接入平台}2) \quad (4\text{-}40)$$

$$U_B^2 = \theta_B^2 U^0 + \lambda_B(n_A^2 + N_A) - P_B^2 - t_B(1-x) \quad (B\text{边单平台接入平台}2) \quad (4\text{-}41)$$

令 $\lambda_A n_{B0}^1 = M_A < \lambda_A, \lambda_B n_{A0}^1 = M_B < \lambda_B$ 为用户基数优势，和房地产网络平台不存在用户基数优势推导过程类似，求得 A 边市场内用户接入两个房地产网络平台的无差异点：

$$C_A^* = \frac{\lambda_A}{2t_A}(n_{B0}^1 + n_B^1 - n_B^2) - \frac{1}{2t_A}(P_A^1 - P_A^2) + \frac{1}{2} \quad (4\text{-}42)$$

类比式(4-18)、(4-19)，可得均衡状态房地产网络平台 1 的 A、B 边市场份额为：

第4章 房地产网络平台竞争模型构建与分析

$$n_A^1 = \frac{1}{2} + \frac{\lambda_A(P_B^2 - P_B^1) + t_B(P_A^2 - P_A^1) + \lambda_A M_B + t_B M_A}{2(t_A t_B - \lambda_A \lambda_B)} \quad (4\text{-}43)$$

$$n_B^1 = \frac{1}{2} + \frac{\lambda_B(P_A^2 - P_A^1) + t_A(P_B^2 - P_B^1) + \lambda_B M_A + t_A M_B}{2(t_A t_B - \lambda_A \lambda_B)} \quad (4\text{-}44)$$

房地产网络平台1的收益为:

$$L_1 = P_A^1 n_A^1 + P_B^1 n_B^1 = P_A^1 \left[\frac{1}{2} + \frac{\lambda_A(P_B^2 - P_B^1) + t_B(P_A^2 - P_A^1) + \lambda_A M_B + t_B M_A}{2(t_A t_B - \lambda_A \lambda_B)} \right] +$$

$$P_B^1 \left[\frac{1}{2} + \frac{\lambda_B(P_A^2 - P_A^1) + t_A(P_B^2 - P_B^1) + \lambda_B M_A + t_A M_B}{2(t_A t_B - \lambda_A \lambda_B)} \right] \quad (4\text{-}45)$$

对于平台1的收益函数来说,在 (P_A^1, P_B^1) 给定的情况下,L_1 是关于 (P_A^2, P_B^2) 的二元函数,收益函数 L_1 取得极大值,实际上是收益函数 L_1 求极值的问题。参考平台无初始用户基数情况下 L_1 求极值的判定方法,可求得:在 $t_k > \lambda_k$ 的情况下房地产网络平台1的收益存在最大值。

基于对称的假设,用收益函数式(4-45)分别对 P_A^1、P_B^1 进行一阶求导,可得均衡价格为:

$$P_A^* = P_A^1 = P_A^2 = t_A - \lambda_B + \frac{(t_A - \lambda_B)}{t_A t_B - \lambda_A \lambda_B}[\lambda_A M_B + t_A M_A] > t_A - \lambda_B \quad (4\text{-}46)$$

$$P_B^* = P_B^1 = P_B^2 = t_B - \lambda_A + \frac{(t_B - \lambda_A)}{t_A t_B - \lambda_A \lambda_B}[\lambda_B M_A + t_B M_A] > t_B - \lambda_A \quad (4\text{-}47)$$

把式(4-46)、式(4-47)代入式(4-43)、式(4-44),求得各市场规模为:

$$\begin{cases} n_A^1 = \frac{1}{2} + \frac{\lambda_A M_B + t_B M_A}{2(t_A t_B - \lambda_A \lambda_B)} > \frac{1}{2} \\ n_B^1 = \frac{1}{2} + \frac{\lambda_B M_A + t_A M_B}{2(t_A t_B - \lambda_A \lambda_B)} > \frac{1}{2} \end{cases} \quad (4\text{-}48)$$

$$\begin{cases} n_A^2 = \frac{1}{2} - \frac{\lambda_A M_B + t_B M_A}{2(t_A t_B - \lambda_A \lambda_B)} < \frac{1}{2} \\ n_B^2 = \frac{1}{2} - \frac{\lambda_B M_A + t_A M_B}{2(t_A t_B - \lambda_A \lambda_B)} < \frac{1}{2} \end{cases} \quad (4\text{-}49)$$

令 $\dfrac{\lambda_A M_B + t_B M_A}{t_A t_B - \lambda_A \lambda_B} = m_A$,$\dfrac{\lambda_B M_A + t_A M_B}{t_A t_B - \lambda_A \lambda_B} = m_B$,$m_A, m_B \geqslant 0$,则两个平台的收益为:

$$L_1 = P_A^1 n_A^1 + P_B^1 n_B^1 = (t_A - \lambda_B)(1 + m_A) \frac{1}{2}(1 + m_A) +$$

$$(t_B - \lambda_A)(1 + m_B) \frac{1}{2}(1 + m_B) > \frac{t_A + t_B - \lambda_A - \lambda_B}{2} \quad (4\text{-}50)$$

$$L_2 = P_A^2 n_A^2 + P_B^2 n_B^2 = (t_A - \lambda_B)(1 + m_A) \frac{1}{2}(1 - m_A) +$$

$$(t_B - \lambda_A)(1 + m_B) \frac{1}{2}(1 - m_B) < \frac{t_A + t_B - \lambda_A - \lambda_B}{2} \quad (4\text{-}51)$$

结论4:当两个房地产网络平台存在初始用户规模差异时,均衡状态下两个平台的要价能力均增强(相比于无初始用户规模差异),有用户基础的平台市场规模占优,且市场规模差异与用户基础规模差异成正相关。用户偏好高的平台收益能力增强,用户偏好低的平台收益能力下降(虽然要价能力增强,但用户规模影响更大)。

这一结论很好地解释了对于潜在的房地产网络平台进入时需要考虑的情况。若已经存在的房地产网络平台给予了不错的产品功能和服务体验,用户对其产品服务认可已经具备一定的用户基础。均衡状态下,两个竞争平台的要价能力均相等且高于双方用户基础相等的要价能力。此时,因先发优势获取初始用户基础的在位平台占据市场份额优势,其市场规模大于1/2,无用户基础(新进入)的平台市场规模小于1/2。市场规模差值与用户基础规模差值成正比。从表达式可以看出,在位平台初始用户规模足够大时,在位平台可以使得潜在进入平台的市场份额为0,达到阻止潜在平台进入的结果。最终有初始用户基础的平台收益能力优于一般水平,用户基础规模小(或无)的平台虽然要价能力提高,但收益能力不如初始用户规模相等时的收益能力。

若一个潜在进入的房地产网络平台在其他领域本身已经具备了有用户黏性的用户基础,在进入房地产网络市场时采取了捆绑策略,有效捆绑导入了庞大的用户基础,使得其在刚进入市场时就具备了初始的用户规模。因此,相对在位房地产网络平台而言,潜在进入房地产网络平台拥有初始用户基础优势。在其他条件相同的情况下,由于潜在进入房地产网络平台初始用户规模更大,会使得潜在进入平台占据超过一半市场份额。从表达式可以看出,当初始用户规模差值足够大时,潜在进入平台可以使得在位平台的市场份额为0,达到彻底击败在位平台的结果。

房天下作为最早将房地产信息放到网络上的房地产网络平台,在其他房地产信息网络平台进入时已经积累一定数量的用户规模。新用户加入房天下得到的网络效用相比刚成立的房地产网络平台要大,而这显然会增加新平台进入市场的难度,并且用户规模越大,交叉网络外部性越强,新平台获取新用户的难度越大[174]。新平台为了能够和在位平台进行竞争,需要迅速获取足够多的用户数量,这也增加了新平台的资金需求,提高了进入壁垒。有先发优势的房天下可以利用已有的用户基础,保持其市场规模优势,占据市场份额上风。有的新进入的房地产信息网络平台,比如58同城、房多多等。58同城本身定位于本地社区,主要提供免费分类信息服务,以找工作、二手买卖业务积聚了一定的用户数量。后期58同城开启房屋租赁信息业务时,免费提供房屋信息,并模仿已有的房地产租赁信息平台,并利用其之前在其他业务链条捆绑所增加的房屋租赁业务的用户基数优势,使得其他同城用户很容易转化为租赁或出租用户。自带用户基数进入房地产网络平台市场的58同城对房天下的市场占有量造成了一定的冲击和影响。

4.3.2 一边单平台接入一边多平台接入情形

两边用户均单平台接入时,房地产网络平台市场结构如图4-3所示:

第4章 房地产网络平台竞争模型构建与分析

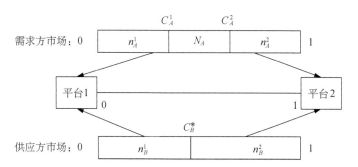

图 4-3 用户一边单平台接入一边多平台接入情形下房地产网络平台竞争

(1) 一边单平台接入一边多平台接入发生情况

本章假设房地产网络平台中 A 边用户多平台接入，B 边用户依旧单平台接入。此时用户选择多平台接入比仅单平台接入 1(或 2) 多出的额外效用同式 (4-11)：$\dfrac{\lambda_k(n_j^1+n_j^2)-P_k^1-P_k^2-t_k}{2}$。

要使得 A 边多平台接入，B 边单平台接入情况发生，则 A 边市场存在用户多平台接入效用比仅单平台接入 1(或 2) 效用大，B 边市场所有用户多平台接入效用比仅单平台接入 1(或 2) 效用小，则：

$$\frac{\lambda_A(n_B^1+n_B^2)-P_A^1-P_A^2-t_A}{2}>0 \tag{4-52}$$

$$\frac{\lambda_B(n_A^1+n_A^2)-P_B^1-P_B^2-t_B}{2}<0 \tag{4-53}$$

因为 $P_k^1, P_k^2 \geqslant 0$ 且 $n_B^1+n_B^1=1, n_A^1+n_A^1<1$。

可知，当 B 边所有用户满足 $\lambda_B<t_B$ 时，B 边所有用户均会单平台接入。本书假设的是 A 边用户为部分多平台接入情况，所以 A 边网络外部性强度大 ($\lambda_A>t_A+P_A^1+P_A^2$) 的用户多平台接入，而对于 A 边网络外部性强度较小的用户，即 $\lambda_A<t_A$，则仍保持单平台接入，A 边市场所有用户的平均网络外部性强度和平台差异的大小对比不确定，与多平台接入的用户比例有关，本书暂不拓展讨论。

(2) 一边单平台接入一边多平台接入均衡结果

$U_A^1 = \theta_A^1 U^0 + \lambda_A(n_B^1+N_B) - P_A^1 - t_A x$ （A 边单平台接入平台 1） 见(4-1)

$U_B^1 = \theta_B^1 U^0 + \lambda_B(n_A^1+N_A) - P_B^1 - t_B x$ （B 边单平台接入平台 1） 见(4-2)

$U_A^2 = \theta_A^2 U^0 + \lambda_A(n_B^2+N_B) - P_A^2 - t_A(1-x)$ （A 边单平台接入平台 2） 见(4-3)

$U_B^2 = \theta_B^2 U^0 + \lambda_B(n_A^2+N_A) - P_B^2 - t_B(1-x)$ （B 边单平台接入平台 2） 见(4-4)

$U_A^{12} = \theta_d U^0 + \lambda_A(n_B^1+n_B^2+N_B) - P_A^1 - P_A^2 - t_A$ （A 边多平台接入） 见(4-5)

令 C_A^1 为 A 边用户单平台接入房地产网络平台 1 与多平台接入的效用无差异点；C_A^2 为 A 边用户单平台接入房地产网络平台 2 与多平台接入的效用无差异点。因此位于 $[0, C_A^1]$ 的 A 边用户会单平台加入房地产网络平台 1，位于 $[C_A^2, 1]$ 的 A 边用户会单平台加入房地产网络平台2,位于$[C_A^1, C_A^2]$的 A 边用户会多平台接入。由于 B 边用户平台是单平台接入,C_B^* 为用户接入房地产网络平台1、2的无差异点。位于$[0, C_B^*]$的 B 边用户会单平台加入平台1,位于$[C_B^*, 1]$的 B 边用户会单平台加入平台2,没有 B 边用户会多平台接入。

联立式(4-1)和式(4-5)可求得 C_A^1;联立式(4-2)和式(4-5)可求得 C_A^2;联立式(4-3)和式(4-4)可求得 C_B^*。 不考虑用户偏好,得:

$$C_A^1 = \frac{P_A^2 - \lambda_A n_B^1 + (\theta_A^1 - \theta_d)U^0}{t_A} + 1 \tag{4-54}$$

$$C_A^2 = \frac{\lambda_A n_B^1 - P_A^1 + (\theta_d - \theta_A^2)U^0}{t_A} \tag{4-55}$$

$$C_B^* = \frac{\lambda_B}{2t_B}(n_A^1 - n_A^2) - \frac{1}{2t_B}(P_B^1 - P_B^2) + \frac{1}{2} + \frac{U^0}{2t_B}(\theta_B^1 - \theta_B^2) \tag{4-56}$$

由于 B 边是单平台接入,可知 B 边接入平台1、2的市场规模分别是:

$$n_B^1 = C_B^* = \frac{\lambda_B}{2t_B}(n_A^1 - n_A^2) - \frac{1}{2t_B}(P_B^1 - P_B^2) + \frac{1}{2} + \frac{U^0}{2t_B}(\theta_B^1 - \theta_B^2) \tag{4-57}$$

$$n_B^2 = 1 - C_B^* = -\frac{\lambda_B}{2t_B}(n_A^1 - n_A^2) + \frac{1}{2t_B}(P_B^1 - P_B^2) + \frac{1}{2} - \frac{U^0}{2t_B}(\theta_B^1 - \theta_B^2) \tag{4-58}$$

此时,房地产网络平台1的 A 边市场规模(包括单平台接入 n_A^1 和多平台接入用户 N_A)为 C_A^2,房地产网络平台2的 A 边市场规模为 $1 - C_A^1$。可得 A 边接入平台1、2的市场规模分别是:

$$n_A^1 + N_A = C_A^2 = \frac{\lambda_A n_B^1 - P_A^1 + (\theta_d - \theta_A^2)U^0}{t_A} \tag{4-59}$$

$$n_A^2 + N_A = 1 - C_A^1 = \frac{\lambda_A n_B^2 - P_A^2 + (\theta_A^1 - \theta_d)U^0}{t_A} \tag{4-60}$$

其中,多平台接入部分的用户规模为:

$$N_A = C_A^2 - C_A^1 = \frac{\lambda_A - P_A^1 - P_A^2 + (2\theta_d - 1)U^0}{t_A} - 1 \tag{4-61}$$

联立式(4-57)~(4-60)可得该房地产市场中各平台各边单平台接入的市场规模是:

$$n_A^1 = \frac{-\lambda_A \lambda_B}{2t_A(t_A t_B - \lambda_A \lambda_B)}(P_A^1 + P_A^2) - \frac{-\lambda_A}{2(t_A t_B - \lambda_A \lambda_B)}(P_B^1 - P_B^2) - \frac{\lambda_A}{2t_A} + \frac{t_B P_A^2}{t_A t_B - \lambda_A \lambda_B} + 1 + \frac{\lambda_A U^0[\lambda_B(\theta_d - \theta_A^2) + t_A(\theta_B^1 - \theta_B^2)]}{2t_A(t_A t_B - \lambda_A \lambda_B)} \tag{4-62}$$

$$n_A^2 = \frac{-\lambda_A \lambda_B}{2t_A(t_A t_B - \lambda_A \lambda_B)}(P_A^1 + P_A^2) + \frac{\lambda_A}{2(t_A t_B - \lambda_A \lambda_B)}(P_B^1 - P_B^2) - \frac{\lambda_A}{2t_A} + \frac{t_B P_A^1}{t_A t_B - \lambda_A \lambda_B} + 1 - \frac{\lambda_A U^0[\lambda_B(\theta_d - \theta_A^2) + t_A(\theta_B^1 - \theta_B^2)]}{2t_A(t_A t_B - \lambda_A \lambda_B)} \tag{4-63}$$

$$n_B^1 = \frac{\lambda_B}{2(t_A t_B - \lambda_A \lambda_B)}(P_A^2 - P_A^1) + \frac{t_A}{2(t_A t_B - \lambda_A \lambda_B)}(P_B^2 - P_B^1) +$$
$$\frac{1}{2} + \frac{U^0[\lambda_B(\theta_d - \theta_A^2) + t_A(\theta_B^1 - \theta_B^2)]}{2t_A(t_A t_B - \lambda_A \lambda_B)} \tag{4-64}$$

$$n_B^2 = \frac{\lambda_B}{2(t_A t_B - \lambda_A \lambda_B)}(P_A^1 - P_A^2) + \frac{t_A}{2(t_A t_B - \lambda_A \lambda_B)}(P_B^1 - P_B^2) +$$
$$\frac{1}{2} + \frac{U^0[\lambda_B(\theta_d - \theta_A^2) + t_A(\theta_B^1 - \theta_B^2)]}{2t_A(t_A t_B - \lambda_A \lambda_B)} \tag{4-65}$$

为方便表示，令 $U^0[\lambda_B(\theta_d - \theta_A^2) + t_A(\theta_B^1 - \theta_B^2)] = W$，两房地产网络平台的双边市场份额为：

$$n_A^1 + N_A = 1 - n_A^2 = C_A^2 = \frac{\lambda_A \lambda_B}{2t_A(t_A t_B - \lambda_A \lambda_B)}(P_A^1 + P_A^2) - \frac{\lambda_A}{2(t_A t_B - \lambda_A \lambda_B)}(P_B^1 - P_B^2) +$$
$$\frac{\lambda_A}{2t_A} - \frac{t_B P_A^1}{t_A t_B - \lambda_A \lambda_B} + \frac{\lambda_A W}{2t_A(t_A t_B - \lambda_A \lambda_B)} \tag{4-66}$$

$$n_A^2 + N_A = 1 - n_A^1 = 1 - C_A^1 = \frac{\lambda_A \lambda_B}{2t_A(t_A t_B - \lambda_A \lambda_B)}(P_A^1 + P_A^2) + \frac{\lambda_A}{2(t_A t_B - \lambda_A \lambda_B)}(P_B^1 - P_B^2) +$$
$$\frac{\lambda_A}{2t_A} - \frac{t_B P_A^2}{t_A t_B - \lambda_A \lambda_B} - \frac{\lambda_A W}{2t_A(t_A t_B - \lambda_A \lambda_B)} \tag{4-67}$$

$$n_B^1 = \frac{\lambda_B}{2(t_A t_B - \lambda_A \lambda_B)}(P_A^2 - P_A^1) + \frac{t_A}{2(t_A t_B - \lambda_A \lambda_B)}(P_B^2 - P_B^1) + \frac{1}{2} + \frac{W}{2t_A(t_A t_B - \lambda_A \lambda_B)} \tag{4-68}$$

$$n_B^2 = \frac{\lambda_B}{2(t_A t_B - \lambda_A \lambda_B)}(P_A^1 - P_A^2) + \frac{t_A}{2(t_A t_B - \lambda_A \lambda_B)}(P_B^1 - P_B^2) + \frac{1}{2} - \frac{W}{2t_A(t_A t_B - \lambda_A \lambda_B)} \tag{4-69}$$

此时平台 1 的收益函数表示为：

$$L_1 = P_A^1(n_A^1 + N_A) + P_B^1 n_B^1$$

$$L_1 = P_A^1 \left[\frac{\lambda_A \lambda_B}{2t_A(t_A t_B - \lambda_A \lambda_B)}(P_A^1 + P_A^2) - \frac{\lambda_A}{2(t_A t_B - \lambda_A \lambda_B)}(P_B^1 - P_B^2) + \right.$$
$$\left. \frac{\lambda_A}{2t_A} - \frac{t_B P_A^1}{t_A t_B - \lambda_A \lambda_B} + \frac{\lambda_A W}{2t_A(t_A t_B - \lambda_A \lambda_B)} \right] + P_B^1 \left[\frac{\lambda_B}{2(t_A t_B - \lambda_A \lambda_B)}(P_A^2 - P_A^1) + \right.$$
$$\left. \frac{t_A}{2(t_A t_B - \lambda_A \lambda_B)}(P_B^2 - P_B^1) + \frac{1}{2} + \frac{W}{2t_A(t_A t_B - \lambda_A \lambda_B)} \right] \tag{4-70}$$

对于平台 1 的收益函数来说，在 (P_A^1, P_B^1) 给定的情况下，L_1 是关于 (P_A^1, P_B^1) 的二元函数，收益函数 L_1 取得极大值，实际上是收益函数 L_1 求极值的问题。收益函数关于 P_A^1 和 P_B^1 的一阶偏导数为：

$$\frac{\partial L_1}{\partial P_A^1} = \frac{\lambda_A \lambda_B}{2t_A(t_A t_B - \lambda_A \lambda_B)}(2P_A^1 + P_A^2) - \frac{\lambda_A}{2(t_A t_B - \lambda_A \lambda_B)}(P_B^1 - P_B^2) +$$

$$\frac{\lambda_A}{2t_A} - \frac{2t_B P_A^1}{t_A t_B - \lambda_A \lambda_B} - \frac{\lambda_B P_B^1}{2(t_A t_B - \lambda_A \lambda_B)} \tag{4-71}$$

$$\frac{\partial L_1}{\partial P_B^1} = \frac{\lambda_B}{2(t_A t_B - \lambda_A \lambda_B)}(P_A^2 - P_A^1) - \frac{t_A}{2(t_A t_B - \lambda_A \lambda_B)}(P_B^2 - 2P_B^1) +$$

$$\frac{1}{2} - \frac{\lambda_A P_A^1}{2(t_A t_B - \lambda_A \lambda_B)} \tag{4-72}$$

由式(4-71)、(4-72)可知一阶导数是线性的。要保证收益函数有极大值,则必须确保其为凹函数。依据海森判断矩阵可知,利润函数的二阶偏导需满足:$\frac{\partial^2 L_1}{\partial (P_A^1)^2} < 0$,$\left(\frac{\partial^2 L_1}{\partial (P_A^1)(P_B^1)}\right)^2 - \frac{\partial^2 L_1}{\partial (P_A^1)^2}\frac{\partial^2 L_1}{\partial (P_B^1)^2} < 0$。根据式(4-71)、式(4-72)可计算得到收益函数 L_1 关于 (P_A^1, P_B^1) 的二阶导数:

$$\frac{\partial^2 L_1}{\partial (P_A^1)^2} = \frac{\lambda_A \lambda_B}{t_A(t_A t_B - \lambda_A \lambda_B)} - \frac{2t_B}{t_A t_B - \lambda_A \lambda_B} = A(t_A < \lambda_A) \tag{4-73}$$

$$\frac{\partial^2 L_1}{\partial (P_B^1)^2} = \frac{t_A}{t_A t_B - \lambda_A \lambda_B} = C \tag{4-74}$$

$$\frac{\partial^2 L_1}{\partial (P_A^1)(P_B^1)} = \frac{-\lambda_A - \lambda_B}{2(t_A t_B - \lambda_A \lambda_B)} = B \tag{4-75}$$

根据式(4-52)、式(4-53),在一边用户多平台接入,一边单平台接入的发生条件为 $t_B > \lambda_B$,A 边存在部分用户 $\lambda_A > t_A + P_A^1 + P_A^2$。又因为 t_A、t_B、λ_A、λ_B 均大于零,可知 L_1 要有最优解需满足 $A = A' = \frac{\lambda_A \lambda_B}{t_A(t_A t_B - \lambda_A \lambda_B)} - \frac{2t_B}{t_A t_B - \lambda_A \lambda_B} < 0$,$B^2 - AC = \left[\frac{-\lambda_A - \lambda_B}{2(t_A t_B - \lambda_A \lambda_B)}\right]^2 - \left[\frac{\lambda_A \lambda_B}{t_A(t_A t_B - \lambda_A \lambda_B)} - \frac{2t_B}{t_A t_B - \lambda_A \lambda_B}\right]\left(\frac{t_A}{t_A t_B - \lambda_A \lambda_B}\right) < 0$,则 $\lambda_A \lambda_B < t_A t_B$。

故 $\lambda_A \lambda_B < t_A t_B$,且 $t_B > \lambda_B$ 时,平台才有收益的最优解。(平台 2 同理可得相同结论)

基于对称均衡假设 $P_A^1 = P_A^2$,$P_B^1 = P_B^2$ 进行分析,分别用收益函数对双边用户的注册费水平求导,即令式(4-71)、式(4-72)为零,求解可得两个平台的双边注册费收费水平分别为:

$$P_A^* = P_A^1 = P_A^2 = 0 \tag{4-76}$$

$$P_B^* = P_B^1 = P_B^2 = \frac{t_A t_B - \lambda_A \lambda_B}{t_A}\left(1 + \frac{W}{t_A t_B - \lambda_A \lambda_B}\right) \tag{4-77}$$

其中,$W = U^0[\lambda_B(\theta_A^1 - \theta_A^2) + t_A(\theta_B^1 - \theta_B^2)]$。

①情景Ⅰ:两个实力相当的房地产网络平台竞争,用户对平台1、2偏好无差异

把式(4-76)、式(4-77)代回式(4-66)~式(4-69)可得:

$$n_A^1 + N_A = n_A^2 + N_A = \frac{\lambda_A}{2t_A} \tag{4-78}$$

第4章 房地产网络平台竞争模型构建与分析

$$n_B^1 = n_B^1 = \frac{1}{2} \tag{4-79}$$

$$N_A = \frac{\lambda_A}{t_A} - 1 > 0 \tag{4-80}$$

此时平台收益为：

$$L^* = L_1 = L_2 = \frac{t_A t_B - \lambda_A \lambda_B}{2t_A} \tag{4-81}$$

当房地产市场内存在一边用户多平台接入时，两个势均力敌的平台的要价能力与两边用户均单平台接入时不同。如果 A 边用户（需求方）存在多平台接入现象，那么当竞争达到均衡时，平台对买方免费；平台对卖方的收费仍与平台的差异性呈正相关，且与双边用户的交叉网络外部性都呈负相关关系。

市场份额上，在单平台接入的用户边，两房地产网络平台各吸引一半的用户；在多平台接入的一边，两个平台拥有相同并且超过一半的买方用户规模。其中多平台接入边的市场规模与平台的网络外部性正相关，该边的网络外部性越大，越多用户倾向多平台接入，各平台的市场规模也越大。这和多平台接入用户的初衷是一致的，即想要尽可能享受两个平台网络效用。市场上有 $\lambda_A/t_A - 1$ 的买方采取了多平台接入策略。采取多平台接入行为的买方数量与交叉网络外部性强度呈正相关，而与平台差异呈负相关。这说明平台差异越大，买方用户越趋向于单平台接入，而平台的网络外部性强度越大，则越吸引用户选择尽可能接触更多的对方用户。

结论5：当房地产市场内势均力敌的平台竞争，且一边用户存在多平台接入情况时，平台对多平台接入的一边（买方）免费；对单平台接入的一边（卖方）定价 $(t_A t_B - \lambda_A \lambda_B)/2t_A$，与平台的差异性呈正相关，与双边用户的交叉网络外部性呈负相关。市场上有 $\lambda_A/t_A - 1$ 的买方采取了多平台接入策略，网络外部性越大，越可以吸引用户选择多平台接入策略。

② 情景Ⅱ：平台2是新进入市场的房地产网络平台，平台1已经具备一定用户偏好优势

在 $\theta_A^1 > \theta_A^2$，$\theta_A^1 > \theta_A^2$ 的条件下，依据式(4-76)、式(4-77)可知：

$$P_A^* = P_A^1 = P_A^2 = 0 \tag{4-82}$$

$$P_B^* = P_B^1 = P_B^2 = \frac{t_A t_B - \lambda_A \lambda_B}{t_A}\left(1 + \frac{W}{t_A t_B - \lambda_A \lambda_B}\right) > \frac{t_A t_B - \lambda_A \lambda_B}{t_A} \tag{4-83}$$

把式(4-82)、式(4-83)代回式(4-66)~式(4-69)可得：

$$n_A^1 + N_A = \frac{\lambda_A}{2t_A}\left(1 + \frac{W}{t_A t_B - \lambda_A \lambda_B}\right) > \frac{\lambda_A}{2t_A} \tag{4-84}$$

$$n_A^2 + N_A = \frac{\lambda_A}{2t_A}\left(1 - \frac{W}{t_A t_B - \lambda_A \lambda_B}\right) < \frac{\lambda_A}{2t_A} \tag{4-85}$$

$$n_B^1 = \frac{1}{2}\left(1 + \frac{W}{t_A t_B - \lambda_A \lambda_B}\right) > \frac{1}{2} \quad (4-86)$$

$$n_B^2 = \frac{1}{2}\left(1 - \frac{W}{t_A t_B - \lambda_A \lambda_B}\right) < \frac{1}{2} \quad (4-87)$$

此时平台收益为:

$$L_1 = \frac{t_A t_B - \lambda_A \lambda_B}{t_A}\left(1 + \frac{W}{t_A t_B - \lambda_A \lambda_B}\right)\frac{1}{2}\left(1 + \frac{W}{t_A t_B - \lambda_A \lambda_B}\right) > \frac{t_A t_B - \lambda_A \lambda_B}{2 t_A} \quad (4-88)$$

$$L_2 = \frac{t_A t_B - \lambda_A \lambda_B}{t_A}\left(1 + \frac{W}{t_A t_B - \lambda_A \lambda_B}\right)\frac{1}{2}\left(1 - \frac{W}{t_A t_B - \lambda_A \lambda_B}\right) < \frac{t_A t_B - \lambda_A \lambda_B}{2 t_A} \quad (4-89)$$

在情景Ⅱ下,用户一边多平台接入一边单平台接入和两边均单平台接入的竞争均衡情况一致:两个房地产网络平台存在用户偏好差异时,均衡状态下两个平台的要价能力均增强(相比于无用户偏好差异),用户偏好高的平台市场规模占优,且用户偏好优势越强,在位房地产网络平台1市场规模优势越大。用户偏好高的平台收益能力增强,用户偏好低的平台收益能力下降(虽然要价能力增强,但用户规模影响更大)。类似证明过程可得存在基础用户规模优势时,多平台接入情况下的平台竞争均衡与用户单平台接入情形也是一样的。

结论6:市场中存在一边用户多平台接入的情形,当两个房地产网络平台存在用户偏好差异或初始用户规模差异时,均衡状态与两边均单平台接入时状况类似,两个平台的要价能力均增强(相比于无用户偏好差异和无初始用户规模差异),用户偏好高的平台市场规模占优,且市场规模差异与用户偏好差异呈正相关。用户偏好高的平台收益能力增强,用户偏好低的平台收益能力下降(虽然要价能力增强,但用户规模影响更大)。

4.3.3 两边用户均为多平台接入情形

两边用户均多平台接入时,房地产网络平台市场结构如图4-4所示:

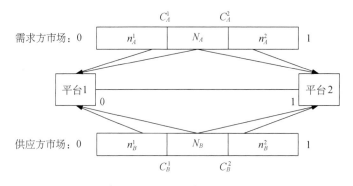

图 4-4 两边用户均多平台接入情形下房地产网络平台竞争

(1) 两边用户均为多平台接入发生情况

本章假设房地产网络平台中 A、B 边均存在多平台接入情况,此时用户选择多

平台接入比仅单平台接入1(或2)多出的额外效用同式(4-11):
$\frac{\lambda_k(n_j^1+n_j^2)-P_k^1-P_k^2-t_k}{2}$。

要使得A、B边市场有用户多平台接入,则A、B边市场均存在用户多平台接入效用比仅单平台接入1(或2)效用大,则:

$$\frac{\lambda_A(n_B^1+n_B^2)-P_A^1-P_A^2-t_A}{2}<0 \tag{4-90}$$

$$\frac{\lambda_B(n_A^1+n_A^2)-P_B^1-P_B^2-t_B}{2}<0 \tag{4-91}$$

本书假设的是A、B边用户为部分多平台接入情况,所以双边市场中网络外部性强度大($\lambda_A>t_A+P_A^1+P_A^2$;$\lambda_B>t_B+P_B^1+P_B^2$)的用户多平台接入,而对于$A$边网络外部性强度较低($\lambda_A<t_A$;$\lambda_B<t_B$)的用户,则仍保持单平台接入。$A$、$B$边市场所有用户的平均网络外部性强度和平台差异的大小对比不确定,与多平台接入的用户比例有关,本书暂不拓展讨论。

(2) 两边用户均为多平台接入均衡结果

$U_A^1=\theta_A^1 U^0+\lambda_A(n_B^1+N_B)-P_A^1-t_A x$ (A边单平台接入平台1) 见(4-1)

$U_B^1=\theta_B^1 U^0+\lambda_B(n_A^1+N_A)-P_B^1-t_B x$ (B边单平台接入平台1) 见(4-2)

$U_A^2=\theta_A^2 U^0+\lambda_A(n_B^2+N_B)-P_A^2-t_A(1-x)$ (A边单平台接入平台2) 见(4-3)

$U_B^2=\theta_B^2 U^0+\lambda_B(n_A^2+N_A)-P_B^2-t_B(1-x)$ (B边单平台接入平台2) 见(4-4)

$U_A^{12}=\theta_d U^0+\lambda_A(n_B^1+n_B^2+N_B)-P_A^1-P_A^2-t_A$ (A边多平台接入) 见(4-5)

$U_B^{12}=\theta_d U^0+\lambda_B(n_A^1+n_A^2+N_A)-P_B^1-P_B^2-t_B$ (B边多平台接入) 见(4-6)

令C_A^1、C_B^1为A、B边用户单平台接入房地产网络平台1与多平台接入的效用无差异点;C_A^2、C_B^2为A、B边用户单平台接入房地产网络平台2与多平台接入的效用无差异点。因此位于$[0,C_A^1]$的A边用户会单平台加入房地产网络平台1,位于$[C_A^2,1]$的A边用户会单平台加入房地产网络平台2,位于$[C_A^1,C_A^2]$的A边用户会多平台接入。对称的,位于$[0,C_B^1]$的B边用户会单平台加入房地产网络平台1,位于$[C_B^2,1]$的B边用户单平台加入房地产网络平台2,位于$[C_B^1,C_B^2]$的B边用户会多平台接入。

联立式(4-1)和式(4-5)可求得C_A^1;联立式(4-2)和式(4-5)可求得C_A^2;联立式(4-3)和式(4-6)可求得C_B^1;联立式(4-4)和式(4-6)可求得C_B^2。不考虑用户偏好,得:

$$C_A^1=\frac{P_A^2-\lambda_A n_B^2}{t_A}+1 \tag{4-92}$$

$$C_A^2=\frac{\lambda_A n_B^1-P_A^1}{t_A} \tag{4-93}$$

$$C_B^1=\frac{P_B^2-\lambda_B n_A^2}{t_B}+1 \tag{4-94}$$

$$C_B^2=\frac{\lambda_B n_A^1-P_B^1}{t_B} \tag{4-95}$$

此时，房地产网络平台 1 的 A 边市场规模（包括单平台接入 n_A^1 和多平台接入用户 N_A）为 C_A^2，房地产网络平台 2 的 A 边市场规模为 $1-C_A^1$。对称的，房地产网络平台 1 的 B 边市场规模（包括单平台接入 n_B^1 和多平台接入用户 N_B）为 C_B^2，房地产网络平台 2 的 B 边市场规模为 $1-C_B^1$。可知 A、B 边接入平台 1、2 的市场规模分别是：

$$n_A^1 + N_A = C_A^2 = \frac{\lambda_A n_B^1 - P_A^1}{t_A} \tag{4-96}$$

$$n_A^2 + N_A = 1 - C_A^1 = \frac{\lambda_A n_B^2 - P_A^2}{t_A} \tag{4-97}$$

$$n_B^1 + N_B = C_B^2 = \frac{\lambda_B n_A^1 - P_B^1}{t_B} \tag{4-98}$$

$$n_B^2 + N_B = 1 - C_B^1 = \frac{\lambda_B n_A^2 - P_B^2}{t_B} \tag{4-99}$$

其中，A、B 边多平台接入部分的用户规模分别为：

$$N_A = C_A^2 - C_A^1 = \frac{\lambda_A (n_B^1 + n_B^2) - P_A^1 - P_A^2}{t_A} - 1 \tag{4-100}$$

$$N_B = C_B^2 - C_B^1 = \frac{\lambda_B (n_A^1 + n_A^2) - P_B^1 - P_B^2}{t_B} - 1 \tag{4-101}$$

联立式(4-96)、(4-97)、(4-98)、(4-99)，解得两边用户分别在两个平台上单归属的用户数量为：

$$n_A^1 = \frac{t_B P_A^2 - \lambda_A P_B^1 + t_A t_B - \lambda_A t_B}{t_A t_B - \lambda_A \lambda_B} \tag{4-102}$$

$$n_A^2 = \frac{t_B P_A^1 - \lambda_A P_B^2 + t_A t_B - \lambda_A t_B}{t_A t_B - \lambda_A \lambda_B} \tag{4-103}$$

$$n_B^1 = \frac{t_A P_B^2 - \lambda_B P_A^1 + t_B t_A - t_A \lambda_B}{t_A t_B - \lambda_A \lambda_B} \tag{4-104}$$

$$n_B^2 = \frac{t_A P_B^1 - \lambda_B P_A^2 + t_B t_A - t_A \lambda_B}{t_A t_B - \lambda_A \lambda_B} \tag{4-105}$$

此时平台 1 的收益函数表示为：

$$L_1 = P_A^1(1-n_A^2) + P_B^1(1-n_B^2) = P_A^1 \left(\frac{\lambda_A P_B^2 - t_B P_A^1 + \lambda_A t_B - \lambda_A \lambda_B}{t_A t_B - \lambda_A \lambda_B} \right) +$$

$$P_B^1 \left(\frac{\lambda_B P_A^2 - t_A P_B^1 + t_A \lambda_B - \lambda_A \lambda_B}{t_A t_B - \lambda_A \lambda_B} \right) \tag{4-106}$$

对于平台 1 的收益函数来说，在 (P_A^1, P_B^1) 给定的情况下，L_1 是关于 (P_A^1, P_B^1) 的二元函数，收益函数 L_1 取得极大值，实际上是收益函数 L_1 求极值的问题。收益函数关于 P_A^1 和 P_B^1 的一阶偏导数为：

$$\frac{\partial L_1}{\partial P_A^1} = \frac{\lambda_A P_B^2 - 2t_B P_A^1 + \lambda_A t_B - \lambda_A \lambda_B}{t_A t_B - \lambda_A \lambda_B} \tag{4-107}$$

$$\frac{\partial L_1}{\partial P_B^1} = \frac{\lambda_B P_A^2 - 2t_A P_B^1 + t_A \lambda_B - \lambda_A \lambda_B}{t_A t_B - \lambda_A \lambda_B} \tag{4-108}$$

由式(4-107)、式(4-108)可知一阶导数是线性的。要保证收益函数有极大值,则必须确保其为凹函数。依据海森判断矩阵可知,利润函数的二阶偏导需满足:$\frac{\partial^2 L_1}{\partial (P_A^1)^2} < 0$,$\left[\frac{\partial^2 L_1}{\partial (P_A^1)(P_B^1)}\right]^2 - \frac{\partial^2 L_1}{\partial (P_A^1)^2} \frac{\partial^2 L_1}{\partial (P_B^1)^2} < 0$。根据式(4-107)、式(4-108)可计算得到收益函数 L_1 关于 (P_A^1, P_B^1) 的二阶导数:

$$\frac{\partial^2 L_1}{\partial (P_A^1)^2} = \frac{-2t_B}{t_A t_B - \lambda_A \lambda_B} = A \tag{4-109}$$

$$\frac{\partial^2 L_1}{\partial (P_B^1)^2} = \frac{-2t_A}{t_A t_B - \lambda_A \lambda_B} = C \tag{4-110}$$

$$\frac{\partial^2 L_1}{\partial (P_A^1)(P_B^1)} = 0 = B \tag{4-111}$$

所以当 $t_A t_B > \lambda_A \lambda_B$ 时,平台 1 有收益的最优解。(平台 2 同理可得相同结论)

至此,可以发现三种用户接入情形下,房地产网络平台存在收益最大值的条件均为:$t_A t_B > \lambda_A \lambda_B$。

由此可知,双边市场房地产网络平台竞争时,平台存在收益最大值的必要条件是平台差异性大于整体用户的平均网络外部性系数。

基于对称均衡假设 $P_A^1 = P_A^2$,$P_B^1 = P_B^2$ 进行分析,分别用收益函数对双边用户的注册费水平求导,即令式(4-107)、式(4-108)为零,求解可得两个平台的双边注册费收费水平分别为:

$$P_A^* = P_A^1 = P_A^2 = \frac{\lambda_A(\lambda_A \lambda_B + t_A \lambda_B - 2t_A t_B)}{\lambda_A \lambda_B - 4t_A t_B} \tag{4-112}$$

$$P_B^* = P_B^1 = P_B^2 = \frac{\lambda_B(\lambda_A \lambda_B + t_B \lambda_A - 2t_A t_B)}{\lambda_A \lambda_B - 4t_A t_B} \tag{4-113}$$

把式(4-112)、式(4-113)代回市场规模函数(4-102)、(4-103)、(4-105)、(4-106)可得:

$$n_A^1 + N_A = n_A^2 + N_A = \frac{(2t_A t_B - \lambda_A \lambda_B)(\lambda_A \lambda_B + t_B \lambda_A - 2t_A t_B)}{(\lambda_A \lambda_B - 4t_A t_B)(t_A t_B - \lambda_A \lambda_B)} \tag{4-114}$$

$$n_B^1 + N_B = n_B^2 + N_B = \frac{(2t_A t_B - \lambda_A \lambda_B)(\lambda_A \lambda_B + t_A \lambda_B - 2t_A t_B)}{(\lambda_A \lambda_B - 4t_A t_B)(t_A t_B - \lambda_A \lambda_B)} \tag{4-115}$$

此时平台收益可表示为:

$$L^* = L_1 = L_2 = \frac{\lambda_A \lambda_B (t_A + t_B)(\lambda_A \lambda_B + t_A \lambda_B - 2t_A t_B)(\lambda_A \lambda_B + t_B \lambda_A - 2t_A t_B)}{(\lambda_A \lambda_B - 4t_A t_B)^2 (t_A t_B - \lambda_A \lambda_B)} \tag{4-116}$$

4.4 房地产网络平台竞争分析

4.4.1 模型均衡结果分析

三种用户接入方式下的竞争均衡见表 4-2:

表 4-2 用户不同接入情形下的竞争对比

用户接入情况	(A 边市场价格,平台在 A 边市场份额) (B 边市场价格,平台在 B 边市场份额)	平台收益
两边单平台接入	$\left(t_A - \lambda_B, \dfrac{1}{2}\right)\left(t_B - \lambda_A, \dfrac{1}{2}\right)$	$\dfrac{t_A + t_B - \lambda_A - \lambda_B}{2}$
A 边多平台接入 B 边单平台接入	$\left(0, \dfrac{\lambda_A}{2t_A}\right)\left(\dfrac{t_A t_B - \lambda_A \lambda_B}{t_A}, \dfrac{1}{2}\right)$	$\dfrac{t_A t_B - \lambda_A \lambda_B}{2t_A}$
两边多平台接入	$\left(\dfrac{\lambda_A(\lambda_A \lambda_B + t_A \lambda_B - 2t_A t_B)}{\lambda_A \lambda_B - 4t_A t_B}, \dfrac{(2t_A t_B - \lambda_A \lambda_B)(\lambda_A \lambda_B + t_B \lambda_A - 2t_A t_B)}{(\lambda_A \lambda_B - 4t_A t_B)(t_A t_B - \lambda_A \lambda_B)}\right)$ $\left(\dfrac{\lambda_B(\lambda_A \lambda_B + t_B \lambda_A - 2t_A t_B)}{\lambda_A \lambda_B - 4t_A t_B}, \dfrac{(2t_A t_B - \lambda_A \lambda_B)(\lambda_A \lambda_B + t_A \lambda_B - 2t_A t_B)}{(\lambda_A \lambda_B - 4t_A t_B)(t_A t_B - \lambda_A \lambda_B)}\right)$	$\dfrac{\lambda_A \lambda_B (t_A + t_B)(\lambda_A \lambda_B + t_A \lambda_B - 2t_A t_B)(\lambda_A \lambda_B + t_B \lambda_A - 2t_A t_B)}{(\lambda_A \lambda_B - 4t_A t_B)^2 (t_A t_B - \lambda_A \lambda_B)}$

重点对比分析不同接入情形下对房地产网络平台 1、2 价格和收益的影响,此时可忽略 A、B 两边市场的区别,假设 A、B 边市场为对称的,简化为: $t_A = t_B = t$; $\lambda_A = \lambda_B = \lambda$。

(1) 不同接入情形下房地产网络平台双边价格的比较

为方便表示,分别以 P^{SS}、P^{MS}、P^{MM} 表示房地产网络平台在两边用户均单平台接入、一边多平台接入一边单平台接入和两边均多平台接入三种情形下的均衡价格。

$$P^{SS} - P^{MS} = \frac{\lambda(\lambda - t)}{t} \tag{4-117}$$

$$P^{SS} - P^{MM} = \frac{2(t - \lambda)^2}{2t - \lambda} \tag{4-118}$$

由于 $t > \lambda$, $\dfrac{\lambda(\lambda - t)}{t} < 0$, $\dfrac{2(t-\lambda)^2}{2t - \lambda} > 0$, 所以:

$$P^{MM} < P^{SS} < P^{MS} \tag{4-119}$$

结论 7:房地产网络平台竞争用户可自由选择接入行为时,双边用户一边多平台接入一边单平台接入情形下,房地产网络平台定价最高;两边用户均单平台接入时,平台定价次高;两边用户均多平台接入时平台定价最低,即: $P^{MM} < P^{SS} < P^{MS}$。

(2) 不同接入情形下房地产网络平台收益的比较

为方便表示,分别以 L^{SS}、L^{MS}、L^{MM} 表示房地产网络平台在两边用户均单平台接入、一边多平台接入一边单平台接入和两边均多平台接入三种情形下的收益。

$$L^{SS} - L^{MS} = \frac{(t-\lambda)^2}{2t} > 0 \tag{4-120}$$

$$L^{MS} - L^{MM} = \frac{(t-\lambda)[(t+\lambda)+2t\lambda][(2t+\lambda)(t-\lambda)]}{2t(2t-\lambda)^2(t+\lambda)} > 0 \tag{4-121}$$

所以:

$$L^{MM} < L^{MS} < L^{SS} \tag{4-122}$$

结论 8:房地产网络平台竞争用户可自由选择接入行为时,两边用户均单平台接入情形下,房地产网络平台的收益最高;双边用户一边多平台接入一边单平台接入时,平台收益次高;两边用户均多平台接入时平台收益最低,即: $L^{MM} < L^{MS} < L^{SS}$。

该结论表明用户部分多归属行为明显降低了平台利润,两边用户均单平台接入时,房地产网络平台可以获得较高利润。因此,平台具有采取措施阻止用户多平台接入的内在激励。

(3) 考虑平台差异 t 对于不同接入情形下房地产网络平台定价和收益

三种接入情形下均衡价格对 t 求导,得:

$$\frac{\partial P^{SS}}{\partial t} = 1 > 0 \tag{4-123}$$

$$\frac{\partial P^{MS}}{\partial t} = 1 + \frac{\lambda^2}{t^2} > 0 \tag{4-124}$$

$$\frac{\partial P^{MM}}{\partial t} = \frac{\lambda^2}{(2t-\lambda)^2} > 0 \tag{4-125}$$

三种接入情形下平台收益对 t 求导,得:

$$\frac{\partial L^{SS}}{\partial t} = 1 > 0 \tag{4-126}$$

$$\frac{\partial L^{MS}}{\partial t} = \frac{1}{2} + \frac{\lambda^2}{2t^2} > 0 \tag{4-127}$$

$$\frac{\partial L^{MM}}{\partial t} = \frac{2\lambda^2[t^2(3\lambda-2t)+\lambda^3]}{(2t-\lambda)^3(t+\lambda)^2} \tag{4-128}$$

结论 9:房地产网络平台竞争用户可自由选择接入行为时,在对称均衡的假设下,对于平台定价而言,三种用户接入情形下,增大两个竞争房地产网络平台的差异性,都会提高平台的定价。对于平台收益而言,在用户两边均单平台接入或一边多平台接入一边单平台接入情形下,增大两个竞争房地产网络平台的差异性同时提高平台收益;但对于两边用户同时接入情形下,增大平台差异性对平台收益影响是不确定的。

(4) 考虑用户网络外部性强度 λ 对于不同接入情形下房地产网络平台定价和收益

三种接入情形下均衡价格对 λ 求导,得:

$$\frac{\partial P^{SS}}{\partial \lambda} = -1 < 0 \tag{4-129}$$

$$\frac{\partial P^{MS}}{\partial \lambda} = -\frac{2\lambda}{t} < 0 \tag{4-130}$$

$$\frac{\partial P^{MM}}{\partial \lambda} = \frac{(2t-\lambda)(t-\lambda)-t\lambda}{(2t-\lambda)^2} \tag{4-131}$$

三种接入情形下平台收益对 λ 求导,得:

$$\frac{\partial L^{SS}}{\partial \lambda} = -1 < 0 \tag{4-132}$$

$$\frac{\partial L^{MS}}{\partial \lambda} = -\frac{\lambda}{t} < 0 \tag{4-133}$$

$$\frac{\partial L^{MM}}{\partial \lambda} = \frac{4t^2\lambda[2t^2-2\lambda t-\lambda^2]}{(2t-\lambda)^3(t+\lambda)} \tag{4-134}$$

结论 10:房地产网络平台竞争用户可自由选择接入行为时,在对称均衡的假设下,在用户两边均单平台接入或一边多平台接入一边单平台接入情形下,增大两个竞争房地产网络平台的网络外部性,都会降低平台的定价和收益。对于平台收益而言,在两边用户均接入情形下,增大平台差异性对平台的定价和收益的影响是不确定的。

该结论表明,网络外部性增大会促使两边用户多平台接入以获得更大网络效用;两平台为了使得用户尽可能单平台接入,在平台差异化一定的条件下,不得不降低价格,并由此降低平台收益。

结论 9 及 10 可用表 4-3 表示:

表 4-3 平台价格和收益与其影响因素的关系

因素	用户接入情形	价格 P	收益 L
t	两边均单平台接入	正相关	正相关
	一边多平台接入	正相关	正相关
	两边均多平台接入	正相关	不确定
λ	两边均单平台接入	负相关	负相关
	一边多平台接入	负相关	负相关
	两边均多平台接入	不确定	不确定

4.4.2 房地产网络平台的竞争策略建议

本书在求解模型获得的 10 个数学结论的基础上,分别通过对平台差异 t、用户网络外部性强度 λ、用户偏好 θ、用户基数 N 四个影响因素相关数学结论的总结,并结合现实商业环境,为多平台接入情形下房地产网络平台的竞争提出以下五条策略和建议。

(1) 实现产品差异,避免同质化竞争,获取要价能力

从和平台差异 t 相关的结论 1、2、8、9 可知:不论在哪种用户接入情况下,平台收益都与平台差异化呈正相关。且两边用户均单平台接入情形下,房地产网络平台的收益最高,

而两边用户均单平台接入的市场结构发生在平台差异大于用户的网络外部性强度情形下,所以说平台差异化策略是提高平台要价能力、增加平台收益的必经之路。产品差异化行为主要通过研究与开发或者产品营销活动来达到企业产品与现有平台不同的策略,是一种非价格行为。

由于网络平台中网络的开放性和交互性,令互联网技术创新和扩散速度非常快,以至平台很难通过技术的不同形成产品差异化。房地产市场作为高价值重服务行业,所以房地产网络平台最重要的差异化主要体现在非技术的产品服务层面:①主营产品种类的差异化。主营产品种类的差异是指,各个房地产网络平台的商品种类的区别。在市场中,既有综合性服务平台,如365淘房网、房天下;也有细分业务平台,土巴兔和齐家网提供装修服务,好屋中国和平安好房以新房业务为主,爱屋及乌和丁丁租房主营租房市场,彩生活则以物业服务为主,这使得房地产网络平台在产品的供给方面存在很大的差异性。②服务的差异性[178,234]。主要包括:房源信息的准确真实性、平台交易的安全可靠性。房地产网站的信息内容主要包括房源信息、楼盘信息和新闻资讯三类,其中房源信息数量最多,最受用户关注[246]。房地产网络平台最早的业务就是利用网络提供与房地产相关的信息,而信息内容准确性、真实性和吸引人的程度决定了内容黏性,影响产品质量及用户偏好。其次,通常接入房地产网络平台的买方用户是有需求动机的,但是否通过平台上发生交易通常取决于是否信任平台[247-248]。买卖房等交易一般发生在陌生人(没有直接历史交往的关系)中,且房地产网络平台又是低频交易。故房地产网络平台作为第三方,平台的交易制度是用户感觉安全可靠性的重要因素。房地产网络平台建立统一交易规范流程、标准制度、支付系统和制度结构保障,能够使得双边的参与主体自觉遵循规则,形成对制度的认同。降低需求方与服务提供方之间交互的不确定性,从而降低双方的风险感知。③房地产网络平台的接入成本差异。房地产网络平台终端的易用性、响应时间与延迟是耗费用户时间和精力成本的重要影响因素[246]。易于学习和使用、减轻负担的房地产网络平台能够减少用户接入平台的阻碍,利于减少用户的接入成本。此外,由于房地产网络平台依托于互联网,响应时间和延迟的长短直接影响用户使用的感受,如果网页或App打开速度慢,用户必然难以保持持续的接入平台热情。

在美国,Zillow自行开发了一套名为"Zestimate"的计算机评估系统,为超过1亿套美国存量房屋提供动态的、可追溯的、可预测的房价评估信息,消费者可以输入不同的房屋基础信息从而自动估算出房屋价格[250]。而且每个房屋的价格历史可上溯15年,也可以给出未来12个周期的预测价格,平均误差低于7%,形成了"活着的数据库",且消费者能看到趋势更透明。Zillow推出的这个房屋价值评估业务颠覆了传统的中介业,将知情权彻底交给了客户,做到了房屋价值估计服务质量的差异性。

(2) 潜在进入者慎选细分市场,避免激烈竞争

平台2是新进入市场的房地产网络平台,平台1已经具备一定用户偏好优势(用户基础)的模拟,依据结论3、4总结得出:房地产网络平台细分市场内的竞争对手数量越多,竞争对手的初始用户基数越大,竞争对手获得的用户偏好越显著,潜在进入房地产网络平台

的市场规模劣势会越显著,该细分市场的竞争就越激烈。因此,对于潜在进入的房地产网络平台,应重视细分市场的进入选择。差异化考虑的是平台"如何竞争",那么细分考虑的是平台"在哪竞争",是方向性策略。

房地产网络平台市场属于新兴市场,发展时间较短,市场尚不完善。潜在进入的房地产网络平台可采取市场补位者策略,选择具有较大市场空缺的细分市场进入,避免与强大的在位房地产网络平台进行正面竞争,增加成功进入的可能性,降低风险。市场补位者的企业规模可能不大,但其集中力量来专心致力于市场中被大企业忽略的某些细分市场,由于小市场上专业化经营获取最大限度的收益,在竞争激烈的房地产网络平台市场得以生存。房地产网络平台在实施补位者策略时首先要发现补位市场,需要找准有足够的规模和购买力、有成长潜力且该补缺点被大的竞争者忽视的补位市场;进而扩张补位市场,利用技能和资源,有效地为补缺点服务;最后保卫补位市场,靠自身建立的顾客信誉,保卫自身地位,对抗规模更大的在位房地产网络平台的攻击。房地产市场补位者策略在具体实施层面是专业化选择策略,可专注于:①地理区域的补位,房地产行业具备很强的地域性,潜在进入房地产网络平台可专为国内外某一地区或地点服务。例如,365淘房起步阶段专注于南京的房屋权益交易市场,避开了北京、上海等竞争最激烈的地域。②最终用户专业化,专门致力于为某类最终用户服务,如小猪短租等房地产网络平台专门针对短租这一类用户进行市场营销。③顾客规模专业化,专门为某一种规模(大、中、小)的客户服务,如土巴兔装修网的供应边为已成规模的装修公司,而有些小的房地产网络装修平台在进入市场时专门被土巴兔忽略的小客户如独立设计师和独立工长服务。

(3)设计合理的价格结构,采取倾斜式定价等定价策略

根据和用户网络外部性强度 λ 相关的结论2、5、10可知,在房地产网络平台中,由于平台两边市场的交叉网络外部性具有不对称性,平台应设计合理的价格结构,采取倾斜式定价策略,来调节两边平台用户的数量,以使自己收益最大化。倾斜式定价是指平台为吸引两边的用户加入平台进行交易,而对两边用户收取不同的费用,对一方收取高价格,则对另一方收取低价格或者进行补贴[139]。根据结论2的均衡结果可以看出在两边用户均单平台接入情形下,平台应向网络外部性强的一边索要高价以获取最大收益。

交叉网络外部性的相对大小便是决定平台倾斜式定价以及定价倾斜方向的一个关键因素,不同类型的房地产网络平台连接的两边用户网络外部性强度不一样,倾斜定价的结果也不尽相同。在以广告信息为主要盈利点的房地产网络平台,通常匹配房地产开发商、房地产中介和家装公司等广告商与消费者,广告商的交叉网络外部性强度远大于消费者,因此平台应主要向广告商收费。撮合交易的房地产网络平台中不同业务类型平台的用户网络外部性强度不同。在新房和二手房这样的卖方市场,房产信息资源较稀缺,买方的交叉网络外部性强,平台应向买方收费;在家装这样的买方市场,平台应向卖方收费。倾斜式定价策略在房地产网络平台是一个多方共赢的商业模式,比如房地产装修平台土巴兔,向装修用户免费,使得消费者获得服务,提升了消费者福利;同时装修公司借助沪两旺平台开展商品推广和销售,扩大了营销渠道,增加了营业额;平台向装修公司收取注册费及交易费获利。

(4) 把握用户偏好，增强用户黏性

根据和用户偏好 θ 相关的结论 3、6 可知，两个房地产网络平台竞争中，有用户偏好的平台占优，且市场规模差异与用户偏好差异呈正相关。房地产网络平台的细分市场作为一个新兴市场，相对于传统的土地交易、房屋买卖、装修等交易过程，一定程度上提升了双边房地产用户交易互动的效率。但是在发展过程中，仍然存在各种各样的问题未能解决。房地产网络平台应及时解决用户痛点，提升用户体验，增强用户黏性，形成用户偏好，快速占领市场优势。

目前房地产网络平台存在一些用户体验差的问题，如房源信息重复甚至虚假、信息检索效率差、内容同质化严重、缺乏个性化服务等问题[142,251]。房地产网络平台是重服务的平台，提升服务水平是提高平台核心竞争力的重要步骤。此外，在增加用户黏性上有诸多策略，如"经营协同策略"等，都可有效利用双边市场特征取得竞争优势[249]。在经营协同上，房地产网络平台应该加强卖方与卖方的合作，买方与买方的合作，买方与卖方的合作，增强用户间的协同效应。例如，联合众多开发商开展团购，吸引更多的买方加入平台；组织买方看房团活动，吸引更多的卖方加入平台；建立类似淘宝的评价机制，增强买卖双方的信任。在管理协同上，房地产网络平台应引入互联网技术，建立信息管理系统，实现管理系统化、信息共享化等，优化平台系统，将工作流程标准化、IT 化，从而提升平台的服务质量和匹配效率，增强用户间的协同效应。

而对于在位房地产网络平台已经积累的用户规模形成既定优势的前提下，可以利用用户需求的可引导性和动态性，针对目标人群的需求和消费心理进行挖掘和分析，引导用户预期，提供的服务体验确实能够更好地满足用户需求，积累一定数量的初始用户规模。

(5) 快速达到临界用户规模，形成正反馈效应

根据和用户基数 N 相关的结论 4、6 可知，两个房地产网络平台竞争中，有用户基础的平台占优，且市场规模差异与用户基础规模差异呈正相关。用户基数对于房地产网络平台是开启网络效用吸引更多用户接入形成正反馈的基础。对于房地产网络平台，可采取"免费"+"增值服务""捆绑"策略等竞争策略，有效获得用户基础。

① "免费"+"增值服务"策略。以免费快速吸引积累用户，以增值服务获取平台收益。免费服务是很多网络平台进入市场时采取的策略，在房地产中则尤为明显。对于大多数来讲，房屋交易作为最大的一笔开支或投资决策，买卖房屋或租赁意愿的形成需要花费很长时间，在前期了解房地产市场的过程中，若平台能够提供有用的免费服务，如 Zillow 的免费房屋估值服务，则可提早获得极其庞大的终端用户基础。房地产装修平台土巴兔为了吸引消费者进入平台，提供了免费量房和免费设计服务，增强了用户黏性，而后期向黏性强或是需求高的用户提供"定制设计"的有偿服务。

② "捆绑"策略。"捆绑"策略可分为互补品的捆绑和替代品的捆绑。房地产网络平台可以通过捆绑与主产品互补或不相关产品渗透到其他市场领域，实现产业空间扩张。如 58 同城、赶集网本身是分类信息网，活跃于二手交易市场和招聘市场。其通过捆绑互补品和不相关产品成功渗透到租房、商业地产等领域，并占据了相当的市场份额，实现全方位的产业空间扩张。第二类是替代品的捆绑，实现空间扩张。房地产网络平台在产品

更新换代中常常会通过捆绑不同时间、版本的替代品,而在新产品的市场继续保持主导地位。例如,安居客等各类房地产网络平台会推出捆绑新增功能或改善性能的新版本 App,供用户免费更新,得以继续维持有"新鲜"消费需求的用户,而让消费者能够持续使用安居客 App,增加产品黏性并保持用户忠实度,实现产品在时间上的扩张。

第 5 章
房地产网络平台竞争案例分析
——以房天下和安居客为例

5.1 案例选择与背景

5.1.1 案例选择

国内房地产网络平台的发展经历了四个阶段。1999—2011年萌芽期,以房产媒体居多,盈利模式较为单一,主要通过展示各类房源信息来吸引用户,通过广告实现盈利。典型代表为1999年成立的新浪、房天下、焦点房地产网,三者的广告例费一度占据房地产网站95%以上。2011—2014年,安居客、口袋乐居等手机App上线,乐居拍卖、搜房卡、房金所、天下贷等房产金融陆续推出。房地产网络平台专注于更多细分市场,业务范围更广,提供产品类型更齐全。由于很多房地产网络平台仅仅是在简单地复制已有的平台模式,同质化的竞争加剧。2014—2018年,传统中介公司也陆续网络平台化;为房地产产业链上下游搭建营销服务平台的互联网公司出现。房地产的衍生细分产品不断地出现,资本市场积极关注。房地产网络平台竞争日渐激烈。2018年至今,用户习惯养成,带动房地产金融和生活服务的发展,形成生活服务全产业链的生态系统[252]。房地产网络平台的业务范围进一步拓宽,市场竞争进入白热化。

表 5-1 部分房地产网络平台融资情况

房地产网络平台名称	最新融资时间	融资额度	融资轮次
房多多	2015年7月	2.23亿美元	C
Airbnb	2017年3月	10亿美元	F
爱屋吉屋	2015年11月	1.5亿美元	E
小猪短租	2017年11月	1.2亿美元	E

第三方数据监测机构比达咨询数据中心最新监测数据如图5-1所示,2016年3月房产类应用在活跃用户数量上,房天下以480.5万人遥遥领先,是第二名安居客的5倍;2017年2月,安居客以575.4万人位列第一,超越第二名房天下(557.52万人)[229]。前三之后的房产类App活跃用户较少,第四的房多多仅34.5万活跃人数。从Talking Data的数据也可知,房天下和安居客从2017年1月以0.35%的活跃率升至0.45%(2017年

12月),于2015年后一直居于榜首[238](见图5-1)。

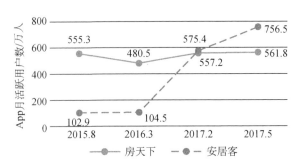

图 5-1　房天下与安居客 App 月活跃用户数/万人

本书案例将安居客与房天下的竞争作为研究对象,主要有以下几点原因:

(1)在房地产网络平台中,房天下(2014年前名为搜房网)和安居客在我国房地产网络平台中成绩出众,无论是从品牌知名度、用户活跃数,都是中国房地产网络平台的领军企业。

(2)房天下成立时间最早,经历了房地产网络平台的四个阶段,旗下拥有新房集团、二手房集团、家居集团、研究集团、租房集团以及搜房金融集团等六大集团,是全面的综合性房地产网络平台,其在不同阶段不同集团都采取了不同的发展战略,每次转型对房地产网络平台的竞争策略都带来了深刻的启示,从实践方面验证了本书的研究价值。

(3)安居客创立时间处于中国房地产网络平台发展期,经历了作为潜在进入者参与进入市场竞争的环节,又经历了作为在位者保持市场势力的过程,并完成了反超房天下的竞争策略胜利。首创了"找房"模式,并一直坚持模式创新,引领新房、二手房、租房、家居、房地产研究等领域的互联网创新,是作为案例选择的好素材。

(4)房天下和安居客都属于综合类房地产网络平台,相比短租类、经纪人类等细分行业的房地产网络平台更具有普遍代表性[229]。此外,二者开发者属性都是房产媒体,商业模式相对类似,基础资源相近,具有可比性。

5.1.2　房天下和安居客简介

(1)基本情况

房天下(搜房控股)成立于1999年6月,目前旗下已经拥有四大集团,如图5-2所示。从创始之初,房天下先后经历了八次扩张,截至目前业务覆盖全国642个城市,其间其主营业务也得到了不断发展,涵盖了新房、二手房、租房、别墅、写字楼、商铺、家具、装修装饰等行业。

安居客成立于2007年1月,比房天下晚8年。2015年3月被58同城战略收购。安居客经过多年发展全面覆盖新房、二手房、租房、写字楼商铺、海外地产五大业务,遍及全国500个城市。其业务线架构如图5-3所示。

第5章 房地产网络平台竞争案例分析——以房天下和安居客为例

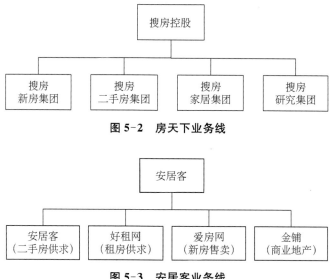

图 5-2 房天下业务线

图 5-3 安居客业务线

(2) 房天下和安居客业务范围对比

房天下和安居客都是综合类房地产网络平台,全面覆盖了二、三级房地产权益交易市场以及房地产后服务市场,两者业务范围全面且重叠部分较多。对比两者业务线,房天下和安居客盈利模式类似,主要盈利点在:电子商务业务、市场营销业务、房源业务、互联网金融业务、其他增值业务。房天下切入交易环节,电子商务业务是其相比"信息+服务"的安居客特有的盈利业务。

表 5-2 房天下与安居客主要业务对比

业务类型	房天下	安居客
市场营销业务	√	√
房源业务	√	√
互联网金融业务	√	√
其他增值业务	√	√
电子商务业务	√	

① 市场营销业务

房地产网络平台市场营销业务是利用 PC 端网络平台和移动端(App),提供与房地产产业相关的网络营销服务。房天下和安居客的市场营销业务均包括了新房、二手房、家居市场,服务对象有:房地产开发商、代理商;个人、房产经纪人、房产中介公司;设计、装修公司等。服务内容包括:信息发布、广告展示、营销方案、主题策划等服务。在基础类广告营销产品和服务的基础上,房天下和安居客也为房地产开发商提供线下活动的广告推广服务。

② 分类信息业务

分类信息业务也就是房源业务,在该类业务平台上,房天下向独立房产经纪人和房产中介公司收取端口费,合约期1~3个月不等,注册后即可使用"搜房帮"提供的各类基础服务及增值服务。"安居客""好租网"向网络经纪人也采取端口费形式,并创新采用过付费竞价模式。"爱房网"则向开发商或代理商收取费用,以咨询电话数量为收费标准,让开发商和代理商更加直观地了解投入的费用以及回报率。

③ 互联网金融业务

互联网金融业务是指搜房围绕买房、卖房、装修、租房等环节的短期金融贷款需求,为新房、二手房购房者推出新房首付贷款,以及与银行合作提供的按揭代办服务,平台收取利息盈利。

④ 其他增值业务

房天下和安居客向经纪个人和经纪公司推出了不同等级的会员服务,以会员费盈利。此外,房天下提供独有的行业研究服务,房天下旗下的中国指数研究院为政府、房地产开发商等提供数据分析、行业报告等有偿服务。

⑤ 电子商务业务

电子商务业务是房天下依靠自身全国最大房产平台优势,切入交易环节,拓展的一项新业务。利用自己的大数据资源,组建自己的网络营销团队,把线上客户资源更直接有效的方式转变成线下购买客户,在精准地了解客户需求的基础上,为客户匹配推荐最合适的房源,利用自身的强大流量导入优势,为广大买方和卖方搭建二手房交易平台。

同样是新房市场、二手房市场和家装市场,但是房天下对于不同的业务其运营模式是不同的,本书将搜房的三大业务模式进行对比,见图5-4。

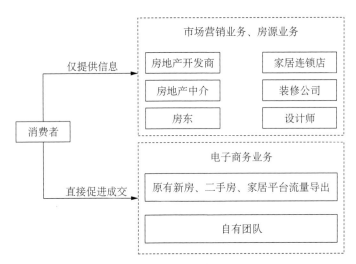

图5-4 搜房三大业务模式对比

(3) 房天下与安居客营收结构对比

2010年搜房控股的年营业收入为2.24亿美元,如图5-5所示,其中市场营销业务、房源业务以及其他增值业务收入占比分别为74.71%、17.98%和7.31%。2011年搜房建立搜房会员服务,逐步开始构建多元化业务。2014年开始进一步加大业务转型力度,将搜房从纯粹的媒体平台转型为信息平台、交易平台、金融平台三大平台,打通地产网络生态圈。2014年7月,房天下先后入股合富辉煌和世联行,新业务电子商务占比则大幅提升至第一位。2016年下半年开始,电子商务业务占比开始下降,房源业务和市场营销业务占比反超。目前,房源业务和市场营销业务是房天下最主要的利润模块。

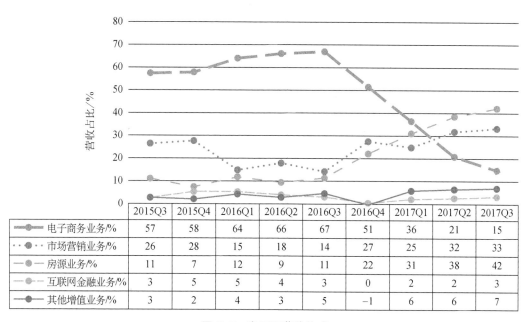

图 5-5　房天下营收构成

安居客并未上市无公开财务数据,2015年被58同城收购后与其并表计算营收,因此营收构成数据有限。有媒体数据显示安居客2007年收入为50万元人民币,2008年超过1 000万元,2009年营收接近1亿元,其主要营收来源于市场营销业务收入和房源业务收入,与房天下的主要营收模块相同。

5.2　房天下和安居客的网络平台和双边市场特征

5.2.1　网络平台特征分析

(1) 由专业的平台运营商运营,并作为第三方存在

房天下是中国最早的房地产网络服务的专业平台运营商。安居客是专注于房地产租售信息服务的平台运营商。两者均作为第三方,联结了各类用户群体并提供房地产交易的相关服务,如图5-6所示。各类用户群体可以方便快速地上传及查询信息并在更大范围内接触到交易的潜在对象。

(2) 依托互联网构建平台架构

房天下依托云计算、大数据、VR三大前沿技术搭建平台架构。1998年2月,莫天全在美国硅谷主持研究完成并运行中国第一个反映国内房地产微观市场的互联网技术工具——"城市典型住宅指数系统"。1999年莫天全得到国际数据集团投资支持,依托互联

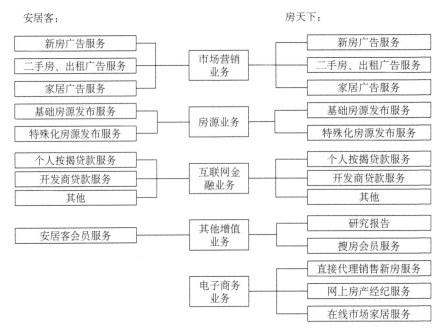

图 5-6 房天下和安居客服务

网技术和庞大数据库,搜房控股正式成立。近几年,房天下技术研发项目重点打造云计算、大数据、VR 三大前沿技术,提升公司服务水平和核心竞争力。2018 年 3 月房天下发布其新战略产品——"三朵云":开发云、经纪云、家居云系统。以用户为核心,聚焦大数据、人工智能技术,集成客户数据、营销管理、行业生态数据共享等功能,为客户打造一站式智能营销云平台。

安居客也依托互联网技术形成虚拟的线上空间,其 App 的覆盖率是所有房产移动端最高的应用,构建了良好的平台架构。云计算和大数据技术可以基于公司金融数据库、房源数据库、海外数据资料库,将公司数据资源转化为商业价值,增强金融业务和广告营销业务的核心竞争力。例如,App 的"定制房价功能"直接体现了"大数据"基因,LBS 与搜索功能体现了互联网技术优势。

(3) 是一种第三方平台化运营模式

房天下通过房天下网站,搜房帮、租房帮、装修帮 App,房天下微信公众号以及各类搜索引擎等将流量导入并和房地产开发商万科、保利等,房地产中介我爱我家、世联等,家居品牌宜家、国美电器等合作,将各类用户聚集到平台上并在交易过程中,为他们提供各类服务进而撮合交易。

安居客通过 PC 端及以安居客、好租网、爱房网等为依托,连接中介和消费者,促成信息匹配和交易。房天下和安居客在里面都扮演的是第三方的角色,不参与交易的任一边。这种运营模式是典型的平台化运营模式,以房天下为例其模式如图 5-7 所示。

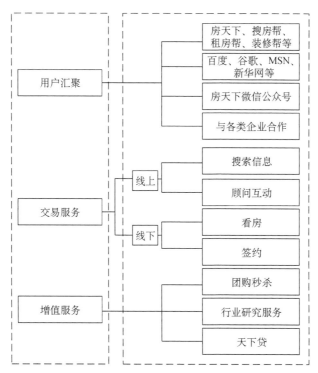

图 5-7 房天下的平台化运营模式

5.2.2 双边市场特征分析

(1) 需求互补性

房天下和安居客之所以能够连接多边形成平台是因为连接的多边存在需求互补。从细分市场角度,安居客更多专注于二手房买卖市场,在新房、租房市场也有涉及;房天下相对来说更加全面,除了是各细分市场的信息媒体平台外,还是交易平台。虽然二者撮合的范围有差异,但撮合的两边都具有需求互补的本质:房地产开发商和中介希望能尽快将房源售出,找到意向客户;购房者希望能即时全面地了解意向区域的楼盘信息,买到满意的房产;装修公司和设计师希望能够获得更多的装修订单;业主希望能快速方便地找到满意的设计师并购买到性价比较高的装修材料。两个平台都围绕各类用户需求,提供全方位服务和产品,将用户吸引到平台上,快速匹配各类用户需求并促成交易。下面以房天下为例解释两边用户的需求匹配流程,见图 5-8。

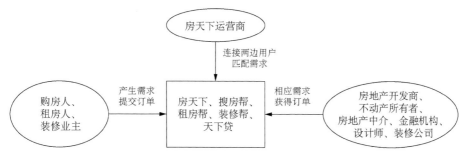

图 5-8 房天下两边用户的需求匹配流程

（2）交叉网络外部性

安居客的起步就是依靠房地产网络平台的交叉网络外部性。安居客立足于"提供最佳的找房体验"，起初着力于与房地产经纪人建立联系，将他们销售房源翔实的信息记录在网络平台上并推广给广大用户。在房源信息量足够大时，吸引到大量购房者登陆网站在真实海量房源中进行智能找房。这是典型的由于交叉网络外部性先培育市场一边带动两边市场用户规模增加的体现。

相反的，由于交叉网络外部性的存在，如果一边用户规模下降，另一边的网络效用也会受到明显影响。根据图5-9显示，房天下从2010年上市至2013年以来，其利润也在不断增加，2013年相比2012年利润额增长了97%。值得注意的是，房天下2014年的利润呈现负增长，2015年甚至亏损了1520万元。其主要原因是房天下转型交易中介后，导致主业与原房源挂牌业务客户（房地产中介）形成竞争关系，主要客户流失，用户规模急速下降。例如，链家2013年、2014年均为公司第一大客户，但自2014年起停止与房天下合作；此外，我爱我家和麦田房产2013年、2014年都是房天下前五大客户，但2015年都已退出房天下平台。房地产中介的退出导致房源规模的下降，消费者从另一边用户中获得的网络价值也大大减少，进而导致了房天下利润的急剧下降。由此可见，房天下具有交叉网络外部性特征。

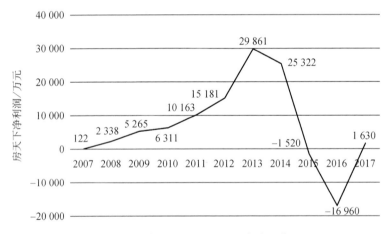

图 5-9　房天下 2007—2017 年净利润

（3）价格结构非中性

安居客和房天下都涉及新房、二手房、租赁等多个细分市场的业务，针对不同的业务，会采取不同的价格结构，其价格结构呈现非中性特征。在新房和二手房行业是卖方市场，房源非常重要。所以，从买卖双方市场势力来说，消费者处于相对弱势地位。因此，相比于卖方，买方是获得强交叉网络外部性的一方。作为网络平台，搜房应当向消费者收取电商费或者佣金。在家装市场中，平台为消费者提供免费服务，其利润来源主要来自装修公司和家居建材提供商。

总结来看，房天下是由专业的平台运营商——搜房控股以互联网为基础，以网络技术

第5章 房地产网络平台竞争案例分析——以房天下和安居客为例

为依托构建一个平台架构(信息媒体平台、交易平台和金融平台),为房地产网络用户提供房地产交易的相关服务并促成交易的房地产网络平台。房天下的房地产网络平台特征如图 5-10 所示。

安居客是由专业的平台运营商——安居客集团(现为 58 同城),以互联网为基础,以网络技术为依托构建一个平台架构(信息媒体服务平台),为房地产网络用户提供房地产交易的相关服务并促成交易的房地产网络平台。安居客的房地产网络平台特征如图 5-11 所示。

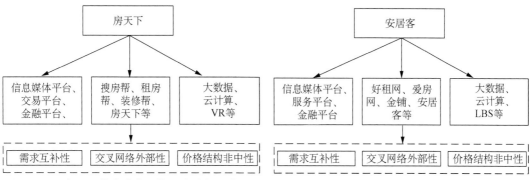

图 5-10 房天下的房地产网络平台特征示意图　　图 5-11 安居客的房地产网络平台特征示意图

5.3 房天下和安居客的竞争

虽然在现实应用中难以获取房地产网络平台竞争模型的具体数值,本书对竞争策略无法进行定量分析,但是主要相关变量之间的关系还是显而易见。本书将通过对现实商业环境的研究,对房天下和安居客在进入市场期和发展期的双边市场结构进行分析界定,在此基础上运用模型结论和策略建议对房天下和安居客采用的竞争策略进行分析解读。

5.3.1 安居客进入市场期平台竞争

(1)进入市场期双边市场结构类型分析

2007 年安居客网站正式上线运营,此时房天下已成立八年,净营收一直以近三位数的水平增长,每月在线用户超过了 4 000 万。此时安居客与房天下的竞争属于:在位房地产网络平台 1 具备一定用户基数优势和一定用户偏好优势的竞争情景。

当时的房天下是典型的房地产门户网站,所有对房产感兴趣的人都可能进入门户网站,尤其是业主或从业者,实质上是一种资讯模式——通过提供丰富的资讯促进网站流量,最终拉动网页广告销售,其当时的产品服务重点在于房地产资讯内容。安居客聚焦二手房找房业务进入市场。安居客与房天下不同,不在乎海量的浏览,关注的用户就是那些需要找房和买房的人以及需要卖房的人,其当时的产品服务重点在于房源信息。由第 4 章结论 1 可知,平台差异大于用户的网络外部性强度时,用户都会单平台接入。

事实上,在安居客进入市场时,房天下吸引的是有广告需求的开发商、有资讯浏览需求的内容消费者;安居客吸引的是有卖房需求的经纪人和有二手房买房需求的购房者。

两个平台彼时吸引的是房地产市场内不同的两部分用户,视为两边均单平台接入的双边市场结构。

(2) 潜在进入平台安居客竞争策略分析

安居客进入市场时已存在每月 4 000 万的用户基数,在房地产门户网站占据业界巨头的位置,积累了用户偏好。对应策略建议(1)和(2),安居客应在进入市场时增大平台差异,慎选细分市场,避免激烈竞争。通常可采用市场补缺策略,如可选择具有较大市场空缺的细分市场进入。

事实上,安居客的创始人梁伟平立足于精准细分和差异化的商业模式,最终成功进入市场。①实行差异化经营。安居客避开了和房天下已经具备强大用户优势的硬碰硬的做门户网站比拼,提出了二手房搜索引擎的概念,着力于在细分市场二手房买卖的基础上做一个专业找房平台。除了初步进入市场,安居客的差异化战略在早期发展时也持续实施:在推出新房品牌爱房网时,不走房天下"业界资讯＋论坛打盘"的运营模式,创新了从用户角度看房的"楼盘导购资讯"模式,提高了买房者的可看性,在买房者当中收到了积极的效果,积累了用户基础。②实行差异化营销。当时房天下等多数房地产网络平台的营销广告围绕着品牌、产品、服务进行自我宣传,营销成效一般。安居客在进入市场早期时抓住"《婚姻法》出台"热点,以"房产证上要写我的名字"为亮点的广告在千篇一律的广告词中夺得眼球。安居客并于同期推出了名为"安居客房产证"微博游戏应用,吸引上万网友参与,快速打开知名度成功营销。差异化营销的策略也促进了安居客作为新晋房地产网络平台快速进入市场。

事实证明,这一差异化经营策略使得安居客迅速在房地产网络平台的空缺市场快速积累用户基础,在房地产网络平台竞争中站稳脚跟。安居客 2008 年营收超过 1 000 万元,2009 年营收接近 1 亿元。在两年内完成 3 轮投资,并保持良好势头在 2011 年获得百度领投的 5 000 万美元融资。

(3) 在位平台房天下竞争策略分析

对于有用户偏好和用户基数优势的在位房地产网络平台而言,由第 4 章结论 3 可知:在位房地产网络平台 1 价格越低,潜在进入的房地产网络平台 2 价格越高,产品差异化程度越小,用户网络外部性强度越大,用户偏好优势越强,那么在位房地产网络平台 1 市场规模优势越大,越容易阻止房地产网络平台 2 进入。因此,房天下应当采取措施降低价格、缩小差异化、增大用户网络外部性、强化用户偏好优势。

① 降低价格:房天下和安居客在需求方市场都不向浏览资讯、查找房源信息的用户收取费用;在供应方市场两平台用户不重叠几乎不存在竞争。因此房天下无法在降低价格角度有效阻止安居客的进入。

② 缩小差异化:安居客进入市场时推出在线智能找房系统,房源信息真实量大,可依托互联网及时实现智能搜索。房天下应该利用本身流量优势,紧步跟随安居客的模式,减弱安居客的差异化策略的效果。

事实上,房天下在安居客刚刚进入市场时不太重视二手房市场也未重视安居客的差异化战略。房天下的房源信息非常简单,只是笼统地介绍中介公司提供的楼盘情况。懒散的合作模式使得中介公司也无法产生真正的动力。房天下并没有采取尽快跟进安居客"二手房找房"的差异概念,失去了弱化安居客差异化策略效果的机会,导致安居客成功进入市场。在安居客推出新房差异化策略时,房天下迅速跟进模仿安居客的内容产品,凭借更多的人力资源堆砌降低了平台差异化,压制了安居客的模式创新优势。

③ 增大用户网络外部性和强化用户偏好优势:这是在位房地产平台保持优势的根本,房天下应该持续解决用户痛点,提升服务质量和用户体验,提高用户对房天下的依赖度和忠诚度。

事实上,房天下有效利用用户网络外部性,在安居客进入新房市场时进行了有效的阻击。2009年中国房地产市场仍然是卖方市场,供小于求。此时卖方的资源就特别稀缺,买方的网络外部性强度较大。虽然安居客推出了"爱房网"解决了大量找房者的痛点,但房天下把握了网络外部性强的资源,以"服务好开发商的策略",依靠着强悍的开发商关系,把握卖方资源,依靠网络平台的交叉网络外部性,获取了更多的流量。

(4) 房天下和安居客共同策略分析

在安居客顺利进入市场站稳脚跟后,安居客与房天下存在差距但不再是强大在位房地产网络平台和潜在进入房地产网络平台的关系。2008年在上海市,安居客以差异化策略迅速在全国二手房市场分得市场份额,以上海市为例,房天下被压制到只有不到20%的市场份额。安居客成了房天下不可小觑的竞争对手。依据结论2两个势均力敌的房地产网络平台竞争,且用户单平台接入的情形下,两个平台向供应方还是需求方收取相同的注册费,分别为:$t_A - \lambda_B$;$t_B - \lambda_A$。平台差异化程度越大,平台的均衡价格就越高,并且平台倾向于向交叉网络外部性强的一边用户收取较高的注册费。因此,房天下和安居客都应当实施策略建议③:根据网络外部性强度实施倾斜性定价(见表5-3、表5-4)。

表5-3 房天下各类业务价格结构

	A 边(需求方)	B 边(供给方)
市场营销业务	对消费者免费	向开发商、中介、家居公司收取广告费
房源业务	对消费者免费	向中介、经纪人收取端口费
电子商务业务	在新房业务和二手房业务中对买方收取佣金,在家装服务对买方免费	在新房业务和二手房业务中对卖方免费,在家装服务对家居供应商收取佣金

表5-4 安居客各类业务价格结构

	A 边(需求方)	B 边(供给方)
市场营销业务	对消费者免费	向开发商、中介、家居公司收取广告费
房源业务	对消费者免费	向中介、经纪人收取端口费

在市场营销业务和房源业务中,从本质上讲,房天下和安居客是房地产开发商或中介公司的网络广告平台,是房地产信息网络平台。平台上广告信息量大,消费者在使用平台时,很难直接判断选择哪个楼盘,因此消费者从平台中获得的效用低。这类平台的特征是平台一般对消费者采取免费策略,通过广告商费用的支撑,为消费者提供优质的房地产信

息服务。而在电子商务业务中,房天下作为交易中介,直接撮合需求方和供给方的交易。新房和二手房市场是典型的卖方市场,房屋作为资源稀缺性商品,供不应求,因此买方从平台中获得的效用更大,平台应向需求方收取费用。

5.3.2 房天下与安居客发展期竞争

(1) 发展期双边市场结构类型分析

房天下和安居客均涵盖了新房、二手房、租房、商业地产等行业,联结了各市场的需求方和供应方,包括购房者、租房者等;房地产开发商、代理商、出租个人、房产经纪人、房产中介公司等。目标用户大量重叠。

从需求方看,多数用户倾向于多平台接入。这一现象主要是因为:

① 房天下和安居客存在产品差异性,包括产品本身的差异及平台提供的服务质量的不完全替代性。例如,房天下和安居客都引入了房源评论功能,房天下以评星的方式呈现,直观明了;安居客则以文字点评方式呈现,另设有"值不值得买"栏目,以平台身份对楼盘的位置、户型、配套等详细解析,比用户评价更显专业性。在营销推广服务中,两者都设立有线上连接案场的看房团服务但形式存在差异。房天下的服务方式是会员自发前往某处,集中看多个楼盘;安居客将功能细分为大巴看房、专车看房,用户可由大巴车统一接送至案场,也可单人直接看房。两平台产品和服务的差异性以及用户偏好的存在使得房天下和安居客都有一定的安装基础,而对于网络外部性支付意愿高的用户,由于两个平台用户不完全重叠,为了接触更多的对边用户将进行多平台接入[60]。

② 房天下和安居客的不兼容性(互联互通)。当具有网络外部性的竞争产品之间完全兼容时,多平台接入不会出现。但房天下和安居客两个平台运营商不存在合作互通关系,两运营商的设施仅与它的客户设备连接。

③ 用户多平台接入经济成本。安居客和房天下均对于需求方用户免费,购买者、租房者、装修需求者均可免费接入平台查阅信息、发生交易。需求方用户低廉的多平台接入成本促使了需求方用户多平台接入以获得更大效用。

④ 需求方用户网络外部性强度。对于需求方用户来说,房地产交易涉及房地产知识、法律知识,交易过程复杂;加之交易产品本身具有单价较高的特点,使得用户对于房地产网络平台另一个用户群数量和质量非常看重,想要尽可能了解全面的知识信息,应接触更多供应方用户进行甄选。因此,多平台接入的用户在整体用户群中的比例较高[172]。

从供应方看,用户倾向于单平台接入。由于房天下和安居客向房地产开发商、经纪公司、装修公司等按时间长短收取会员费。供应方用户多平台接入的经济成本比需求方高,多接入一个房地产网络平台相应增加一笔会员费,则供应方用户中对网络效应需求大的用户会选择多平台接入,而对接入多个平台获取的效用小于会员费成本的供应方用户则会选择单平台接入。此外,2014年7月,房天下先后入股合富辉煌(14.8%)、世联行(10%)和21世纪不动产(20%),入股的行为促成了合作关系,经纪公司通常会在房天下和安居客择其一接入。

综上所述,房天下与安居客的竞争市场结构可总结为:需求方多平台接入,供应方单平台接入的一边多平台接入一边单平台接入双边市场结构。

(2) 房天下和安居客共同竞争策略分析

① 持续实施差异化战略

由结论5可知,当房地产市场内,在势均力敌的平台之间竞争,并且一边用户存在多平台接入情况时,平台对多平台接入的一边(买方)免费;对单平台接入的一边(卖方)定价:$(t_A t_B - \lambda_A \lambda_B)/2t_A$。该结论和目前房天下和安居客的实际竞争情况是相符的。两个平台对于需求方用户都是免费的,而向单平台接入的供应方市场收取端口费、佣金等费用。关于需求方用户是由于免费而采取多平台接入的行为,还是因为需求方的多平台接入行为才导致了房天下和安居客均对其采取免费策略,属于平台"蛋鸡悖论"的范围,在本书中不做进一步分析。

由结论9和结论10可知,两势均力敌的房地产网络平台竞争,且一边用户存在多平台接入的情形下,增大两个竞争房地产网络平台的差异性,都会提高平台的定价和收益;增大两个竞争房地产网络平台的网络外部性,都会降低平台的定价和收益。因此,房天下和安居客在发展期阶段都应增大平台的差异性、降低平台的网络外部性,从而提高平台的定价与收益。

因此房天下和安居客都应当持续保持和增强平台的差异性,在宏观方面寻找新的商业模式和盈利点,在微观方面提高产品服务质量,以寻求纵向差异(策略建议④)。

在这方面,房天下和安居客都有尝试。房天下改变商业模式以寻求差异化。随着房产中介平台的崛起,依赖中介盈利的商业模式难以为继,且房天下连年上涨的端口费用导致中介群体的不满,双方形成了较大的冲突。2014年,房天下开始逐步转型,采取去媒体化思路,果断砍掉了新闻版块,同时切入新房二手房交易、装修、金融贷款等业务,从信息平台转向交易平台。其商业模式的创新之处在于:a. 完善线上业务布局,用数据为产品提供支持。房天下从过去的媒体平台延伸至媒体信息平台、交易平台和金融平台。除此之外,房天下通过对房产领域买家行为、卖家信息及实体楼盘等数据的挖掘和分析,为买卖双方提供了精准的匹配,为房天下对信息和产品的推介提供了数据支持,提高了买卖双方达成交易的效率。b. 延伸产业链,打通线上线下资源。为扩展线下产业链,实现其O2O的战略布局,房天下于2014年7月与市场排名第一和第三的新房代理销售公司世联行、合富辉煌签署协议,战略入股,获取其线下客户资源,并首创"直客式"服务,以低佣金模式抢占实体交易份额。

安居客于2014年3月改变了二手房产品MLS模式(按照发布端口收费,经纪人付费购买可以发布固定房源信息,按照刷新时间进行排序)。安居客又模仿百度推出了付费竞价排名,竞价越高的经纪人,就直接获得更高的排名展示。此外,安居客多次发布新产品实现产品功能性差异。例如,发布"看房功能"等产品,通过衍生线下看房,完善找房环节,实现"无纸化绿色找房",也在业内独家率先完成O2O2O(Offline to Online to Offline)闭环模式。

② 实施捆绑策略等快速达到临界用户规模

在安居客和房天下相互竞争的同时也遭到了平台一边的客户(中介公司)的集体封

杀。对于交叉网络外部性强的双边平台,一边用户数量的大量下降无疑极大地影响到平台另一边的用户规模,进而影响收益能力。需求方用户多平台接入行为更加剧房天下和安居客之间的竞争,在房天下和安居客竞争白热化时,根据本书建议,应采用"捆绑策略":利用外部力量增加用户规模是各房地产网络平台的优先选择。

房天下在增大用户方面陆续入股世联行、合富辉煌、21世纪不动产、同策。入股这些公司使得在一定程度上保证了入股的大型经纪公司不会接入安居客,对安居客需求边市场的用户基础增强设置阻力。

安居客在早期发生了策略性失败。2009年安居客推出了好租网,但推出不顺。一个良性的循环得益于两边都很大的用户基础。而好租网专注于高端租赁市场,高收入者本身就是一个极为狭窄的人群,高收入者的租赁需求则更是冰山一角。市场的蛋糕本身就不大,一边的用户基础总量小的前提下,又只有部分用户选择通过网络作为高端租赁渠道。对于经纪人一边来说需求方市场用户容量小,用户基数的缺乏,导致不具有很强的交叉网络外部性,无法形成良性循环。2015年3月,安居客并入58同城。58同城以及与其相关的赶集网、58金融及58同城投资公司土巴兔,还有背后腾讯系的陌陌、手机QQ等合作资源的自然流量捆绑进入安居客,使得用户规模急剧增加。越多用户的加入,网络价值或者消费者效用越来越大,从而形成良性循环。安居客通过聚合58同城、赶集网、安居客三大平台的流量融合一起发力,充分利用58同城带来的优势资源和楼市回暖的契机,迅速推进自身产品创新和资源整合,扩大品牌知名度和覆盖率。安居客全网访问量实现连续18个月增长,累计上涨幅度已超过500%。

下 篇

房地产网络平台相关市场界定方法

第 6 章
房地产网络平台的定义及市场分类

6.1 房地产网络平台的定义及市场范围

6.1.1 房地产网络平台的定义

关于房地产网络平台概念的内涵有必要先从两个基础概念开始,其一是房地产的概念,其二是网络平台的概念。

由于房地产涵盖内容庞杂,学者们将其分为狭义和广义两种定义[253]。本书依据主流观点,将房地产网络平台中房地产概念界定为狭义房地产,即指地产和房产的合称,地产指土地(含水面、海域)及其上下一定空间,包括地下各种基础设施等;房产则指建于土地上的各种建筑物或构筑物,包括住宅、厂房、商业、体育以及办公用房等[212]。此外,按照国家统计局最新标准,房地产市场范围包括房地产开发经营、房地产中介服务、房地产租赁经营、物业管理四个部分[254]。

平台经济学中的平台,指的是一种交易的空间或场所[110]。平台既可以是实体空间如证券交易所、拍卖会场,也可以是虚拟空间如淘宝网、链家网。平台本身可能并不提供客户所需的产品,只是通过各种手段(如价格结构的合理设置),将明显异质但又相互依赖和互补需求的双边用户群吸引到平台上来,以此引导或促成双边用户群之间的信息交互或交易,降低双边用户的交易成本并获取平台自身的利润。

而网络平台则是双边平台与互联网络技术相结合的产物,指以网络技术为基础构建的可为双边用户提供各类服务(如认证、支付等)的虚拟空间[209,255],引导或促进双边用户间信息交互或交易,从而降低双边用户交易成本并获取自身利润的新型组织,具体形式可参见图 2-2。虽然大多数时候我们用双边市场、双边平台、双边用户,但需要注意这并不代表平台的参与方只有两方,以链家网二手房交易服务为例,通常会涉及四方:卖方、买方、房产经纪人、银行或其他金融机构。

结合上述房地产和网络平台的定义,考虑到网络平台是为双边用户提供信息和交易服务的特征,将房地产网络平台定义为:以网络技术为基础构建的可为房地产业相关用户提供一系列服务(如信息匹配、资格认证、资金支付等)的虚拟空间。房地产网络平台的本质是通过为房地产业中需求具有依赖性和互补性的用户群提供上述一系列服务,引导或促进双边用户间信息交互或交易,从而降低双边用户交易成本并获取自身利润的新型房地产企业。

6.1.2　房地产网络平台的市场范围

本书以国标行业分类标准中房地产业活动范围为基础,以房产为中心产品,向前追溯其生产过程涉及的房地产产品市场(如市场研究、产品定位、金融、土地开发、建筑施工等),向后跟进其消费和流通中涉及的房地产产品市场(如市场营销、房地产买卖、租赁、中介服务、物业管理等)[256],从产业链的角度全面展示房地产网络平台可能涉及的业务活动。

为便于房地产网络平台市场范围的分析,本书按照产业链先后顺序,将其能涉及的所有市场分为以下五类,即与房地产相关的土地权益交易市场、房地产开发市场、房地产权益交易市场、装修市场及物业管理市场。

(1) 土地权益交易市场

我国的地产市场自然形成了两级市场,即土地一级市场和土地二级市场。土地一级市场包括国家作为土地所有者将土地使用权让渡给土地使用者的一系列活动,如土地划拨、出让(协议、招标、拍卖和挂牌)、租赁、出资入股等[218]。由于国家是土地所有权的垄断者,通过自建的政府网站与土地交易场所,国家就能直接将土地使用权出让给开发商,而并不需要第三方的参与,因此房地产网络平台形成的条件不够完善。当然,确实存在一些第三方如房天下、土地资源网、土易网等,为用户提供一级市场的土地资讯、信息发布等服务,但其主要还是为二级市场服务。土地二级市场包括土地使用者间国有土地使用权让渡的一系列活动,如转让、抵押、出租(租赁)等[218]。涉及此市场的房地产网络平台主要为二级土地转让活动提供信息发布、土地资讯、土地交易数据统计、土地价格评估、权证办理、融资等服务。

(2) 房地产开发市场

像制造业产品一样,房地产除了需要土地作为开发基础外,还需要凭借各种原材料,通过各种技术、经济活动来建造成型,如融资、设计、材料设备采购、施工、项目管理等。不论是从法律要求的角度,还是从市场机制的角度,房地产开发商都会也应当通过招标的方式,匹配到最合适的企业来完成上述诸多活动。虽然待匹配的两边企业可以直接在市场中搜寻并完成交易,但是其匹配的效率和交易成本可能并不如人意,在这样的情况下就需要房地产网络平台这样的第三方,内化待匹配两边企业聚集产生的外部性,降低匹配活动的交易成本。

目前,市场上也确实存在一些房地产网络平台,如中国招标与采购网、千里马招标网、中国建设工程招标网等。由于我国招标投标法的实施,此类房地产网络平台多围绕招标事宜,提供招标信息发布、招标信息提醒、投标推荐、竞争对手监控等服务,当然还有与此相关的广告推广、微信公众号推广等服务。

除此之外,同土地市场情况一样,房产开发市场上同样也需要大量的资金支持,应运而生了一些为房地产开发企业提供资金来源,同时为资金拥有者提供可靠投资项目的房地产网络平台。这些房地产网络平台中,有如中国地产金融网、投融界等专为房地产业融资服务的平台,也有如真会投、360投融等涉及房地产业融资服务的平台。

(3)房地产权益交易市场

房地产开发完成后,有部分房地产会继续进入之后的消费和流通环节,如大部分住宅、部分办公商用写字楼、部分商铺、体育场馆等。房地产权益交易市场包含了新房产所有权或使用权的出售和存量房产所有权或使用权的转让,以及与之相关的配套服务如金融贷款、权证办理、广告推广等活动。这类交易相关活动需由买卖双边共同配合完成,如同房地产开发市场一样,虽然买卖双方也能在市场直接搜寻并完成交易,但同样面临搜寻效率低、交易成本高的问题。因此,房地产网络平台作为第三方匹配并撮合交易的优势就体现出来了,尤其在匹配并撮合存量房地产权益交易活动上,如房屋租赁、体育场馆租赁等。涉及房地产权益交易市场的房地产网络平台数量颇多,如房天下、链家网、安居客、场地通、58同城等。

(4)装修市场

装修市场的活动情况同房地产开发市场很相似,同样是匹配设计、施工,有时还涉及金融贷款等活动。因此,同样拥有房地产网络平台存在的市场环境,且装修市场的部分用户与房地产权益交易市场的部分用户是高度重复的。因而,上述涉及房地产权益交易市场的房地产网络平台往往也涉及装修市场,如房天下、58同城等。当然,也有部分房地产网络平台专注于装修市场,如土巴兔、齐家网等。

(5)物业管理市场

物业管理,指物业服务企业按照合同约定,对房屋及配套的设施设备和相关场地进行维修、养护、管理,维护环境卫生和相关秩序的活动[263]。同样,物业管理市场中的各种社区服务也需要房地产网络平台作为第三方来匹配潜在用户,降低交易成本。目前市场上存在如58到家、好帮家家政网等从事物业管理相关服务的房地产网络平台。

综上所述,本书结合已有房地产网络平台的市场涉及情况,按照房地产业活动间的关系,用图的形式展示房地产网络平台的市场范围,具体情况如图6-1所示。

6.2 房地产网络平台定价模型分析

6.2.1 定价模型的适用性分析

房地产网络平台属于双边市场范畴,具有典型的双边市场特征,原因分为以下三点。

(1)房地产网络平台迎合两类或多类不同类型的用户

在土地权益交易市场、房地产开发市场、房地产权益交易市场、装修市场和物业管理市场中,房地产网络平台一般同时服务于传统单边市场中的买卖双方,如土地使用权受让人和土地使用权转让人、房地产开发企业和施工企业、新房购买者和房地产开发企业、装修需求者和装修公司、家政服务需求者和家政服务公司等。

除此之外,在上述五个市场中的房地产网络平台,几乎均向其用户提供相关广告服务,此类活动中的双边用户虽然并不存在于传统单边市场中,但因为广告投放用户依赖平台服务的另一边用户,房地产网络平台同样需迎合两类用户。同时,两边用户的需求也截然不同,广告投放用户是为获取注意力[27]提高知名度促进销售,而另一边用户是为了获

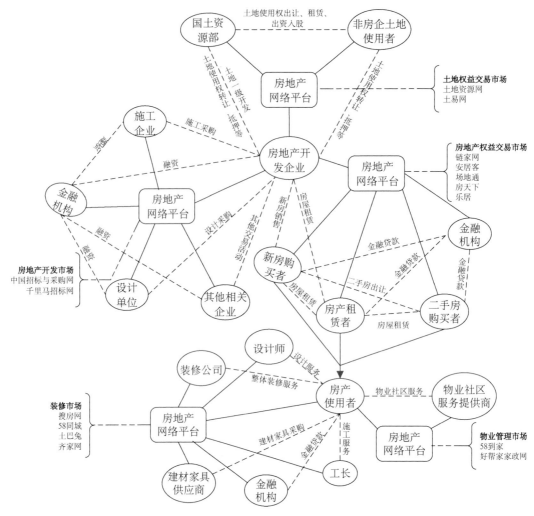

图 6-1 房地产网络平台市场范围示意图

得平台的各类服务,如房源信息搜寻、比对等。

综上所述,各类房地产网络平台均迎合了两类或多类不同类型的用户。

(2) 房地产网络平台一边用户数量会影响另一边用户效用和决策

根据以上描述,各类房地产网络平台迎合了两类或多类不同类型的用户,且一边用户数量会影响另一边用户效用和决策。以装修服务为例,如果装修需求者一方的数量急剧减少,那么相应地,装修公司会因潜在交易量的减少而离开该房地产网络平台;相反地,如果装修公司数量急剧减少,那么装修需求者也会因匹配不到合适的装修公司而离开该房地产网络平台。

(3) 房地产网络平台可内化用户产生的外部性

房地产网络平台能否内化用户产生的外部性需从两个层面分析,其一是房地产网络平台服务的双边用户是否产生了外部性;其二是房地产网络平台能否将其内化给用户。

在此以装修市场中的房地产网络平台为例说明此问题。首先,装修需求者接入平台能产生外部性,因为该用户接入平台的行为增加了装修公司匹配到合适交易对象的概率。而且,装修需求者无法将此外部性内化,即无法向装修公司收取相应的报酬。其次,房地产网络平台可以内化,简言之,该平台能够向装修公司收取相应的费用,并通过补贴的方式转移给装修需求者。例如,装修需求者可以免费使用平台提供的装修预算计算器、装修案例比对等工具或服务。

据此,房地产网络平台同样具备双边市场的一般特征,即双边用户的需求具有互补性和依赖性,且双边用户间具有交叉网络外部性影响。而上文提及的一般定价模型所分析的对象即为双边平台,且该模型中的用户效用、交叉网络外部性、用户数量、价格等参数均为具有现实意义的抽象化概念,并非针对某个具体行业而设定,因此该定价模型的基础设定及分析思路均适用于房地产网络平台。

但是,该定价模型中的关于用户效用的函数表达及平台利润的函数表达并非完全适用于房地产网络平台的情况,且 Rochet 和 Tirole 本人也在其研究中提到该定价模型关于交易量等的函数表达并非完全适用于不同类型、不同行业的双边平台[145]。因此,本书在原定价模型的基础上进行合理调整,以期更符合房地产网络平台的实际情况。

6.2.2 定价模型的构建

首先,虽然房地产网络平台作为综合性平台,同时为多对双边用户提供服务(如新房买方和卖方、装修需求者和装修公司、贷款人和金融企业等),但是在构建定价模型时,本书简化了平台服务的对象,假设房地产网络平台仅为一对双边用户服务。简言之,模型中将平台服务的两边表示为 A 边和 B 边,若 A 边用户表示房地产网络平台网页或 App 的浏览者和使用者,则 B 边用户相对应的则表示为广告投放者。

借鉴 Rochet 和 Tirole[145]双边平台一般定价模型,本书对房地产网络平台定价模型的其他假设与参数的设定如下:

(1) 房地产网络平台收费形式

按照 3.1 节划定的房地产网络平台的市场范围,在此对房地产网络平台的收费形式进行一一分析。首先是土地权益交易市场,由于土地所有权归国家所有,房地产网络平台作为第三方治理角色解决双边用户信任问题的作用[257]显得微乎其微,因此出现在土地市场中的房地产网络平台主要解决土地二级市场中的交易问题如各类土地使用权的转让,其收费形式可归为交易费。例如,接入平台浏览土地使用权流转供需等各类信息只需免费注册,而只在双边用户完成匹配并交易后以中介费或佣金的形式收费。

其次是房地产开发市场,由于我国招标投标法等法律对招投标过程如投标保证金等的控制,即招投标双方的交易介入了政府和资信高的银行,使招投标双方交易信任问题得到有效解决[258-259]。而平台仅服务于招投标过程中候选人匹配等最终交易前的活动,不涉及最终交易的活动,因此无法按照交易的情况来收取费用,只能按照一段固定时间收取固定费,一般以年为单位收取会员费,即注册费。

房地产权益交易市场中二手房产买卖、房产租赁(包括体育场馆、校园教室等的租赁)交易的费用均在交易完成后以中介费的形式收费。新房产买卖交易的费用并非单笔交易后立即支付,一般按照合同的约定一次性支付一段时间内的佣金,虽表现形式上与前几种情况有所区别,但究其本质,费用的大小仍受交易次数影响,即交易费。

装修市场和物业管理市场同房地产权益交易市场类似,房地产网络平台会以实际交易为前提对完成交易的双边用户进行收费,同样由于双边用户的一边可能以企业形式存在,所以也可按照合同约定一次性支付一段时间内的佣金,同样可归为交易费形式。各市场中的房地产网络平台除了提供上述服务外,其中部分平台还提供金融贷款和广告推广服务。金融贷款服务多为P2P模式,围绕该服务,平台虽以时间收取相应的利息,但本质仍以双边用户交易为前提,故归为交易费形式。而广告推广服务涉及的双边用户之间的交易并非平台所能观测,故平台一般按照月度、季度等收取广告费,同样属于注册费形式。

综上所述,虽然房地产网络平台与支付卡系统、媒体等平台一样也存在会员费、广告费、佣金等多种收费形式,但究其本质同样可将其划分为注册费和交易费两种[146],具体如表6-1所示。故在本书的定价模型中,将房地产网络平台对双边用户的收费划分为两部分,一部分为一次性的固定费用即注册费;另一部分为依据交易活动次数收取的费用即交易费。

表6-1 房地产网络平台收费形式汇总表

市场类型	房地产网络平台业务类型	收费类型
土地二级市场	土地使用权交易类	交易费
房地产开发市场	招投标类	注册费
房产权益交易市场	新房交易类	交易费
	二手房交易类	交易费
	房屋租赁类	交易费
装修市场	装修服务类	交易费
物业管理市场	物业服务类	交易费
房地产业相关金融市场	P2P金融服务类	交易费
房地产业相关广告市场	广告推广类	注册费

(2) 房地产网络平台用户规模、用户需求

房地产网络平台用户包括需求互补的两边用户,指通过购买或免费使用房地产网络平台产品或服务来满足消费或盈利目的的个人或厂商。具体而言,房地产网络平台用户既包括支付了交易费或注册费与房地产网络平台产生交易的个人或厂商,也包括通过与房地产网络平台互动获得免费产品或服务的个人或厂商。例如,向招投标类平台支付会员费获取招标信息、数据、推荐、秘书等产品或服务的施工单位;向二手房交易类平台支付中介费获取完整房源信息、权证办理、金融贷款等产品或服务的二手房购买者;免费从装修服务类平台获取设计案例、装修预算计算工具等产品或服务的装修需求者。之所以将免费使用房地产网络平台的个人或厂商纳入用户范畴,是因为这部分个人或厂商虽未给

平台带来直接的经济收益,但其免费使用影响了另一边用户接入平台的意愿,而这恰恰与用户规模会影响交叉网络外部性强弱相吻合[185],即通过增强交叉网络外部性间接地增加了平台经济收益。

房地产网络平台用户规模同样包括两边,其任意一边用户规模指一段时间内上述购买或免费使用房地产网络平台提供的产品或服务的个人或厂商数量,而非购买或免费使用行为的次数。之所以按照个人或厂商数量计量,是因为按照如此计量的用户规模能较准确地体现房地产网络平台的收益变化情况,与现实较符。例如,在一段时间内,虽然每一位装修需求者仅需装修一套房屋,但会花费数周甚至更长时间,多次使用二手房交易类平台产品或服务,对设计师、施工人员、装修价格进行咨询比对;若最终均成功交易,房地产网络平台的收益并非按装修需求者使用平台的次数计量,而是按照用户数量来计量。借鉴一般定价模型的做法,同样用 N^A、N^B 分别表示房地产网络平台 A、B 边用户规模。

房地产网络平台用户需求同样也包括两边,其任意一边用户需求表示在既定价格下某时段内将被购买或免费使用的房地产网络平台产品或服务的数量。需要指出的是,免费使用产品或服务的数量具体指用户数量而非使用行为发生的次数。借鉴一般定价模型的做法,同样用 D^A 和 D^B 分别表示房地产网络平台 A、B 边用户需求。

结合上述房地产网络平台用户规模的定义,不难发现,在一段时间内,房地产网络平台用户需求 D^A、D^B 与用户规模 N^A、N^B 对应相等,这与一般定价模型中为简化模型所做的假设相同[145]。以新房交易、装修服务类平台用户为例,新房、装修交易频次远低于其他类产品交易频次[10],故在一定时间范围内,可合理假设新房、装修仅交易了一次。从个人角度而言,新房购买者、装修需求者仅有一次购买新房或装修的需求;从企业角度而言,虽然房地产开发企业或装修企业产生了多次交易,但其一般按照合同一次性支付一段时间的总交易费,故也可视为一次需求。而以招投标类平台用户为例,虽然招标或投标企业在一定时间内,可能同时进行多次招投标活动,但由于投标类平台用户通常按年为单位向平台支付会员费,故对平台而言,仍为一次需求。

(3) 房地产网络平台交易量

从房地产网络平台利润的角度考量,将房地产网络平台交易量定义为,某特定时段内房地产网络平台双边用户间或用户与平台间,以货币及平台提供的产品或服务为媒介,并直接增加房地产网络平台利润的价值交换的次数。根据房地产网络平台收费形式的不同,模型中分别用两种计量方式对交易量予以计量。

当房地产网络平台收费形式为注册费时,房地产网络平台交易量同样包括两边,任意一边的交易量指某特定时段内房地产网络平台用户与平台间以货币及平台提供的产品或服务为媒介的价值交换的次数。例如,招标类平台的交易量,表示招标或投标企业向平台支付会员费的次数;广告服务类平台的交易量,表示房地产开发商向平台支付广告费的次数。需要指出的是,为了简化模型,假设经济模型圈定的时间段内,房地产网络平台用户仅与平台发生一次价值交换,如施工企业支付一次会员费或房地产开发商支付一次广告费等。

当房地产网络平台收费形式为交易费时,房地产网络平台交易量仅指由房地产网络平台提供的产品或服务引导的平台双边用户间以货币及产品或服务为媒介的价值交换的次数。例如,由装修服务类平台引导的装修需求者与室内设计师间以货币和室内设计服务为媒介的价值交换次数;由二手房交易类平台引导的购房者与二手房出让者间以货币和二手房权益为媒介的价值交换次数。

需要指出的是,由于房地产网络平台双边用户间的交易频次要远远低于一般模型中支付卡系统的交易频次[10],即使是频次最高的租赁活动也至少以季度为单位计次。因此,模型中此情形下的房地产网络平台交易量以双边用户数量之和为基数表示。假设经济模型圈定的时间段内平台的任意用户仅发生一次价值交换行为,该行为不仅指平台双边用户间的活动,也包括平台某一边用户与"平台下"消费者或组织间的活动。相应地,N^A+N^B所表示的理论上房地产网络平台的最大交易量,也包括了平台上一边用户与"平台下"消费者或组织完成的交易。同时,用$\varphi(x)$函数表示用户于平台上完成交易的比例,则$\varphi(N^A+N^B)$表示用户于某房地产网络平台上的交易量。

(4) 房地产网络平台双边用户效用

房地产网络平台双边用户效用表示两边用户从房地产网络平台提供的产品或服务中获得的喜爱程度或偏好水平,反映的是使用房地产网络平台过程中其住房、装修、招投标等一系列与房地产业相关的需求和欲望被满足的程度,按照效用来源的不同将其分为固有效用和网络外部性效用。

房地产网络平台固有效用指由房地产网络平台提供的产品或服务本身为两边用户带来的效用,当不考虑产品或服务差异化时,该效用值为固定值。例如,施工企业因招投标类平台提供的招标信息、数据、推荐等产品或服务获得投标资格并完成投标带来满足感,即产生的效用;装修需求者因装修服务类平台提供的室内设计师、施工人员甄选、装修监理等产品或服务解决装修人员配备及装修质量管控等问题带来满足感,即产生固有效用。

房地产网络平台网络外部性效用指由房地产网络平台两边用户集聚产生的网络外部性改变了用户成功匹配的概率而为两边用户带来的满足感。例如,装修需求者因装修服务类平台室内设计师集聚产生的交叉网络外部性影响增加了其获得完美、合心意的室内设计的可能性而带来满足感;房地产开发企业因新房购买者集聚产生的交叉网络外部性影响增加了其通过投放广告销售新房的可能性而带来满足感。

需要指出的是,本书从平台各属性角度考量用户效用,故未考量用户偏好对其效用的影响,且模型中的固有效用指相对效用而非绝对效用。例如,二手房交易类平台1和平台2都为用户提供二手房信息发布、交易撮合、合同拟定、产权过户等服务,在同质化程度高的情况下,用户选择平台1获得的固有效用可视为零。

而在模型中用b表示单位网络外部性效用,即用户成功匹配一次的效用,而成功匹配的概率则用平均匹配率表示,即某一时段内平台成功匹配次数除以用户数量。同房地产网络平台交易量参数设定类似,上述成功匹配次数也分为两种情况。不论房地产网络平台收费形式是注册费还是交易费,成功匹配次数均表示由房地产网络平台提供的产品或服务引导的平台双边用户间以货币及产品或服务为媒介的价值交换的次数。只是前一种情形下,双边用户一般避开房地产网络平台,于"平台下"进行价值交换,而后一种情形下,双边用户一般于"平台上"进行价值交换。故网络外部性效用可表示为:$b^A \varphi(N^A + N^B)/N^A$ 和 $b^B \varphi(N^A + N^B)/N^B$。不难看出,若 B 边用户数量增加,一方面会增加 A 边用户效用,另一方面会降低 B 边用户效用。与此同时,因 A 边用户效用增加而增加的 A 边用户数量又反过来增加了 B 边用户效用,这恰恰体现了房地产网络平台交叉网络外部性的影响,与实际情况相符。

根据上述对房地产网络平台收费形式的分析以及用户效用的分析,借鉴 Rochet 和 Tirole 一般定价模型中用户净效用的表达形式,用 U^A 和 U^B 分别表示平台 A、B 边用户的净效用,即从房地产网络平台用户获得的效用中扣除平台收取的各类费用,具体函数形式如下:

$$\begin{cases} U^A = (b^A - a^A) \dfrac{\varphi(N^A + N^B)}{N^A} + B^A - A^A \\ U^B = (b^B - a^B) \dfrac{\varphi(N^A + N^B)}{N^B} + B^B - A^B \end{cases} \quad (6\text{-}1)$$

式中:b^A、b^B 表示房地产网络平台两边用户的网络外部性效用;

B^A、B^B 表示房地产网络平台两边用户的固有效用;

a^A、a^B 表示房地产网络平台向两边用户收取的交易费;

A^A、A^B 表示房地产网络平台向两边用户收取的注册费;

N^A、N^B 表示房地产网络平台两边用户规模;

$\varphi(N^A + N^B)$ 表示房地产网络平台双边用户交易量。

(5) 房地产网络平台成本

与传统单边市场中的企业一样,房地产网络平台成本也可分为固定成本和可变成本两个部分。其中,房地产网络平台固定成本指某时段内不随房地产网络平台用户规模变化而变化的平台支出费用,主要为构建房地产网络平台实现正常营运所投入的费用,包括网站搭建、App 开发、算法研发、房产租赁、工作人员基本工资等。例如,二手房交易类平台网站搭建费用、房源搜索等算法研发费用、线下门店租赁费用等。虽然上述费用也会随着用户规模的不断扩大而增加,如算法更迭、门店扩张、工作人员增加等都会增加费用,但在一定时段内相对稳定,该类费用一般呈现随用户规模扩大而阶段性增加的情形。而房地产网络平台可变成本指某时段内随房地产网络平台用户规模的变化而变化的平台支出费用,主要有维持房地产网络平台正常营运所投入的费用。例如,新房交易类平台或二手房交易类平台向房产经纪人支付的佣金、装修服务类平台向广告制作公司支付的广告制作费等。

由于本书分析的为垄断情形下房地产网络平台,此时平台处于平稳的营运时期,构建房地产网络平台投入的固定成本于此时的平台而言基本可视为沉没成本,故将其假定为零。而房地产网络平台的可变成本又可根据来源不同分为接入性成本 C 和交易性成本 c。

其中,房地产网络平台接入成本因接入方式的差别分为两种情形。当用户支付注册费接入平台时,则房地产网络平台接入成本指房地产网络平台为新增用户提供的所有产品或服务的可变成本,如招投标类平台提供的数据服务、推荐服务等的成本。当用户免费接入平台时,则房地产网络平台接入成本指房地产网络平台为新增用户提供的所有免费产品或服务的可变成本,如装修服务类平台提供的装修预算计算工具、室内设计案例搜索及比对等。而房地产网络平台交易性成本,指除去房地产网络平台接入成本之外的,房地产网络平台为促成其双边用户间交易而产生的可变成本。例如,新房交易类平台向工作人员发放的提成、二手房交易类平台向房产经纪人支付的佣金等。

根据以上房地产网络平台用户规模、用户需求、交易量、成本参数的设定及假设,本模型按照房地产网络平台收益扣除成本的利润计算方式,将房地产网络平台利润 π 表示为:

$$\pi = (A^A - C^A)N^A + (A^B - C^B)N^B + (a^A + a^B - c)\varphi(N^A + N^B) \quad (6-2)$$

式中:A^A、A^B 表示房地产网络平台向两边用户收取的注册费;

a^A、a^B 表示房地产网络平台向两边用户收取的交易费;

N^A、N^B 表示房地产网络平台两边用户规模占整个市场用户的比率;

C^A、C^B 表示房地产网络平台两边接入成本;

c 表示房地产网络平台交易性成本;

$\varphi(N^A + N^B)$ 表示 房地产网络平台双边用户交易量。

6.2.3 定价模型的求解

由于房地产网络平台用户效用表示用户需求和欲望被满足的程度[144],故合理假设用户接入平台的行为由该用户效用的大小决定,即当且仅当用户选择某房地产网络平台后的净效用 U 不小于某阈值时,该用户才会选择接入该房地产网络平台,才表示该用户对该平台的需求成立。同时,房地产网络平台用户效用中的固有效用为相对效用,且部分房地产网络平台用户具有明显的多平台接入现象[10,260],如购房者会选择接入多个新房、二手房交易类平台,搜索比对各类房源信息等。因此,合理假设只要潜在房地产网络平台用户效用为正,则均会选择成为该平台用户,即本模型将该阈值设定为零,由此房地产网络平台的双边用户需求即用户数量可表示为:

$$\begin{cases} N^A = \Pr(U^A \geqslant 0) \\ N^B = \Pr(U^B \geqslant 0) \end{cases} \quad (6-3)$$

式中:U^A、U^B 表示房地产网络平台两边用户效用。

因房地产网络平台向用户提供的产品或服务一般为信息共享类服务,平台可以无限低成本复制,为简化分析,可视其接入成本为零。为了简化利润函数表达和计算过程,将平台收取的交易费及注册费统一表示为:

$$\begin{cases} P^A = a^A + \dfrac{(A^A - C^A)N^A}{\varphi(N^A + N^B)} \\ P^B = a^B + \dfrac{(A^B - C^B)N^B}{\varphi(N^A + N^B)} \end{cases} \quad (6-4)$$

根据式(6-3)和式(6-4)计算可得：

$$\begin{cases} N^A = \text{Pr}\left(b^A + \dfrac{(B^A - C^A)N^A}{\varphi(N^A + N^B)} \geqslant P^A\right) \\ N^B = \text{Pr}\left(b^B + \dfrac{(B^B - C^B)N^B}{\varphi(N^A + N^B)} \geqslant P^B\right) \end{cases} \quad (6-5)$$

式中：b^A、b^B 表示房地产网络平台两边用户的网络外部性效用；

B^A、B^B 表示房地产网络平台两边用户的固有效用。

若将房地产网络平台双边用户的固有效用 B^A、B^B 以及网络外部性效用 b^A、b^B 均视为 P^A、P^B、N^A、N^B 的系数或函数的常数项，则房地产网络平台双边用户规模可分别表示为：

$$\begin{cases} N^A = D^A(P^A, N^B) \\ N^B = D^B(P^B, N^A) \end{cases} \quad (6-6)$$

式中：D^A、D^B 分别表示房地产网络平台两边市场的需求，由式(6-6)可解得：

$$\begin{cases} N^A = n^A(P^A, P^B) \\ N^B = n^B(P^A, P^B) \end{cases} \quad (6-7)$$

式中：n^A、n^B 同样表示房地产网络平台两边市场的需求，只因函数中的自变量发生变化，以示函数形式的区别而用此表示。

将式(6-4)和式(6-7)代入式(6-2)可将房地产网络平台的利润函数简化为：

$$\pi = (P^A + P^B - c)\varphi(n^A + n^B) \quad (6-8)$$

式中：$\varphi(n^A + n^B)$ 表示房地产网络平台交易量。

根据利润最大化企业勒纳指数与需求价格弹性的关系[33]，有 $(P-c)/P = 1/\eta$，可以确定房地产网络平台总价格水平($P^A + P^B = P$)[56]，其中 η 表示房地产网络平台双边用户间交易量对总价格水平变化的弹性，即 $\eta = -P\varphi'(n^A + n^B)/\varphi(n^A + n^B)$，由此可得：

$$\frac{\varphi'(n^A + n^B)}{\varphi(n^A + n^B)} = \frac{-1}{P-c} \quad (6-9)$$

当房地产网络平台总价格水平不变时，房地产网络平台追求利润最大化就等价于追求双边用户交易量 $\varphi(n^A + n^B)$ 最大化，即交易量对价格水平变动的弹性与其对一边价格变动的弹性趋同，结合上式可得：

$$\frac{-1}{P-c} = \frac{\varphi'(n^A + n^B)}{\varphi(n^A + n^B)} = \frac{\dfrac{\partial n^A}{\partial P^A} + \dfrac{\partial n^B}{\partial P^A}}{\varphi(n^A + n^B)} = \frac{\dfrac{\partial n^A}{\partial P^B} + \dfrac{\partial n^B}{\partial P^B}}{\varphi(n^A + n^B)} \quad (6-10)$$

式中：$\dfrac{\partial n^A}{\partial P^A}$、$\dfrac{\partial n^B}{\partial P^A}$、$\dfrac{\partial n^A}{\partial P^B}$、$\dfrac{\partial n^B}{\partial P^B}$ 均可通过式(6-5)和式(6-6)的全微分得到，具体如下：

$$\begin{cases} \dfrac{\partial n^A}{\partial P^A} = \dfrac{\dfrac{\partial D^A}{\partial P^A}}{1 - \dfrac{\partial D^A}{\partial N^B} \cdot \dfrac{\partial D^B}{\partial N^A}}, \dfrac{\partial n^B}{\partial P^A} = \dfrac{\dfrac{\partial D^A}{\partial P^A} \cdot \dfrac{\partial D^B}{\partial N^A}}{1 - \dfrac{\partial D^A}{\partial N^B} \cdot \dfrac{\partial D^B}{\partial N^A}} \\ \dfrac{\partial n^A}{\partial P^B} = \dfrac{\dfrac{\partial D^B}{\partial P^B} \cdot \dfrac{\partial D^A}{\partial N^B}}{1 - \dfrac{\partial D^A}{\partial N^B} \cdot \dfrac{\partial D^B}{\partial N^A}}, \dfrac{\partial n^B}{\partial P^B} = \dfrac{\dfrac{\partial D^B}{\partial P^B}}{1 - \dfrac{\partial D^A}{\partial N^B} \cdot \dfrac{\partial D^B}{\partial N^A}} \end{cases} \quad (6-11)$$

若同一市场的同类房地产网络平台的产品同质化程度高,则房地产网络平台用户的固有效用 B 可近似看作零[260]。同时,房地产网络平台提供的免费服务几乎都属于共享型信息服务,其复制的成本微乎其微。房地产网络平台确实存在用户固有效用 B 和接入成本 C 接近为零的情况。因此,当假设房地产网络平台用户固有效用 B 和接入成本 C 均为零,将式(6-11)代入式(6-10)中,经计算可得房地产网络平台价格结构由式(6-12)决定:

$$\frac{P^A - (c - P^B)}{P^A} = \frac{1}{\eta^A} \quad (6-12)$$

式中:η^A 表示房地产网络平台 A 边的需求价格弹性。

由式(6-12)可以看出,房地产网络平台的定价与传统单边市场中企业以边际成本为依据的情况有所不同,房地产网络平台在定价时不单独考虑一边市场的边际成本,且往往呈现出价格结构非中性的特征,即在给定 c 的前提下,仅有唯一 η^A 数值可使 P^A 和 P^B 相等,其他情况下,P^A 和 P^B 均不相等,甚至存在 P^B 为零的可能。虽然该定价模型中为了计算的简便使得关于价格 P^A 和 P^B 的设定并非完全符合实际情况,房地产网络平台交易量、成本等的假设也较为严格,但最终显示出的情况与现实情况却较为相符。例如,链家、安居客等房地产网络平台围绕新房、二手房交易活动,一般仅向双边用户中的一边收取费用;而其围绕房屋租赁交易活动,则依据房屋出租者一边用户要求的不同,部分情况中仅向一边用户收费,而部分情况中则按照价格结构非中性向两边用户收费。同时,Evans 等在列举双边平台价格非中性特征时也提及在美国房产中介中仅向卖方收费的情况[27]。

6.3 房地产网络平台市场分类

6.3.1 房地产网络平台市场分类标准

由于双边平台具备了交叉网络外部性等一系列特征,因此双边平台的相关市场界定出现了一些问题,其中最为明显和实际的问题就是双边平台为双边用户提供的一对产品是否应当分开进行相关市场界定。为明确这一问题,Evans 等结合广告支撑型媒体和支付卡系统的特征,依据双边用户是否在平台上交易的标准,将双边平台分为交易型和非交易型两种,并认为在界定交易型平台相关市场时需将两边市场合二为一,而在界定非交易型平台相关市场时需将两边市场分离[27]。

然而,与广告支撑型媒体等一些服务较单一的双边平台不同,房地产网络平台一般同时为多对双边用户提供各类产品,例如"房天下"这一房地产网络平台就向其用户提供关于新房出售、二手房出售和租赁、商铺出售和租赁、装修以及广告投放等活动相关的各类产品。同时,同一房地产网络平台服务的多对双边用户并非都于"平台上"进行交易。因此,简单地按照双边平台的种类将房地产网络平台划分为交易型房地产网络平台和非交易型房地产网络平台并不合理。而依据房地产网络平台进行相关市场界定方法研究的初衷,以房地产网络平台向双边用户提供的某一对产品为对象进行分类显得更加合理和可行。

结合房地产网络平台的特征,本书将从两个维度对房地产网络平台向双边用户提供的产品进行分类。

(1) 收费形式维度

房地产网络平台向双边用户收费的形式均可归为交易费和注册费两种。房地产网络平台收取交易费必须满足两个条件[91]:①双边用户之间必须存在交易,此处交易既包括双边用户间于"平台上"的交易,也包括其间于"平台下"的交易,如购房者由于浏览房地产网络平台上某房地产开发商楼盘的广告而自行前往购买;②交易的次数能较经济且准确地被房地产网络平台计量,如购房者是否与房地产开发商签订新房交易合同是可准确计量的。而其之所以对部分产品收取注册费的原因在于,平台无法经济且准确地计量双边用户间交易的次数。例如,装修服务类平台就不易计量因装修公司于该平台投放广告而增加的交易次数,故向装修公司收取一定的广告费。

而 Evans 等依据双边用户是否于"平台上"完成交易的标准[110],将双边平台分为交易型平台和非交易型平台。虽然是对平台进行分类,但其内在逻辑与平台收取不同形式费用的内在逻辑相同,都是为了区分不同双边用户间交易情况的差异。

因此,房地产网络平台产品可直观地按照其收费形式划分。具体表现为,若房地产网络平台针对某一对产品以交易费的形式向双边用户进行收费,则称该产品为交易类产品;若房地产网络平台针对某一对产品以注册费的形式向双边用户进行收费,则称该产品为注册类产品。

(2) 价格结构维度

由于在运用定量方法对房地产网络平台相关市场进行界定时,平台双边用户的价格是重要变量。以假定垄断者测试法为例,反垄断案件中需对假定垄断者的价格进行提价5%或10%的操作[205]。因此,需要考虑房地产网络平台对两边用户设定的价格结构情况。

根据房地产网络平台定价模型的结果,房地产网络平台对双边用户的定价不仅存在价格结构非中性的情况,甚至存在某一边用户定价为零的情况。例如,新房交易类平台向房地产开发商收取费用,而向新房购买者提供免费服务。

考虑到房地产网络平台相关市场界定过程中的提价,本书按照价格结构的情况对房地产网络平台产品进行分类。具体表现为,若房地产网络平台针对某一对产品向双边用户进行收费,则称该产品为双边收费型产品;若房地产网络平台针对某一对产品仅向一边用户进行收费,则称该产品为单边收费型产品。

综上所述,房地产网络平台向其双边用户提供的一系列产品,按照其收费形式和平台定价的价格结构类型两个维度,可划分为交易类单边收费型产品、交易类双边收费型产品、注册类单边收费型产品和注册类双边收费型产品四类,如图 6-2 所示。

		收费形式	
		交易费	注册费
价格结构	单边收费	交易类单边收费型产品	非交易类单边收费型产品
	双边收费	交易类双边收费型产品	非交易类双边收费型产品

图 6-2 房地产网络平台产品类型划分标准示意图

6.3.2 房地产网络平台产品市场分类

房地产网络平台涉及的市场包括土地权益交易市场、房地产开发市场、房产权益交易市场、装修市场和物业管理市场。而这五个市场中包含了诸多产品,由于篇幅问题和本书研究目的导向,在此没有必要一一说明整个市场中各类产品所属类别,仅以房产权益交易市场中有关新房交易的相关产品加以分析和说明,以期起到示例的作用。

提供新房交易相关产品的房地产网络平台最核心的一对双边用户为房地产开发商和购房者,围绕这一对双边用户的新房交易活动,平台为其提供三阶段的产品:(1)信息发布和搜集阶段:为房地产开发商提供楼盘信息发布服务,为购房者提供新房信息的搜索与筛选服务;(2)交易对象匹配阶段:为房地产开发商和购房者提供锁定服务(新房锁定和购买者锁定),并派代理人陪同购房者到售楼处看房等服务;(3)购买阶段:为房地产开发商和购房者提供合同签订、房款支付、房产证办理等相关活动的服务。

房地产网络平台在为房地产开发商和购买者间的新房交易活动服务时,为了提高这一对双边用户在平台的用户体验,往往会向这一对双边用户提供与新房交易密切相关的其他增值服务。例如,为了提高房地产开发商的知名度并最终提高其在平台达成新房交易的概率,平台往往提供广告宣传的服务;同样,为了解决部分购房者资金有限需要贷款的问题,一些平台也陆续推出金融服务,这也可能涉及另一类用户群即金融机构或拥有闲置资金的个人等。这部分的产品或服务有些由房地产网络平台自身提供,有些是通过平台匹配到的另一边用户提供。

从上述分析可以看出,不同的交易活动往往涉及不同的一对双边用户,如房地产开发商和购房者、房地产开发商和广告公司、购房者和金融机构等。除此之外,即使是同一平台匹配的同一对双边用户,他们的角色也随接入平台的目的即需求的不同而发生转变。例如,房地产开发商与购房者进行新房买卖交易活动时,分别扮演了新房卖方和新房买方的角色;而当房地产开发商投放广告于平台上时则扮演了广告投放者角色,相应地购房者等用户则变成了平台上各类资讯信息的浏览者,类似于传统报纸业中报纸的读者。

而且,房地产网络平台向双边用户提供的产品与一般工业企业提供的产品不同,更多是以无形服务[261]的形式而非有形物品的形式(如手机、电脑等)体现,且由于双边用户需求的依赖和互补性使得一系列服务必须成对出现,即必须同时向双边用户提供配套服务才能满足双边用户的需求。因此,在对平台提供的产品进行分类前,本书将平台用于满足一对双边用户的一对互补需求而提供的一系列服务定义为一种产品。

据上述分析,围绕新房交易市场房地产网络平台主要提供三大类产品:(1)新房买卖服务,为房地产开发商和购房者提供;(2)贷款服务,为购房者和金融机构等提供;(3)广告宣传服务,为房地产开发商和广告公司提供。关于第一类产品,目前各类房地产网络平台往往采取交易费的形式,同时仅向房地产开发商单边收费,因此该产品属于交易类单边收费型产品;关于第二类产品,目前各类房地产网络平台往往采取交易费的形式,同时仅向贷款需求方即购房者单边收费,因此该产品也属于交易类单边收费型产品;关于第三类产品,目前各类房地产网络平台往往采取注册费的形式,同时仅向广告投放者一般为房地产开发商单边收费,因此该产品也属于注册类单边收费型产品。

经总结,目前新房交易市场房地产网络平台产品定价模式及产品类型如表6-2所示。

表6-2 新房交易市场房地产网络平台产品分类情况

产品名称	服务对象	收费形式	费用来源	产品类别
新房买卖服务	房地产开发商、购房者	交易费	房地产开发商	交易类单边收费型产品
贷款服务	资金需求方(购房者) 资金提供方(金融机构等)	交易费	资金需求方	交易类单边收费型产品
广告宣传服务	广告投放者(房地产开发商等) 广告目标用户(购房者等)	注册费	广告投放者	注册类单边收费型产品

上述产品均为一大类产品,如新房买卖服务这一产品只是一个大类,仍可将其划分为普通住宅买卖服务、别墅买卖服务、公寓买卖服务等甚至更细。但是,这样的划分并不会对最终产品类别的划分产生影响,因此并未一一展开说明。

第 7 章
房地产网络平台相关市场界定模型构建与分析

7.1 SSNIP 测试及 CLA 模型适用性、参数设定及假设分析

虽然相关市场的界定一般包括产品市场和地域市场两个维度,但使用方法及界定过程相同。以 SSNIP 测试为例,在进行相关市场界定时,界定者可使用该方法分别从产品市场和地域市场两个角度进行界定,前者以产品为分析对象而后者以地域范围为分析对象,除此之外,运用过程并无差别。因此,本节以方法的运用与改进为重心,以产品相关市场界定为例,对房地产网络平台的 SSNIP 测试及 CLA 模型适用性、参数假设、构建过程等进行分析研究。

7.1.1 SSNIP 测试及 CLA 模型适用性分析

由于 SSNIP 测试及 CLA 模型同属假定垄断者测试方法,其前提假设及基本思路基本一致,故将两个模型的适用性分析整合在一起加以阐述。

SSNIP 测试及 CLA 模型均依据某市场范围内的垄断者(追求利润最大化),在其他条件不变的前提下,是否可以或将会以小幅的、显著的、非暂时的提价获利来一步步界定出相关市场范围[116]。从模型整体运用思路上来说,若企业产品差异化越大,其需求与其他企业的行为就越不相关[33],也越没有必要进行相关市场界定。例如,上海市区的新房与西藏那曲的新房虽同属新房产品,但由于其差异化极大故几乎不具备替代性,即无须考虑两种产品是否同属一个相关产品市场。因此,需要先明确房地产网络平台各类产品的差异化程度。

产品差异化一般分为两种情况,横向差异化和纵向差异化。横向差异化指各产品之间没有"好"与"坏"的差别,产品间的差异取决于消费者的偏好;纵向差异化(质量差异化)指各产品的质量存在高低的差别,消费者对产品的评价是一致的[262]。本书出于明确相关市场界定方法适用性的目的分析房地产网络平台产品差异化,而相关市场界定过程一般忽略横向差异化的影响[27],故仅对房地产网络平台产品的纵向差异化做相应分析。

房地产网络平台是依托房地产原有产业搭建的网络平台,其提供的产品多围绕原有产品展开,以住宅为例就包括普通住宅、公寓式住宅、别墅等,且不同种类产品间的划分界限较为清晰。而围绕这些原有产品衍生出的配套服务,有信息搜索、沟通、支付、过户手续

办理、信用评价等。而各平台上述产品间的差异,一般仅体现在信息真实性及收费上。而且,随着各房地产网络平台不断推进各服务环节的标准化,信息真实性上的差异也在逐渐缩小。例如,各大公司为尽可能确保二手房房源的真实性,一般会以链家网上发布的房源信息为参照。因此,平台提供的配套产品或服务大多仍可按原核心产品划分,房地产网络平台同类产品间的纵向差异化程度较低。

此外,虽然房地产网络平台定价模式、竞争策略等都与传统单边市场不同,但房地产网络平台本质上仍是追求利润最大化的企业。因此,按照传统单边市场中 SSNIP 测试及 CLA 模型以价格变化来判别相关市场界定范围的整体思路是可行的。而且,Evans 等已经依据传统单边市场中的 SSNIP 测试及 CLA 模型的思路,结合支付卡系统和广告支撑型媒体这两类双边平台的特征对两种模型的具体运用进行了改进,并认为其仍然适用于双边市场中的相关市场界定[27]。本书则在 Filistrucchi 等改进的 SSNIP 测试及 CLA 模型的基础上,结合房地产网络平台的特征,构建适用于房地产网络平台的 SSNIP 测试及 CLA 模型。

结合房地产网络平台自身特征及相关市场界定需求,本书第三章将房地产网络平台的产品市场划分为四种类型,各市场一一对应以下四类产品:交易类双边收费型产品、交易类单边收费型产品、注册类双边收费型产品和注册类单边收费型产品。虽然两种模型的整体思路上适用于房地产网络平台相关产品市场界定,但并非其涉及的所有类型的产品市场均适用,故本节将阐述四类产品的特征并对模型的适用性进行分析。

(1) 交易类双边收费型产品

房地产网络平台通过该类产品获得如房产中介费、租赁中介费、装修服务费等不同形式的交易费。结合目前技术水平和交易费的定义来看,房地产网络平台收取交易费必须满足两个前提条件[91]:①双边用户之间必须存在交易,此处交易既包括双边用户间于"平台上"的交易,也包括其间于"平台下"的交易,如购房者由于浏览房地产网络平台上某房地产开发商楼盘的广告而自行前往购买;②交易的次数能较经济且准确地被房地产网络平台计量,如装修服务类平台就不易计量因装修公司或室内设计师于该平台投放广告而增加的交易次数。如果双边用户之间的交易不存在这样的特征,房地产网络平台就无法较经济地收取交易费。

因此,对交易类单边收费型产品的消费者而言,房地产网络平台不仅增加了他们成功匹配的可能性,同时降低了他们匹配和交易过程中产生的交易成本,理论上他们也可以选择绕开平台以单边市场中常见的交易形式进行交易。换言之,作为该类产品提供方的房地产网络平台在整个过程中提供的是中介服务,而服务的双边用户原本就可以是一对交易双方,且缺一不可,双边用户对平台的需求最终仍需由对边用户提供的产品或服务来满足。例如,装修需求者所需的室内装修服务仍由装修公司提供,房屋租赁者所需的房屋仍由房屋出租者提供。这与 Filistrucchi 等为双边平台的相关市场界定而划分出的交易型平台上用户间交易活动的特征相同,即双边用户于"平台上"进行交易[123]。因此,虽然收费的具体形式有所差异,但房地产网络平台关于交易类双边收费型产品的利润构成与 Filistrucchi 等描述的支付卡系统的利润构成相同。因此,Filistrucchi 等构建的交易型平台SSNIP测试及CLA模型适用于该类产品市场,在围绕该类产品进行相关市场界定时,也同样应当将房地产网络平台服务的两边市场合二为一看作一个市场来进行界定[111]。

(2) 交易类单边收费型产品

交易类单边收费型产品与交易类双边收费型产品在收费形式上均属交易费范畴,关于该类产品的交易活动也同样于"平台上"完成,则房地产网络平台关于交易类单边收费型产品的利润构成也与 Filistrucchi 等描述的支付卡系统的利润构成相同,故适用 Filistrucchi 等构建的交易型平台 SSNIP 测试及 CLA 模型的假设前提,即将房地产网络平台服务的两边市场合二为一看作一个市场来进行界定[111]。因此,即使交易类单边收费型产品的一边市场定价为零,如房地产网络平台一般不对房屋出租方、新房购买者收费,但也不影响对基准价格(完全竞争状态下的价格)进行 5% 提价的操作,因为其基准价格并非某一边的价格,而指两边价格的总和,即价格水平。故 Filistrucchi 等构建的交易型平台 SSNIP 测试及 CLA 模型也适用于交易类单边收费型产品。

(3) 注册类双边收费型产品

所谓注册类双边收费型产品,指房地产网络平台向双边用户收取注册费的产品。同交易类双边收费型产品中分析得一样,之所以如此,很大程度上是由于该类产品涉及的双边用户间的交易次数无法经济准确地被房地产网络平台计量。例如,装修服务类房地产网络平台就无法通过较低成本计量因装修公司于该平台投放广告而增加的交易次数。因为即使用户由于寻求装修服务等各需求而浏览了某房地产网络平台,但这并不代表用户关注到了某装修公司的广告,更无法确认用户于"平台下"与该装修公司交易是由广告引导的。

对于注册类双边收费型产品的消费者而言,房地产网络平台往往起到了信息汇总传播的作用,平台提供服务的核心在于其拥有大量交易信息,但平台并不负责双边用户交易的撮合。以招投标类平台为例,平台为招标一边用户提供信息发布的服务,而为投标一边用户提供匹配度高的招标信息及相关服务,但平台并不会直接促成招投标双方的交易,更不会因为双方达成交易而收取费用。这与 Filistrucchi 等为双边平台的相关市场界定而划分出的非交易型平台上用户间交易活动的特征相同,即双边用户不在"平台上"进行交易[123]。因此,虽然收费的具体形式有所差异,但房地产网络平台关于交易类双边收费型产品的利润构成与 Filistrucchi 等描述的广告支撑型媒体的利润构成相同。因此,Filistrucchi 等构建的非交易型平台 SSNIP 测试及 CLA 模型适用于该类产品市场,在围绕该类产品进行相关市场界定时,也同样应当将房地产网络平台服务的两边市场分开单独进行界定[111]。

(4) 注册类单边收费型产品

注册类单边收费型产品与注册类双边收费型产品的差别仅限价格结构上的差异,虽然收费的具体形式上可能有所不同,但均属于注册费范畴,则关于该类产品的交易活动也同样不受平台控制,一般于"平台下"完成。同时,房地产网络平台关于注册类单边收费型产品的利润构成与 Filistrucchi 等描述的广告支撑型媒体的利润构成相同。因此,适用 Filistrucchi 等构建的非交易型平台 SSNIP 测试及 CLA 模型的假设前提,即将房地产网络平台服务的两边市场分开单独进行界定[111]。

但该类产品存在免费的一边,如装修公司需支付一定广告费获得于某装修服务类平台上做广告宣传的服务,而装修公司的目标客户浏览该装修服务类平台时并不支付任何费用。因此,若对该免费一边市场进行界定时,由于其基准价格为0,无法按照国际惯例5%或10%的标准进行提价测试[27],故模型无法按照原有流程进行。或许可以按照绝对提价的方式进行,但由于基础数据有限,如何确定房地产网络平台一边基准价格提价的绝对数值还有待研究,本书不继续对此做深入分析。

因此,非交易型平台SSNIP测试及CLA模型适用性上存在两种情况:①若界定对象为收费一边市场,不存在影响;②若界定对象为免费一边市场,则无法按原有流程进行。

综上所述,SSNIP测试及CLA模型适用于交易类单边收费型和交易类双边收费型产品市场的相关市场界定,且应将房地产网络平台的两边市场合二为一按照一个市场进行界定;同样,除了注册类单边收费型产品涉及的免费一边市场外,SSNIP测试及CLA模型也适用于注册类单边收费型和注册类双边收费型产品涉及的其他情况的相关市场界定,但与前两类不同,虽然房地产网络平台的两边市场间存在相互影响但仍须按照两个市场分别进行界定。整体情况如表7-1所示。

表7-1 模型适用情况

产品市场类型	界定对象	模型适用情况	界定模式
交易类单边收费型	收费一边市场	适用	统一界定
	免费一边市场	适用	统一界定
交易类双边收费型	两边市场	均适用	统一界定
注册类单边收费型	收费一边市场	适用	各自界定
	免费一边市场	不适用	/
注册类双边收费型	两边市场	均适用	各自界定

7.1.2 SSNIP测试及CLA模型参数设定及假设分析

与适用性分析一样,由于SSNIP测试与CLA模型同属假定垄断者测试方法,其前提假设及基本思路基本一致,故将两个模型的参数设定及假设分析整合在一起加以阐述。

在不同类型的房地产网络平台产品市场中运用SSNIP测试及CLA模型进行相关市场界定时,其界定模式有所不同,在适用的情形下,依据房地产网络平台服务的双边用户间交易情况的不同,将界定模式分为两大类:一类为统一界定,即不对平台的两边市场分开考量;一类为各自界定,即对平台的两边市场分开考量。因此,两类不同模式下,模型的部分参数或假设会有所不同,具体情况如下:

(1) 房地产网络平台用户规模

房地产网络平台用户,即通过购买或免费使用房地产网络平台产品或服务来满足消费或盈利目的的个人或厂商。结合不同房地产网络平台产品特征及收费情况,可将房地产网络平台用户分为两大类,一类包括房地产网络平台注册类单边收费型产品的收费边用户和注册类双边收费型产品的双边用户,一类包括房地产网络平台注册类单边收费型产品的免费边用户、交易类单边收费型产品的双边用户和交易类双边收费型产品的双边用户。前者指通过购买房地产网络平台产品或服务来满足消费或盈利目的的个人或厂商,如向装修服务类平台支付广告费获得于平台上进行广告宣传等产品或服务的装修公司。后者指通过免费使用房地产网络平台产品或服务来满足消费或盈利目的的个人或厂商,如免费从二手房交易类平台获取房源基本信息、金融贷款咨询等产品或服务的潜在二手房购买者。之所以将免费使用房地产网络平台的个人或厂商涵盖进用户范畴,是因为这部分个人或厂商虽未给平台带来直接的经济收益,但其免费使用影响了另一边用户接入平台的意愿[185],即通过交叉网络外部性间接地增加了平台经济收益。

相应地,房地产网络平台用户规模按照产品类型分别表示各类产品用户的数量,而非购买或免费使用行为的次数。例如,装修服务类平台的装修需求者一边市场的用户规模以个人或厂商数量计量,而不按照装修需求者使用该平台的次数计量。因为同一装修需求者往往会在一段时间内,多次反复地使用装修服务类平台进行各类咨询、比对等,而装修服务类平台并未因此而获得多次收益,即数学上行为次数与平台利润无线性关系。借鉴双边市场 SSNIP 测试中参数的设定,本书房地产网络平台 SSNIP 测试及 CLA 模型中均用 Q^A、Q^B 表示房地产网络平台双边用户规模。

(2)房地产网络平台用户需求

房地产网络平台用户需求,即在既定价格下某时段内将被购买或免费使用的房地产网络平台产品或服务的数量,并假设免费使用产品或服务的数量为用户数量而非使用行为的次数。从不同产品和不同用户的角度来看,房地产网络平台用户需求与用户数量同样存在等价关系。对房地产网络平台注册类产品收费边用户而言,其购买房地产网络平台产品或服务的频次以平台收取注册费的时长为依据,故在某时段内每个用户仅有一次购买行为。例如,招标类平台一般以年为单位向用户收取会员费。对房地产网络平台交易类产品收费边的个人用户而言,其消费的最终产品交易频次往往较低[10],故在某时段内每个用户可视作仅有一次购买行为。例如,一段时间内,新房购买者一般仅会购买一次新房交易类平台的服务以协助其购买到一套满意的新房。且因 SSNIP 测试和 CLA 模型考量的对象为假定垄断者,故可合理假设房地产网络平台的所有用户均在该平台完成交易。对房地产网络平台交易类产品收费边的厂商用户而言,虽然厂商会在某时段内与对边用户发生多次交易,但厂商一般选择根据合同一次性支付一段时间的总交易费,故也可视为一次购买行为。

参照 Filistrucchi 等构建的 SSNIP 测试中参数的设定,本书房地产网络平台 SSNIP 测试和 CLA 模型中均用 D^A、D^B 分别表示房地产网络平台双边用户的需求。从房地产网络平台定价模型用户需求函数来看,房地产网络平台双边用户需求不仅受自身价格的影响也受对边用户规模的影响,这与 Filistrucchi 等构建的 SSNIP 测试中对用户需求函数的假设相同[26],体现了房地产网络平台交叉网络外部性这一重要特征。例如,通过链家网发布二手房房源信息的用户越多,则愿意选择链家网购买二手房的用户则越多。因为对二手房购买者而言,其购买到满意住房的可能性随房源信息的增加而增大。事实上,除了受交叉网络外部性的影响外,还受自身外部性的影响,但由于用户临界容量的限制[27]及网络技术的支持,交叉网络外部性的影响强度往往远大于自身外部性的影响。因此,为简化模型,仅考虑交叉网络外部性的影响。

(3) 房地产网络平台交易量

由于房地产网络平台 SSNIP 测试及 CLA 模型均以平台利润为分析基础,故将房地产网络平台交易量定义为,某特定时段内房地产网络平台双边用户间或用户与平台间,以货币及平台提供的产品或服务为媒介,并直接增加房地产网络平台利润的价值交换的次数。当然,各类产品各类用户的交易量在房地产网络平台 SSNIP 测试或 CLA 模型中的具体表示也有所不同,具体如下。

对于房地产网络平台各类产品的收费边用户而言,注册类产品用户的交易量表示某特定时段内用户向房地产网络平台支付注册费的次数,如施工企业向招投标类平台支付会员费获取平台提供的招标信息、数据、推荐、秘书等产品或服务的次数,即等价于房地产网络平台用户规模分别用 Q^A、Q^B 表示;交易类产品用户的交易量表示双边用户间价值交换的次数,如由装修服务类平台提供的设计案例搜索、比对等服务引导的装修需求者与室内设计师间以货币和室内设计服务为媒介的价值交换的次数,即参照第三章参数设定用 $T(Q^A+Q^B)$ 表示,其中 $T(x)$ 函数也表示于平台上完成交易的比例。对于房地产网络平台各类产品免费边用户而言,注册类产品用户的交易量表示某特定时段内用户免费注册的次数,即也可用房地产网络平台用户规模表示;交易类产品用户的交易量则与收费边用户相同,因为该交易量计量的为双边用户间价值交换的次数,故用 $T(Q^A+Q^B)$ 表示。

(4) 房地产网络平台价格

由于不同类型产品的用户规模、用户需求、交易量均有所区别,故房地产网络平台 SSNIP 测试和 CLA 模型按照上述差异,分别围绕交易类产品和注册类产品两大类进行构建,且与房地产网络平台定价模型中价格参数的设定不同,其价格参数较之则更为具体。

对房地产网络平台交易类单、双边收费型产品用户而言,房地产网络平台产品或服务的价格以房地产网络平台双边用户间交易的产品或服务价格为基数乘以一定费率所得。故房地产网络平台产品或服务的绝对价格并未起到其反映产品或服务价值差异的作用[263],如链家网为南京购房者和淮安购房者提供相同的中介服务但因房价相差甚远,致使购房者支付的价格相差较大。且类似上例中同质服务价格的差异影响了 SSNIP 测试及 CLA 模型通过利润变化界定相关产品市场的过程。因此,下文模型中使用房地产网络平台产品或服务的相对价格,即费率。

对房地产网络平台注册类单、双边收费型产品用户而言,房地产网络平台产品或服务的价格指某特定时段内房地产网络平台向其用户收取的会员费、广告费等各类形式的注册费。需要指出的是,在对房地产网络平台具体产品或服务进行相关产品市场界定时,该产品价格仅需按照同一标准取值即可,如新房交易类平台向房地产开发商收取的广告费均以版面的单位面积计量;招投标类平台向施工企业收取的会员费均以年为单位计量。

借鉴 Filistrucchi 等构建的 SSNIP 测试中价格参数的标识,不论是房地产网络平台交易类单、双边收费型产品的价格（费率），还是房地产网络平台注册类单、双边收费型产品的价格（单位产品价格），在房地产网络平台 SSNIP 测试和 CLA 模型中均用 P^A 和 P^B 表示平台对两边用户的收费。

（5）房地产网络平台成本

与房地产网络平台定价模型中平台成本类似，房地产网络平台 SSNIP 测试和 CLA 模型中房地产网络平台成本也分为固定成本和可变成本两个部分。其中房地产网络平台固定成本指某时段内不随房地产网络平台用户规模变化而变化的平台支出费用，主要为构建房地产网络平台实现正常营运所投入的费用，包括网站搭建、App 开发、算法研发、房产租赁、工作人员基本工资等。例如，二手房交易类平台网站搭建费用、房源搜索及比对等算法研发费用、线下门店租赁费用等。而房地产网络平台可变成本指某时段内随房地产网络平台用户规模变化而变化的平台支出费用，主要由维持房地产网络平台正常营运所投入的费用。例如，新房交易类平台或二手房交易类平台向房产经纪人支付的佣金、装修服务类平台向广告制作公司支付的广告制作费等。同样，由于此处模型分析对象为假定垄断者，前期构建房地产网络平台投入的固定成本于此时的平台而言基本可视为沉没成本，故将其假定为零。因此，房地产网络平台 SSNIP 测试和 CLA 模型中平台成本仅包括房地产网络平台的可变成本，用 C 表示。

不同的是，考虑到房地产网络平台 SSNIP 测试和 CLA 模型中价格参数的设定，也将房地产网络平台交易类单、双边产品成本设定为相对成本，即绝对成本与双边用户间交易商品价格之比。例如，作为二手房交易类平台可变成本的房产经纪人佣金，不以其绝对数值而以佣金费率（佣金除以二手房成交价）计入该二手房交易类平台成本。而房地产网络平台注册类单、双边产品成本同其价格类似，不做上述调整，仅需按照同一标准取值即可。

7.2 SSNIP 测试的构建与解析

SSNIP 测试对 CLA 模型的构建而言，起到基础性支持的作用，且与 CLA 模型的求解存在关联，故先从 SSNIP 测试构建与解析开始。

7.2.1 交易类产品 SSNIP 测试构建与解析

参照 SSNIP 测试的基本思路，借鉴 Filistrucchi 等构建的双边市场的 SSNIP 测试，结合 4.1 节关于房地产网络平台交易类单、双边收费型产品的用户规模、价格、成本等参数的设定及假设，对房地产网络平台交易类产品 SSNIP 测试的构建和应用过程进行详细说明。

SSNIP 测试的应用须先从被怀疑的房地产网络平台出发，明确其在哪一种交易类产品市场具有垄断嫌疑，故假设该交易类产品为产品 1。同时，假设与产品 1 相似或存在某种替代关系等关联的产品共有 n 种，即 $i=1,2,3,\cdots,n$。而后假定市场上存在一个只提供产品 1 的垄断企业，称为房地产网络平台 X。由于平台 X 提供的产品 1 为交易类产品，故该平台向双边用户的一边或两边收取交易费，其定价费率分别用 P_1^A 和 P_1^B 表示。与房地产网络平台成本的设定类似,此处构建的平台 X 利润模型中的利润也非利润的绝对值而为相对利润,即平台 X 的实际利润除以房地产网络平台双边用户间交易商品的价格,用 π 表示。参照上述参数的设定和假设,将房地产网络平台 X 的相对利润表示为:

$$\pi = (P_1^A + P_1^B) T_1 (D_1^A + D_1^B) - C_1 (T_1 (D_1^A + D_1^B)) \tag{7-1}$$

式中:P_1^A、P_1^B 表示房地产网络平台向产品 1 两边用户的收费;

D_1^A、D_1^B 表示房地产网络平台产品 1 两边用户的需求;

T_1 表示由房地产网络平台产品 1 引导的两边用户间交易量;

C_1 表示房地产网络平台产品 1 的可变成本。

如上述关于房地产网络平台需求的分析所示,因地产网络平台 X 及其双边用户构成了典型的双边市场,则其具有交叉网络外部性特征,故其需求除了受到该边价格的影响外还受到另一边用户规模的影响。同时,房地产网络平台双边用户规模即表示双边用户需求。因此,房地产网络平台 X 的双边用户规模可表示为:

$$\begin{cases} Q_1^A = D_1^A (P_1^A, Q_1^B) \\ Q_1^B = D_1^B (P_1^B, Q_1^A) \end{cases} \tag{7-2}$$

式中:Q_1^A、Q_1^B 表示房地产网络平台产品 1 的两边用户规模。

为简化计算,假设房地产网络平台 X 双边用户需求函数为线性,且式(7-2)有唯一解,则经计算可得:

$$\begin{cases} q_1^A = Q_1^A (P_1^A, P_1^B) \\ q_1^B = Q_1^B (P_1^A, P_1^B) \end{cases} \tag{7-3}$$

式中:q_1^A、q_1^B:房地产网络平台产品 1 两边用户的需求。因函数中的自变量发生变化,故以此区别。

将式(7-3)代入式(7-1),则房地产网络平台 X 的相对利润可表示为:

$$\pi = (P_1^A + P_1^B) T_1 (P_1^A, P_1^B) - C_1 (T_1 (P_1^A, P_1^B)) \tag{7-4}$$

依据房地产网络平台 X 追求利润最大化的基本假设,可得:

$$\begin{cases} \dfrac{\partial \pi}{\partial P_1^A} = T_1 (P_1^A, P_1^B) + P_1^A \dfrac{\partial T_1 (P_1^A, P_1^B)}{\partial P_1^A} + P_1^B \dfrac{\partial T_1 (P_1^A, P_1^B)}{\partial P_1^A} - \dfrac{\partial C_1}{\partial T_1} \dfrac{\partial T_1 (P_1^A, P_1^B)}{\partial P_1^A} = 0 \\ \dfrac{\partial \pi}{\partial P_1^B} = T_1 (P_1^A, P_1^B) + P_1^A \dfrac{\partial T_1 (P_1^A, P_1^B)}{\partial P_1^B} + P_1^B \dfrac{\partial T_1 (P_1^A, P_1^B)}{\partial P_1^B} - \dfrac{\partial C_1}{\partial T_1} \dfrac{\partial T_1 (P_1^A, P_1^B)}{\partial P_1^B} = 0 \end{cases}$$

$$\tag{7-5}$$

为简化计算,假设产品 1 产生的房地产网络平台成本与平台双边用户间交易量呈线性关系,表示为 $\dfrac{\partial C_1}{\partial T_1} = \alpha$。例如,新房交易类平台每促成一笔新房交易需按照新房成交价向其工作人员支付一定比例的佣金,且该比例一般不随意调整,故呈现线性关系。据此假设,将其代入式(7-5)可得:

$$\frac{\partial T_1(P_1^A, P_1^B)}{\partial P_1^A}(\dot{P}_1^A + \dot{P}_1^B - \alpha) = \frac{\partial T_1(P_1^A, P_1^B)}{\partial P_1^B}(\dot{P}_1^A + \dot{P}_1^B - \alpha) \quad (7\text{-}6)$$

式中:$\dot{P}_1^A$、$\dot{P}_1^B$ 表示房地产网络平台 X 追求利润最大化时向产品 1 双边用户收取的最优价格。

由于房地产网络平台 X 的边际收益 $= P_1 + T_1 \frac{\partial P_1}{\partial T_1}$(其中 P_1 为价格水平,即 $P_1 = P_1^A + P_1^B$),而当边际收益与边际成本相等时利润才能最大化[273],故 $\dot{P}_1^A + \dot{P}_1^B - \alpha \neq 0$。据此,将式(7-6)整理可得:

$$\frac{P_1^A}{P^A} = \varepsilon_{P_1^A}^{T_1} / \varepsilon_{P_1^B}^{T_1} \quad (7\text{-}7)$$

式中:$\varepsilon_{P_1^A}^{T_1}$、$\varepsilon_{P_1^B}^{T_1}$ 表示房地产网络平台产品 1 双边用户间交易量对 A、B 两边价格的弹性。

因为在对交易类产品进行相关产品市场界定时,须将两边市场合二为一[201],故考量的是产品 1 的价格水平。据此,房地产网络平台 X 关于产品 1 的利润表达式(7-4)可改写为:

$$\pi = P_1 T_1(P_1 - P_1^B, P_1^B) - C_1(T_1(P_1 - P_1^B, P_1^B)) \quad (7\text{-}8)$$

式中:P_1 表示房地产网络平台向产品 1 两边用户收费的总和,即价格水平。

同样,依据房地产网络平台 X 追求利润最大化的假设可得:

$$\frac{\partial \pi}{\partial P_1} = \dot{T}_1 + \dot{P}_1 \frac{\partial T_1}{\partial P_1} - \frac{\partial C_1}{\partial T_1} \frac{\partial T_1}{\partial P_1} = 0 \quad (7\text{-}9)$$

式中:$\dot{P}_1$ 表示房地产网络平台实现利润最大化时,产品 1 的最优价格水平;

$\dot{T}_1$ 表示房地产网络平台实现利润最大化时,由产品 1 引导的双边用户间最优交易量。

因房地产网络平台追求利润最大前后的价格水平和交易量发生变化,故最优价格水平和最优交易量可表示为:

$$\begin{cases} \dot{P}_1 = P_1 + \Delta P_1 \\ \dot{T}_1 = T_1 + \Delta T_1 \end{cases} \quad (7\text{-}10)$$

式中:P_1 表示房地产网络平台完全竞争市场结构中的价格水平;

ΔP_1 表示房地产网络平台最优价格水平与竞争价格水平的差值;

T_1 表示房地产网络平台完全竞争市场结构中的交易量;

ΔT_1 表示房地产网络平台最优交易量与竞争交易量的差值。

将式(7-10)代入式(7-9)整理可得:

$$\Delta P_1 = -T_1 / \frac{\partial T_1}{\partial P_1} - \Delta P_1 \left(\frac{\Delta T_1}{\Delta P_1} / \frac{\partial T_1}{\partial P_1} \right) - P_1 + \frac{\partial C_1}{\partial T_1} \quad (7\text{-}11)$$

因假设房地产网络平台 X 产品 1 的需求函数为线性,则有 $\frac{\Delta T_1}{\Delta P_1}=\frac{\partial T_1}{\partial P_1}$,将其代入式(7-11)并将两边同除以 P_1,得:

$$\frac{\Delta P_1}{P_1}=-\frac{1}{2}\left(\frac{T_1}{P_1}\bigg/\frac{\partial T_1}{\partial P_1}+\frac{P_1-\frac{\partial C_1}{\partial T_1}}{P_1}\right) \tag{7-12}$$

为简化上述表达式,可将房地产网络平台双边用户间交易需求的价格弹性 $\varepsilon_{P_1}^{T_1}\left(\varepsilon_{P_1}^{T_1}=\frac{\partial T_1}{\partial P_1}\frac{P_1}{T_1}\right.$ 和房地产网络平台关于产品 1 两边市场整体的勒纳指数 $M_1(M_1=\left(P_1-\frac{\partial C_1}{\partial T_1}\right)\big/P_1)$ 代入上式得:

$$\frac{\Delta P_1}{P_1}=-\frac{1}{2}\left(\frac{1}{\varepsilon_{P_1}^{T_1}}+M_1\right) \tag{7-13}$$

由此可以看出,在对房地产网络平台交易类产品进行相关产品市场界定中,结合房地产网络平台交易低频等特征以及房地产网络平台定价模式的一般规律,得出的价格涨幅表达式与传统单边市场方式下求得的构成相同,仅是需求价格弹性指标有所变化。该结果与 Evans 对支付卡系统等类似平台的看法一致,即当平台两边用户捆绑存在[56],在进行界定时,只需对传统市场界定的 SSNIP 测试稍做修改就可以适用于双边市场[27],即将两种交易类产品所满足的双边市场合二为一。

依据式(7-13)结合测算出的需求价格弹性和勒纳指数即可求得价格涨幅情况。若涨幅低于标准涨幅(一般为 5%),则说明产品 1 构成的初始相关市场范围过小;若涨幅过高会导致消费者放弃消费产品 1 或转向其他产品,则需继续纳入产品 2。而产品 1 与产品 2 所处的市场为典型的双边市场,具有交叉网络外部性的特征,其影响效应如图 7-1 所示。但由于交叉网络外部性有正负之别,而一般认为围绕交易类产品双边用户间的交叉网络外部性以正效应居多[74],故下图假设双边用户间的交叉网络外部性为正,且给定 P_1^B、P_2^A、P_2^B,仅调整 P_1^A。

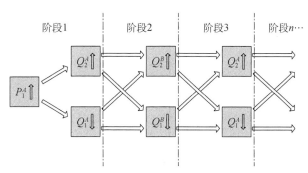

图 7-1　正交叉网络外部性影响效应示意图

因此，现将房地产网络平台 X 假定为提供产品 1 和产品 2 的垄断者，则此时平台 X 的利润应表达为：

$$\pi = (P_1^A + P_1^B)T_1(P_1^A, P_1^B, P_2^A, P_2^B) + (P_2^A + P_2^B)T_2(P_1^A, P_1^B, P_2^A, P_2^B) - C_1(T_1(P_1^A, P_1^B, P_2^A, P_2^B)) - C_2(T_2(P_1^A, P_1^B, P_2^A, P_2^B)) \tag{7-14}$$

式中：P_2^A、P_2^B 表示房地产网络平台向产品 2 两边用户的收费；

T_2 表示由房地产网络平台产品 2 引导的两边用户间交易量；

C_2 表示房地产网络平台产品 2 的可变成本。

同样，依据平台 X 新的利润表达式(7-14)求得产品 1 和产品 2 的最优价格水平，并将该价格水平与基准价格水平比较。若涨幅低于标准涨幅，则说明产品 1 和产品 2 构成的相关市场范围仍过小；若涨幅过高仍会导致消费者放弃消费产品 1 和产品 2 转向其他产品。因此，继续纳入产品 3，如此反复，直至价格涨幅不低于标准涨幅，则此时的产品市场范围为合理的相关市场范围，相关产品市场的界定才到此结束。

7.2.2 注册类产品 SSNIP 测试构建与解析

同样，注册类产品 SSNIP 测试的应用也须先从假定的处于垄断地位的房地产网络平台出发，明确其在哪一种注册类产品市场具有垄断嫌疑，假设该注册类产品为产品 1。同时，假设与产品 1 相似或存在某种替代关系等关联的产品共有 n 种，即 $i=1,2,3,\cdots,n$。而后假定市场上存在一个向 A 边用户只提供产品 1 的垄断企业，称为房地产网络平台 Y。由于平台 Y 提供的产品 1 为注册类产品，故该平台向双边用户的一边或两边收取注册费，其定价分别用 P_1^A 和 P_1^B 表示。依照 4.1.2 节关于注册类产品平台用户规模、交易量、成本等的分析假设，房地产网络平台 Y 的利润可表示为：

$$\pi = P_1^A D_1^A(P_1^A, D_1^B) + P_1^B D_1^B(P_1^B, D_1^A) - C_1(D_1^A, D_1^B) \tag{7-15}$$

式中：P_1^A、P_1^B 表示房地产网络平台向产品 1 两边用户的收费；

D_1^A、D_1^B 表示房地产网络平台产品 1 两边用户的需求；

C_1 表示房地产网络平台产品 1 的可变成本。

因房地产网络平台 Y 及其双边用户构成了典型的双边市场，则其具有交叉网络外部性特征，故其需求除了受到该边价格的影响外还受到另一边用户规模的影响。同时，依据 4.1.2 节的分析假设，双边用户规模即表示双边用户需求。因此双边用户规模可表示为：

$$\begin{cases} Q_1^A = D_1^A(P_1^A, Q_1^B) \\ Q_1^B = D_1^B(P_1^B, Q_1^A) \end{cases} \tag{7-16}$$

式中：Q_1^A、Q_1^B 表示房地产网络平台产品 1 两边用户的规模。

为简化计算，假设平台 Y 双边用户需求为线性函数，且上式有唯一解，则经计算可得 Q_1^A 和 Q_1^B：

$$\begin{cases} Q_1^A = q_1^A(P_1^A, P_1^B) \\ Q_1^B = q_1^B(P_1^A, P_1^B) \end{cases} \tag{7-17}$$

式中：Q_1^A、Q_1^B 表示房地产网络平台产品 1 两边用户的需求。因函数中的自变量发生变化，故以此区别。

将式(7-17)代入式(7-15)，则平台 Y 的利润可表示为：

$$\pi = P_1^A Q_1^A (P_1^A, P_1^B) + P_1^B Q_1^B (P_1^B, P_1^B) - C_1(Q_1^A(P_1^A, P_1^B), Q_1^B(P_1^A, P_1^B)) \tag{7-18}$$

依据房地产网络平台 Y 追求利润最大化的基本假设，可得：

$$\begin{cases} \dfrac{\partial \pi}{\partial P_1^A} = 0, \\ \dfrac{\partial \pi}{\partial P_1^B} = 0, \end{cases}$$

即

$$\begin{cases} Q_1^A(P_1^A, P_1^B) + P_1^A \dfrac{\partial Q_1^A(P_1^A, P_1^B)}{\partial P_1^A} + P_1^B \dfrac{\partial Q_1^B(P_1^A, P_1^B)}{\partial P_1^A} - \\ \dfrac{\partial C_1(Q_1^A, Q_1^B)}{\partial Q_1^A} \dfrac{\partial Q_1^A(P_1^A, P_1^B)}{\partial P_1^A} - \dfrac{\partial C_1(Q_1^A, Q_1^B)}{\partial Q_1^B} \dfrac{\partial Q_1^B(P_1^A, P_1^B)}{\partial P_1^A} = 0 \\ Q_1^B(P_1^A, P_1^B) + P_1^A \dfrac{\partial Q_1^A(P_1^A, P_1^B)}{\partial P_1^B} + P_1^B \dfrac{\partial Q_1^B(P_1^A, P_1^B)}{\partial P_1^B} - \\ \dfrac{\partial C_1(Q_1^A, Q_1^B)}{\partial Q_1^A} \dfrac{\partial Q_1^A(P_1^A, P_1^B)}{\partial P_1^B} - \dfrac{\partial C_1(Q_1^A, Q_1^B)}{\partial Q_1^B} \dfrac{\partial Q_1^B(P_1^A, P_1^B)}{\partial P_1^B} = 0 \end{cases} \tag{7-19}$$

由式(7-19)可分别求得房地产网络平台实现利润最大化时两边的最优价格 $\dot{P}_1^A$ 和 $\dot{P}_1^B$：

$$\dot{P}_1^A = -\left[\dot{Q}_1^A \Big/ \dfrac{\partial Q_1^A}{\partial P_1^A}\right] - \dot{P}_1^B \left[\dfrac{\partial Q_1^B}{\partial P_1^A} \Big/ \dfrac{\partial Q_1^A}{\partial P_1^A}\right] + \dfrac{\partial C_1}{\partial Q_1^A} + \dfrac{\partial C_1}{\partial Q_1^B}\left[\dfrac{\partial Q_1^B}{\partial P_1^A} \Big/ \dfrac{\partial Q_1^A}{\partial P_1^A}\right] \tag{7-20}$$

$$\dot{P}_1^B = -\left[\dot{Q}_1^B \Big/ \dfrac{\partial Q_1^B}{\partial P_1^B}\right] - \dot{P}_1^A \left[\dfrac{\partial Q_1^A}{\partial P_1^B} \Big/ \dfrac{\partial Q_1^B}{\partial P_1^B}\right] + \dfrac{\partial C_1}{\partial Q_1^B} + \dfrac{\partial C_1}{\partial Q_1^A}\left[\dfrac{\partial Q_1^A}{\partial P_1^B} \Big/ \dfrac{\partial Q_1^B}{\partial P_1^B}\right] \tag{7-21}$$

式中：$\dot{Q}_1^A$ 和 $\dot{Q}_1^B$ 表示房地产网络平台实现利润最大化时，产品 1 双边用户的规模。

房地产网络平台实现利润最大化时的双边用户规模可表示为：完全竞争市场结构中的双边用户规模 Q_1^A、Q_1^B 与相应的变量 ΔQ_1^A、ΔQ_1^B 之和，即：$\dot{Q}_1^A = Q_1^A + \Delta Q_1^A$，$\dot{Q}_1^B = Q_1^B + \Delta Q_1^B$。由于交叉网络外部性既存在正的也存在负的，甚至同时存在，则变量 ΔQ_1^A、ΔQ_1^B 可能表示数量增长或减少，故在此约定若数量增长则 ΔQ_1^A、ΔQ_1^B 为正，若数量减少则 ΔQ_1^A、ΔQ_1^B 为负。据此，式(7-20)可整理为：

$$\dot{P}_1^A = -\left[Q_1^A \Big/ \dfrac{\partial Q_1^A}{\partial P_1^A}\right] - \Delta P_1^A \left[\dfrac{\Delta Q_1^A}{\Delta P_1^A} \Big/ \dfrac{\partial Q_1^A}{\partial P_1^A}\right] - \dot{P}_1^B \left[\dfrac{\partial Q_1^B}{\partial P_1^A} \Big/ \dfrac{\partial Q_1^A}{\partial P_1^A}\right] + \dfrac{\partial C_1}{\partial Q_1^A} + \dfrac{\partial C_1}{\partial Q_1^B}\left[\dfrac{\partial Q_1^B}{\partial P_1^A} \Big/ \dfrac{\partial Q_1^A}{\partial P_1^A}\right] \tag{7-22}$$

同房地产网络平台的双边用户规模一样，房地产网络平台双边价格因其追求利润最大化也发生了变化，分别用 ΔP_1^A 和 ΔP_1^B 表示，则有：$\dot{P}_1^A = P_1^A + \Delta P_1^A$，$\dot{P}_1^B = P_1^B + \Delta P_1^B$，且约定若价格上涨则 ΔP_1^A、ΔP_1^B 为正，若价格下跌则 ΔP_1^A、ΔP_1^B 为负。此外，为简化计算，假设产品 1 产生的房地产网络平台成本与平台双边用户间交易量呈线性关系，即 $\frac{\Delta Q_1^A}{\Delta P_1^A} = \frac{\partial Q_1^A}{\partial P_1^A}$。据此，式(7-22)可整理为：

$$\frac{\Delta P_1^A}{P_1^A} = -\frac{1}{2}\frac{Q_1^B}{P_1^A Q_1^A}\left[\left(\frac{\partial Q_1^B}{\partial P_1^A}\frac{P_1^A}{Q_1^B}\right)\bigg/\left(\frac{\partial Q_1^A}{\partial P_1^A}\frac{P_1^A}{Q_1^A}\right)\right](P_1^B + \Delta P_1^B) +$$

$$\frac{1}{2}\frac{\partial C_1}{\partial Q_1^B}\frac{Q_1^B}{P_1^A Q_1^A}\left[\left(\frac{\partial Q_1^B}{\partial P_1^A}\frac{P_1^A}{Q_1^B}\right)\bigg/\left(\frac{\partial Q_1^A}{\partial P_1^A}\frac{P_1^A}{Q_1^A}\right)\right] -$$

$$\frac{1}{2}\left[\frac{Q_1^A}{P_1^A}\bigg/\frac{\partial Q_1^A}{\partial P_1^A}\right] + \frac{1}{2}\left[\left(\frac{\partial C_1}{\partial Q_1^A} - P_1^A\right)\bigg/P_1^A\right] \tag{7-23}$$

为了简化式(7-23)，将房地产网络平台 A 边市场需求价格弹性 $\varepsilon_{P_1^A}^{Q_1^A}$ $\left(\varepsilon_{P_1^A}^{Q_1^A} = \frac{\partial Q_1^A}{\partial P_1^A}\frac{P_1^A}{Q_1^A}\right)$、B 边市场需求对 A 边价格弹性 $\varepsilon_{P_1^A}^{Q_1^B}$ $\left(\varepsilon_{P_1^A}^{Q_1^B} = \frac{\partial Q_1^B}{\partial P_1^A}\frac{P_1^A}{Q_1^B}\right)$，以及 A、B 边市场销售收入 $R_1^A(R_1^A = P_1^A Q_1^A)$ 和 $R_1^B(R_1^B = P_1^B Q_1^B)$ 代入其中。同时，假设成本为线性，则将房地产网络平台两边市场勒纳指数 $M_1^A\left(M_1^A = \left(P_1^A - \frac{\partial C_1}{\partial Q_1^A}\right)\bigg/P_1^A\right)$ 和 $M_1^B\left(M_1^B = \left(P_1^B - \frac{\partial C_1}{\partial Q_1^B}\right)\bigg/P_1^B\right)$ 分别代入其中，可得：

$$\frac{\Delta P_1^A}{P_1^A} = -\frac{1}{2}\left[\frac{1}{\varepsilon_{P_1^A}^{Q_1^A}} + \left(\frac{\Delta P_1^B}{P_1^B} + M_1^B\right)\frac{R_1^B}{R_1^A}\frac{\varepsilon_{P_1^A}^{Q_1^B}}{\varepsilon_{P_1^A}^{Q_1^A}} + M_1^A\right] \tag{7-24}$$

同理，可得：

$$\frac{\Delta P_1^B}{P_1^B} = -\frac{1}{2}\left[\frac{1}{\varepsilon_{P_1^B}^{Q_1^B}} + \left(\frac{\Delta P_1^A}{P_1^A} + M_1^A\right)\frac{R_1^A}{R_1^B}\frac{\varepsilon_{P_1^B}^{Q_1^A}}{\varepsilon_{P_1^B}^{Q_1^B}} + M_1^B\right] \tag{7-25}$$

因当前考量的是房地产网络平台 A 边市场的情况，故将式(7-25)代入式(7-24)中，可得：

$$\frac{\Delta P_1^A}{P_1^A} = -\frac{1}{4\varepsilon_{P_1^A}^{Q_1^A}\varepsilon_{P_1^B}^{Q_1^B} - \varepsilon_{P_1^B}^{Q_1^A}\varepsilon_{P_1^A}^{Q_1^B}}\left[M_1^B\varepsilon_{P_1^B}^{Q_1^B}\varepsilon_{P_1^A}^{Q_1^B}\frac{R_1^B}{R_1^A} - \varepsilon_{P_1^A}^{Q_1^B}\frac{R_1^B}{R_1^A} - M_1^A(\varepsilon_{P_1^B}^{Q_1^A}\varepsilon_{P_1^A}^{Q_1^B} - 2\varepsilon_{P_1^A}^{Q_1^A}\varepsilon_{P_1^B}^{Q_1^B}) + 2\varepsilon_{P_1^B}^{Q_1^B}\right]$$

$$\tag{7-26}$$

若需界定房地产网络平台 B 边相关产品市场，则其模型构建、求解过程与上述相同，不再赘述。

依据式(7-26)结合测算出的自需求价格弹性、交叉网络外部性和勒纳指数可求得价格涨幅情况。同样，若涨幅低于标准涨幅(一般为 5%)，则说明产品 1 构成的初始相关市场范围过小;若涨幅过高会导致消费者放弃消费产品1或转向其他产品。同样,由于交叉网络外部性的存在,调整后的利润表达会较复杂,虽然从抽象函数的形式上看并没太大差别,但其间交叉网络外部性的影响效应有所不同。围绕交易类产品的双边用户间的交叉网络外部性同样既有正也有负甚至为零[26],但一般认为一正一负的情况居多[27],故图7-2中假设 A 边对 B 边的交叉网络外部性为负而 B 边对 A 边的为正,且给定 P_1^B、P_2^A、P_2^B,仅调整 P_1^A,具体见图7-2。

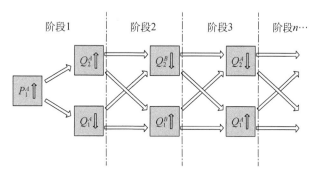

图7-2 负交叉网络外部性影响效应示意图

由此,将房地产网络平台 Y 假定为提供产品1和产品2的垄断者,则此时房地产网络平台 Y 的利润可表达为:

$$\pi = P_1^A Q_1^A(P_1^A, P_1^B, P_2^A, P_2^B) + P_1^B Q_1^B(P_1^A, P_1^B, P_2^A, P_2^B) + P_2^A Q_2^A(P_1^A, P_1^B, P_2^A, P_2^B) + P_2^B Q_2^B(P_1^A, P_1^B, P_2^A, P_2^B) - C_1(Q_1^A, Q_1^B) - C_2(Q_2^A, Q_2^B) \quad (7\text{-}27)$$

式中:P_2^A、P_2^B 表示房地产网络平台向产品2两边用户的收费;

Q_2^A、Q_2^B 表示房地产网络平台产品2两边用户的规模;

C_2 表示房地产网络平台产品2的可变成本。

同上述判断过程相同,依据平台 y 新的利润表达式(7-27)求得产品1和产品2最优 A 边价格,并将该价格水平与基准价格水平比较。若涨幅低于标准涨幅,则说明产品1和产品2构成的相关市场范围仍过小;若涨幅过高仍会导致消费者放弃消费产品1和产品2转向其他产品。因此,继续纳入产品3,如此反复,直至价格涨幅不低于标准涨幅,则此时的产品市场范围为合理的 A 边相关市场范围,相关产品市场的界定才到此结束。

7.3 CLA 模型的构建与解析

7.3.1 交易类产品 CLA 模型构建与解析

因双边方式下交易类产品 SSNIP 测试结果的表达式与传统单边市场中测试模型结果的表达式在构成上相同,仅是在市场选择的初期将垄断平台 X 两边的市场合二为一来考量。除此之外,围绕两种交易类产品市场界定的方法及其应用过程上并没有过多改动。而 CLA 模型是基于 SSNIP 测试的基本思路构建而来,其结果与两种方式下 SSNIP 测试的对比结果应相同，故在此仅稍做分析。

房地产网络平台交易类单、双边收费型产品 CLA 模型构建以 SSNIP 测试为基础，故不再赘述，直接在 7.2.1 节根据利润最大化假设求得的式(7-9)基础上展开解析。先将房地产网络平台实现利润最大化时的最优价格水平表示为，完全竞争市场结构中的价格水平和价格水平变量之和；将相应的最优交易量表示为完全竞争市场结构中的交易量和交易变化量之和。故式(7-9)可整理为：

$$\left(\frac{T_1}{P_1} \bigg/ \frac{\partial T_1}{\partial P_1}\right) + \left[\left(\frac{\Delta T_1}{T_1} \frac{T_1}{P_1}\right) \bigg/ \frac{\partial T_1}{\partial P_1}\right] + \frac{P_1 - \frac{\partial C_1}{\partial T_1}}{P_1} = -\frac{\Delta P_1}{P_1} \quad (7-28)$$

式中：P_1 表示完全竞争市场结构中房地产网络平台向产品 1 两边用户收费的总和，即价格水平；

ΔP_1 表示房地产网络平台实现利润最大化时，产品 1 价格水平的变化量；

T_1 表示完全竞争市场结构中，由房地产网络平台产品 1 引导的两边用户间交易量；

ΔT_1 表示房地产网络平台实现利润最大化时，两边用户间交易的变化量；

C_1 表示房地产网络平台产品 1 的可变成本。

由上式可求得交易量变化率为：

$$\frac{\Delta T_1}{T_1} = -\frac{\Delta P_1}{P_1} \frac{\partial T_1}{\partial P_1} \frac{P_1}{T_1} - \frac{P_1 - \frac{\partial C_1}{\partial T_1}}{P_1} \frac{\partial T_1}{\partial P_1} \frac{P_1}{T_1} - 1 \quad (7-29)$$

为简化上述表达式，可用房地产网络平台双边用户间交易的需求价格弹性 $\varepsilon_{P_1}^{T_1}$ $\left(\varepsilon_{P_1}^{T_1} = \frac{\partial T_1}{\partial P_1} \frac{P_1}{T_1}\right)$ 和房地产网络平台关于产品 1 的勒纳指数 M_1（$M_1 = \left(P_1 - \frac{\partial C_1}{\partial T_1}\right) \bigg/ P_1$）替换其中较为复杂的表达，即：

$$\frac{\Delta T_1}{T_1} = -\frac{\Delta P_1}{P_1} \varepsilon_{P_1}^{T_1} - M_1 \varepsilon_{P_1}^{T_1} - 1 \quad (7-30)$$

将 4.2.1 节房地产网络平台交易类产品 SSNIP 测试中求得的价格涨幅表达式(7-13)代入上式，可得房地产网络平台 X 交易量的临界损失比：

$$\left(\frac{\Delta T_1}{T_1}\right)^{CL} = -\frac{1}{2}(M_1 \varepsilon_{P_1}^{T_1} + 1) \quad (7-31)$$

可以看出，传统单边市场方式下 CLA 模型求解的临界损失比[27]与此处临界损失比的表达式构成相同，再一次印证了传统单边市场的 CLA 模型几乎完全适用的说法，唯一不同的仅是将界定对象由原本的两个市场合二为一[111]。除了得到临界损失值外，还需求得实际损失比作为判别的标准，故对房地产网络平台 X 双边用户间交易的需求函数进行全微分，即根据需求函数估测实际临界损失比为：

第7章 房地产网络平台相关市场界定模型构建与分析

$$\left(\frac{\Delta T_1}{T_1}\right)^{AL} = \frac{\partial T_1}{\partial P_1}\frac{P_1}{T_1}\frac{\Delta P_1}{P_1} = \frac{\Delta P_1}{P_1}\varepsilon_{P_1}^{T_1} \tag{7-32}$$

上式中 $\frac{\Delta P_1}{P_1}$ 按照基准价格涨幅（一般为5%）直接代入即可。

需要说明的是该实际损失比与实际情况略有出入，因为假设了被怀疑的房地产网络平台的需求函数与假定的垄断平台 X 的需求函数一致，相当于在没有确定被怀疑者是垄断者之前就认定了它垄断者的身份，即本质上假定了被怀疑者能够协调自身行为或者能与其他竞争者达成均衡的联合体[124]。当然，如果条件允许，可以通过直接或间接的数据，较准确地估算出实际损失比。

最终将临界损失比 $\left(\frac{\Delta T_1}{T_1}\right)^{CL}$ 与实际损失比 $\left(\frac{\Delta T_1}{T_1}\right)^{AL}$ 进行比较，若实际损失比大于临界损失比，则表明该市场范围过窄。此时需纳入产品2，重新按照上述过程求解出新的临界损失比和实际损失比，再进行比较，如此反复，直至实际损失比与临界损失比相等，此时的产品市场范围则为合理的相关产品市场范围，界定过程结束。

7.3.2 注册类产品 CLA 模型构建与解析

房地产网络平台注册类单、双边收费型产品 CLA 模型构建以 SSNIP 测试为基础，故不再赘述，直接在 7.2.2 节根据利润最大化假设求得的最优价格 $\dot{P}_1^A$、$\dot{P}_1^B$ 的表达式 (7-20)和(7-21)基础上展开解析。其中，房地产网络平台实现利润最大化时的双边用户规模 $\dot{Q}_1^A$、$\dot{Q}_1^B$ 可表示为，完全竞争市场结构中的双边用户规模与相应的变量之和；房地产网络平台实现利润最大化时的最优双边用户价格 $\dot{P}_1^A$、$\dot{P}_1^B$ 可表示为，完全竞争市场结构中的双边用户价格与相应的变量之和。故式(7-20)可表示为：

$$\frac{\Delta P_1^A}{P_1^A} = -\left[\left(1+\frac{\Delta Q_1^A}{Q_1^A}\right)\bigg/\left(\frac{\partial Q_1^A}{\partial P_1^A}\frac{P_1^A}{Q_1^A}\right)\right] - \left(\frac{P_1^B - \frac{\partial C_1}{\partial Q_1^B}}{P_1^B} + \frac{\Delta P_1^B}{P_1^B}\right)$$

$$\left[\left(\frac{\partial Q_1^B}{\partial P_1^A}\frac{P_1^A}{Q_1^B}\right)\bigg/\left(\frac{\partial Q_1^A}{\partial P_1^A}\frac{P_1^A}{Q_1^A}\right)\right]\frac{P_1^B Q_1^B}{P_1^A Q_1^A} - \frac{P_1^A - \frac{\partial C_1}{\partial Q_1^A}}{P_1^A} \tag{7-33}$$

式中：P_1^A、P_1^B 表示完全竞争市场结构中房地产网络平台向产品1两边用户的收费；

ΔP_1^A、ΔP_1^B 表示房地产网络平台实现利润最大化时，产品1两边价格的变化量；

Q_1^A、Q_1^B 表示完全竞争市场结构中房地产网络平台产品1两边用户的需求；

ΔQ_1^A、ΔQ_1^B 表示房地产网络平台实现利润最大化时，产品1两边用户需求的变化量；

C_1 表示 房地产网络平台产品1的可变成本。

将房地产网络平台 Y 的 A 边市场需求价格弹性 $\varepsilon_{P_1^A}^{Q_1^A}$ $\left(\varepsilon_{P_1^A}^{Q_1^A} = \frac{\partial Q_1^A}{\partial P_1^A}\frac{P_1^A}{Q_1^A}\right)$，$B$ 边市场需

求对 A 边价格弹性 $\varepsilon_{P_1^A}^{Q_1^B}\left(\varepsilon_{P_1^A}^{Q_1^B}=\dfrac{\partial Q_1^B}{\partial P_1^A}\dfrac{P_1^A}{Q_1^B}\right)$，及 A、B 边市场销售收入 $R_1^A(R_1^A=P_1^A Q_1^A)$ 和 $R_1^B(R_1^B=P_1^B Q_1^B)$ 代入上式，可得：

$$\frac{\Delta P_1^A}{P_1^A}=-\left[\left(1+\frac{\Delta Q_1^A}{Q_1^A}\right)\bigg/\varepsilon_{P_1^A}^{Q_1^A}\right]-\left(\frac{P_1^B-\dfrac{\partial C_1}{\partial Q_1^B}}{P_1^B}+\frac{\Delta P_1^B}{P_1^B}\right)\left[\varepsilon_{P_1^A}^{Q_1^B}\bigg/\varepsilon_{P_1^A}^{Q_1^A}\right]\frac{R_1^B}{R_1^A}-\frac{P_1^A-\dfrac{\partial C_1}{\partial Q_1^A}}{P_1^A} \tag{7-34}$$

为进一步简化上式，假设由房地产网络平台注册类产品产生的成本为线性，则可将房地产网络平台两边市场勒纳指数 $M_1^A\left[M_1^A=\left(P_1^A-\dfrac{\partial C_1}{\partial Q_1^A}\right)\bigg/P_1^A\right]$ 和 $M_1^B\left[M_1^B=\left(P_1^B-\dfrac{\partial C_1}{\partial Q_1^B}\right)\bigg/P_1^B\right]$ 代入上式，得：

$$\frac{\Delta P_1^A}{P_1^A}=-\left[\left(1+\frac{\Delta Q_1^A}{Q_1^A}\right)\bigg/\varepsilon_{P_1^A}^{Q_1^A}\right]-\left(M_1^B+\frac{\Delta P_1^B}{P_1^B}\right)\left[\varepsilon_{P_1^A}^{Q_1^B}\bigg/\varepsilon_{P_1^A}^{Q_1^A}\right]\frac{R_1^B}{R_1^A}-M_1^A \tag{7-35}$$

同理，将 $\dot{Q}_1^A=Q_1^A+\Delta Q_1^A$，$\dot{Q}_1^B=Q_1^B+\Delta Q_1^B$ 及 $\dot{P}_1^A=P_1^A+\Delta P_1^A$，$\dot{P}_1^B=P_1^B+\Delta P_1^B$ 代入 7.2.2 节房地产网络平台注册类产品 SSNIP 测试中求得的最优价格 $\dot{P}_1^B$ 表达式(7-21)，可得：

$$P_1^B=-\left[Q_1^B\bigg/\frac{\partial Q_1^B}{\partial P_1^B}\right]-\Delta P_1^B\left[\left(\frac{\Delta Q_1^B}{\Delta P_1^B}\bigg/\frac{\partial Q_1^B}{\partial P_1^B}\right)+1\right]-$$
$$\left(P_1^A+\Delta P_1^A-\frac{\partial C_1}{\partial Q_1^A}\right)\left[\frac{\partial Q_1^A}{\partial P_1^B}\bigg/\frac{\partial Q_1^B}{\partial P_1^B}\right]+\frac{\partial C_1}{\partial Q_1^B} \tag{7-36}$$

同样，假设房地产网络平台 B 边市场的需求函数也为线性，则有 $\dfrac{\Delta Q_1^B}{\Delta P_1^B}=\dfrac{\partial Q_1^B}{\partial P_1^B}$，则可将式(7-36)整理为：

$$\frac{\Delta P_1^B}{P_1^B}=-\frac{1}{2}\Bigg\{\left(\frac{Q_1^B}{P_1^B}\bigg/\frac{\partial Q_1^B}{\partial P_1^B}\right)+\left(\frac{\Delta P_1^A}{P_1^A}+\frac{P_1^A-\dfrac{\partial C_1}{\partial Q_1^A}}{P_1^A}\right)\left[\left(\frac{\partial Q_1^A}{\partial P_1^B}\frac{P_1^B}{Q_1^A}\right)\bigg/\left(\frac{\partial Q_1^B}{\partial P_1^B}\frac{P_1^B}{Q_1^B}\right)\right]$$
$$\frac{P_1^A Q_1^A}{Q_1^B P B_1}+\left(\frac{P_1^B-\dfrac{\partial C_1}{\partial Q_1^B}}{P_1^B}\right)\Bigg\} \tag{7-37}$$

将房地产网络平台 B 边市场需求价格弹性 $\varepsilon_{P_1^B}^{Q_1^B}\left(\varepsilon_{P_1^B}^{Q_1^B}=\dfrac{\partial Q_1^B}{\partial P_1^B}\dfrac{P_1^B}{Q_1^B}\right)$，$A$ 边市场需求对 B 边价格弹性 $\varepsilon_{P_1^B}^{Q_1^A}\left(\varepsilon_{P_1^B}^{Q_1^A}=\dfrac{\partial Q_1^A}{\partial P_1^B}\dfrac{P_1^B}{Q_1^A}\right)$，以及销售收入 $R_1^A(R_1^A=P_1^A Q_1^A)$ 和 $R_1^B(R_1^B=P_1^B Q_1^B)$ 代入上式。同时，房地产网络平台关于产品 1 的成本为线性，则可将房地产网络平台两边市

场的勒纳指数 $M_1^A \left[M_1^A = \left(P_1^A - \frac{\partial C_1}{\partial Q_1^A} \right) \big/ P_1^A \right]$ 和 $M_1^B \left[M_1^B = \left(P_1^B - \frac{\partial C_1}{\partial Q_1^B} \right) \big/ P_1^B \right]$ 代入其中，经整理可得：

$$\frac{\Delta P_1^B}{P_1^B} = -\frac{1}{2} \left[\frac{1}{\varepsilon_{P_1^B}^{Q_1^B}} + \left(\frac{\Delta P_1^A}{P_1^A} + M_1^A \right) \frac{\varepsilon_{P_1^A}^{Q_1^A}}{\varepsilon_{P_1^B}^{Q_1^B}} \frac{R_1^A}{R_1^B} + M_1^B \right] \tag{7-38}$$

由于当前界定的为房地产网络平台 A 边市场，故将式(7-38)代入式(7-35)，整理可得：

$$\frac{\Delta Q_1^A}{Q_1^A} = \left(\frac{\Delta P_1^A}{P_1^A} + M_1^A \right) \left[\frac{1}{2} \left(\frac{\varepsilon_{P_1^A}^{Q_1^B} \varepsilon_{P_1^B}^{Q_1^A}}{\varepsilon_{P_1^B}^{Q_1^B}} \right) - \varepsilon_{P_1^A}^{Q_1^A} \right] - \frac{1}{2} M_1^B \varepsilon_{P_1^A}^{Q_1^B} \frac{R_1^B}{R_1^A} + \frac{1}{2} \left(\frac{\varepsilon_{P_1^A}^{Q_1^B} \varepsilon_{P_1^B}^{Q_1^A}}{\varepsilon_{P_1^B}^{Q_1^B}} \right) \frac{R_1^B}{R_1^A} - 1$$
$$\tag{7-39}$$

由于房地产网络平台 Y 在产品 1 上追求利润最大化，故将 7.2.2 节 SSNIP 测试模型求得的房地产网络平台 A 边价格涨幅 $\frac{\Delta P_1^A}{P_1^A}$ 表达式(7-26)代入上式，整理可得房地产网络平台产品 1 的 A 边市场临界损失比：

$$\left(\frac{\Delta Q_1^A}{Q_1^A} \right)^{CL} = \frac{\varepsilon_{P_1^A}^{Q_1^A}}{4\varepsilon_{P_1^A}^{Q_1^A} \varepsilon_{P_1^B}^{Q_1^B} - \varepsilon_{P_1^A}^{Q_1^B} \varepsilon_{P_1^B}^{Q_1^A}} \left(\varepsilon_{P_1^A}^{Q_1^B} \frac{R_1^B}{R_1^A} - 2M_1^A \varepsilon_{P_1^A}^{Q_1^A} \varepsilon_{P_1^B}^{Q_1^B} + \right.$$
$$\left. M_1^A \varepsilon_{P_1^A}^{Q_1^B} \varepsilon_{P_1^B}^{Q_1^A} - M_1^B \varepsilon_{P_1^B}^{Q_1^B} \varepsilon_{P_1^A}^{Q_1^B} \frac{R_1^B}{R_1^A} - 2\varepsilon_{P_1^B}^{Q_1^B} \right) \tag{7-40}$$

与交易类产品的实际损失比的估算相同，对房地产网络平台产品 1 的 A 边市场需求函数进行全微分，并将房地产网络平台 A 边需求价格弹性 $\varepsilon_{P_1^A}^{Q_1^A} \left(\varepsilon_{P_1^A}^{Q_1^A} = \frac{\partial Q_1^A}{\partial P_1^A} \frac{P_1^A}{Q_1^A} \right)$ 和 A 边市场需求对 B 边价格弹性 $\varepsilon_{P_1^B}^{Q_1^A} \left(\varepsilon_{P_1^B}^{Q_1^A} = \frac{\partial Q_1^A}{\partial P_1^B} \frac{P_1^B}{Q_1^A} \right)$ 代入其中，可得：

$$\left(\frac{\Delta Q_1^A}{Q_1^A} \right)^{AL} = \varepsilon_{P_1^A}^{Q_1^A} \frac{\Delta P_1^A}{P_1^A} + \varepsilon_{P_1^B}^{Q_1^A} \frac{\Delta P_1^B}{P_1^B} \tag{7-41}$$

其中，$\frac{\Delta P_1^B}{P_1^B}$ 按照假定垄断者平台在追求利润最大化时所得到的最优价格 $\dot{P}_1^B$ 时的价格变动幅度代入，故上式可整理为：

$$\left(\frac{\Delta Q_1^A}{Q_1^A} \right)^{AL} = -\frac{1}{2} \left\{ \left[\frac{(\varepsilon_{P_1^B}^{Q_1^A})^2}{\varepsilon_{P_1^B}^{Q_1^B}} \frac{R_1^A}{R_1^B} - 2\varepsilon_{P_1^A}^{Q_1^A} \right] \frac{\Delta P_1^A}{P_1^A} + M_1^A \frac{(\varepsilon_{P_1^B}^{Q_1^A})^2}{\varepsilon_{P_1^B}^{Q_1^B}} \frac{R_1^A}{R_1^B} + M_1^B \varepsilon_{P_1^B}^{Q_1^A} + \frac{\varepsilon_{P_1^B}^{Q_1^A}}{\varepsilon_{P_1^B}^{Q_1^B}} \right\}$$
$$\tag{7-42}$$

上式中 $\frac{\Delta P_1}{P_1}$ 按照基准价格涨幅（一般为 5%）直接代入即可。

需要说明的是该实际损失比与实际情况也略有出入,因为除了假定了被怀疑者能够协调自身行为或者能与其他竞争者达成均衡的联合体之外,还假设了实际情况中被怀疑者会按照垄断者身份对 B 边用户价格做相应调整。当然,如果条件允许,可以通过直接或间接的数据,较准确地估算出实际损失值。最终同样将 $\left(\dfrac{\Delta T_1}{T_1}\right)^{CL}$ 与 $\left(\dfrac{\Delta T_1}{T_1}\right)^{AL}$ 进行比较,判别过程与交易类产品 CLA 模型中阐述的相同,不再赘述。

第 8 章
广告服务市场相关市场界定模拟实验分析

8.1 模拟实验对象选择及传统单边方式 CLA 模型构建

8.1.1 模拟实验产品市场类型选择

本书在第 4 章构建了房地产网络平台相关市场界定的两种方法,分别是假定垄断者测试(SSNIP 测试)和临界损失分析模型(CLA 模型)。其中,CLA 模型由假定垄断者测试(SSNIP)发展而来,是对 SSNIP 测试的具体应用,是相关市场界定及合并竞争效应分析的一种量化方法。因此,考虑到文章篇幅的原因,本章选择房地产网络平台 CLA 模型为模拟实验所用的相关产品市场界定方法。通过对比分析传统单边方式下和双边方式下 CLA 模型的界定结果,明确房地产网络平台相关市场界定中,单、双边方式的选择策略。

本书在第四章,根据房地产网络平台注册类及交易类产品的特征,分别构建了双边方式下的 CLA 模型。同时,对双边方式下 CLA 模型结果与单边方式下 CLA 模型结果进行了简单比较。

从模型结果的构成上看,两种方式下交易类产品 CLA 模型结果并无差别。而房地产网络平台注册类产品 CLA 模型结果在构成上存在显著差别。传统单边方式下的模型结果仅需估测需求自价格弹性和勒纳指数,而双边方式下的模型结果除此之外还需估测需求的对边价格弹性、对边的需求自价格弹性、对边的勒纳指数及两边的销售收入比。

上述提及的指标均需依据相关基础数据进行估测,但由于房地产网络平台发展时间较短,可用于案例分析的基础数据大部分属于不公开数据,且由于行业还不规范,基础数据的标准不统一,数据质量不高。同时,考虑到本章的目的,即通过单、双边方式下判别结果的差异分析,更好地指导未来房地产网络平台相关市场界定方法的选择和应用,起到示例和合理建议的作用。

因此,本章以房地产网络平台注册类产品为目标产品市场类型,选择模拟实验的方式对相关产品市场的界定过程进行演示并分析。

8.1.2 模拟实验产品市场选择及背景

虽然房地产网络平台属于房地产行业和互联网结合的新兴产物,但其发展和扩张的速度不容小觑。按照主营业务的变化,房地产网络平台的发展历程可大致分为以下三个阶段:1999—2008年的媒体阶段,主营业务是为客户提供广告服务;2008—2014年的O2O阶段,逐步利用大数据等技术手段,打通线上与线下的壁垒,精准指导房地产销售业务;2015年至今的房地产生态圈阶段,不局限于房地产销售这一单一业务,向前关注土地交易业务,向后关注金融、装修等业务,打造房地产生态圈提供一条龙服务。

在房地产网络平台的众多业务范围中,属于房地产网络平台注册类产品市场的服务主要有新房广告服务、装修广告服务、招投标广告服务、招投标信息服务等。从整体发展阶段看,广告服务类产品贯穿了整个房地产网络平台发展历程,存续时间最长。从覆盖的范围看,不论是综合类房地产网络平台,还是专注于某市场领域的专业类房地产网络平台,广告服务类产品几乎遍布于所有房地产网络平台。此外,从部分已上市的房地产网络平台类企业的财务报表上看,广告服务的营业收入一般在房地产网络平台总营收中占据最大份额。因此,本章选取房地产网络平台广告服务类产品市场作为模拟实验的目标产品市场。

至此,本章模拟实验还缺少反垄断案件的目标企业,即被起诉的房地产网络平台。在调查了市场上为数不多的几家已上市的房地产网络平台企业后,最终将房天下(原名搜房网)确定为目标企业,原因主要有以下几点:

(1) 房天下的房地产网络平台特征

从定义上看,房天下是典型的房地产网络平台,其以网络技术为基础构建的为房地产业相关用户(如新房买卖双方、租赁双方、装修交易双方等)提供一系列服务(如信息匹配、资格认证、资金支付等)。同时,房天下具备房地产网络平台的三大特征,具体如下:

① 用户需求的互补性。房天下涉及了大部分房地产网络平台市场,不论是新房交易服务的房地产开发商、购房者等,还是装修服务的装修公司、装修需求者等,均是房天下服务的双边用户,均体现了需求的互补性。例如,房地产开发商希望能尽快将房源售出,而购房者希望能即时全面地了解意向区域的楼盘信息并购买到满意的房产;装修公司和室内设计师希望能够获得更多的装修订单,而装修需求者希望能快速方便地找到满意的设计师并获得质量可靠的装修服务。房天下的各类服务均依托上述双边用户需求上的依赖与互补,通过引导或促进双边用户间信息交互来实现。

② 交叉网络外部性。房天下任意一边用户的需求受到另一边用户规模的影响。例如,房天下2010年上市的前三年营业收入及利润逐年增长,却在2014年之后因将房产权益交易中介服务纳入其营收板块而出现利润连年下降甚至亏损的情况。原因在于,此举导致提供房源的用户大量流失(与原本合作的链家、我爱我家等前用户形成竞争关系),使得房天下在房产交易市场的价值迅速下降,致使其购房用户也迅速流失,整个用户规模急剧下降。

③ 价格结构非中性。房天下向其服务的各类双边用户均采用了不对称收费的策略,体现了价格结构非中性的特征。例如,对房产权益交易服务而言,房天下通常向房地产开发商、房屋租赁者等收取较高费用,而向新房购买者、房屋出租者等收取较低费用,甚至免费;对装修服务而言,房天下利润的主要来源是装修公司、建材供应商等;对广告服务而

言,房天下利润的主要来源则是广告投放者如房地产开发商等。

(2) 房天下的企业规模

在房地产网络平台中,房天下是全国最大的房地产家居网络平台,旗下拥有新房集团、二手房集团、家居集团、研究集团、租房集团以及搜房金融集团等六大集团,一直引领新房、二手房、租房、家居、房地产研究等领域的互联网创新。2017年房天下全年总营业收入为4.443亿美元(最高),拥有经纪人、室内设计师、房屋购买者、装修需求者等各类注册用户1.1亿,月度覆盖人数3 331万人,月度浏览时间550万小时。无论是从年营业收入、用户注意力吸引能力,还是品牌知名度等方面,房天下都位于房地产网络平台的前列,已成为中国房地产网络平台的领军企业。因此,将其选为模拟实验中的可疑房地产网络平台。

(3) 房天下广告服务营业收入占比情况

2016年,房天下从市场营销服务、电子商务服务、分类信息服务、金融服务和其他增值服务中分别获得1.654亿美元,5.777亿美元,1.181亿美元,0.296亿美元,0.256亿美元的营业收入;2017年获得的营业收入依次为1.493亿美元,0.878亿美元,1.654亿美元,0.121亿美元,0.298亿美元。其中各类服务在房天下整体营业收入的占比情况如图8-1所示。

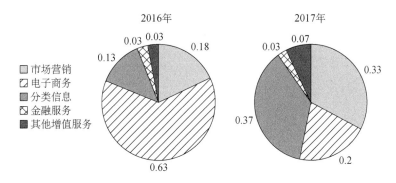

图 8-1 房天下 2016、2017 年各类服务营业收入占比

房天下财务报表中的营销服务和分类信息服务均属于广告服务范畴。需要说明的是,因房天下为打造开放性房地产网络平台,致使其电子商务营业收入大幅下降,从而影响了房天下广告服务营业收入占比情况。但从广告服务营业收入的绝对数值来看并未发生大幅波动。因此,选择房天下所涉及的广告服务市场为怀疑对象并将其设定为初始相关产品市场仍有其现实意义。

8.1.3 传统单边方式 CLA 模型构建

为体现传统单边和双边方式下相关产品市场界定结果的差异,先简单介绍传统单边方式下 CLA 模型构建的过程,并求解出单边方式下界定相关产品市场范围的判别式。

在传统单边方式视角下,仅关注房天下广告服务市场中的广告投放用户,如房地产开发商、装修企业等,而忽略广告目标用户,如新房购买者、装修需求者等。因此,单边方式下广告投放市场的需求函数和成本函数均不考虑广告目标用户产生的交叉网络外部性影响。同时,此时房天下的利润组成也仅体现广告投放市场的收益,其他参数的设定和假设与房地产网络平台注册类产品 CLA 模型中的设定相同,不再赘述。由此,可得房天下的利润表达式:

$$\pi = P_1^A Q_1^A (P_1^A) - \hat{C}_1 (D_1^A) \tag{8-1}$$

式中:P_1^A 表示房天下向广告投放用户收取的费用,即广告费;

Q_1^A 表示房天下广告投放用户规模;

D_1^A 表示房天下广告投放用户需求,假设与用户规模相等;

$\hat{C}_1$ 表示房天下产生的变动成本。

由于房天下追求利润最大化,故对其在广告服务市场中获得的利润求偏导可得:

$$\frac{\partial \pi}{\partial P_1^A} = Q_1^A + P_1^A \frac{\partial Q_1^A}{\partial P_1^A} - \frac{\partial \hat{C}_1}{\partial Q_1^A} \frac{\partial Q_1^A}{\partial P_1^A} = 0 \tag{8-2}$$

由式(8-2)整理可得:

$$\dot{P}_1^A = \frac{\partial \hat{C}_1}{\partial Q_1^A} - \dot{Q}_1^A \Big/ \frac{\partial Q_1^A}{\partial P_1^A} \tag{8-3}$$

式中:$\dot{P}_1^A$ 表示房天下在广告投放市场中取得最大化利润时的最优价格;

$\dot{Q}_1^A$ 表示房天下在广告投放市场中取得最大化利润时的最优用户规模。

由于房天下在利用市场势力实现利润最大化之前,一般假定其所处市场结构为竞争结构,因此,最优价格和最优用户结构可表示为:

$$\begin{cases} \dot{P}_1^A = P_1^A + \Delta P_1^A \\ \dot{Q}_1^A = Q_1^A + \Delta Q_1^A \end{cases} \tag{8-4}$$

式中:ΔP_1^A 表示最优价格与基准价格之差,基准价格一般为竞争情形下的价格;

ΔQ_1^A 表示最优用户规模与竞争情形下的用户规模之差。

将式(8-4)代入式(8-3)整理可得:

$$Q_1^A + \Delta Q_1^A = \frac{\left(\frac{\partial \hat{C}_1}{\partial Q_1^A} - P_1^A\right)}{P_1^A} P_1^A \frac{\partial Q_1^A}{\partial P_1^A} - \Delta Q_1^A \left(\frac{\partial Q_1^A}{\partial P_1^A} \Big/ \frac{\Delta Q_1^A}{\Delta P_1^A}\right) \tag{8-5}$$

同样,假设需求函数为线性函数,因此 $\frac{\partial Q_1^A}{\partial P_1^A} \Big/ \frac{\Delta Q_1^A}{\Delta P_1^A} = 1$,并将房地产网络平台广告投放需求的价格弹性 $\varepsilon_{P_1^A}^{Q_1^A}$ $\left(\varepsilon_{P_1^A}^{Q_1^A} = \frac{\partial Q_1^A}{\partial P_1^A} \frac{P_1^A}{Q_1^A}\right)$ 代入式(8-5)整理可得:

$$\frac{\Delta Q_1^A}{Q_1^A} = -\frac{1}{2} \left[\frac{\left(P_1^A - \frac{\partial \hat{C}_1}{\partial Q_1^A}\right)}{P_1^A} \varepsilon_{P_1^A}^{Q_1^A} + 1 \right] \tag{8-6}$$

为进一步简化上式,将注册类产品产生的成本假定为线性,则将房天下对广告服务的勒纳指数 M_1^A $\left[M_1^A=\left(P_1^A-\frac{\partial C_1}{\partial Q_1^A}\right)\Big/P_1^A\right]$ 代入(8-6),求得临界损失比为:

$$\left(\frac{\Delta Q_1^A}{Q_1^A}\right)^{CL}=-\frac{1}{2}(M_1^A\varepsilon_{P_1^A}^{Q_1^A}+1) \tag{8-7}$$

$\left(\frac{\Delta Q_1^A}{Q_1^A}\right)^{CL}$ 表示房天下为追求利润最大化愿意放弃的广告投放一边用户需求的最大值。而按照价格涨幅的标准[189](国际惯例一般为5%或10%),通过对广告投放需求函数进行全微分,可得实际损失比为:

$$\left(\frac{\Delta Q_1^A}{Q_1^A}\right)^{AL}=\frac{\Delta P_1^A}{P_1^A}\varepsilon_{P_1^A}^{Q_1^A} \tag{8-8}$$

需要指出的是,该实际损失比与实际情况也略有出入,因为假定了被怀疑者房天下能够协调自身行为或者能与其他竞争者达成均衡的联合体,这在确定其具有较强市场势力之前如此假设有失偏颇。如果条件允许,可以通过直接或间接的数据,较准确地估算出实际损失值。将式(8-7)除以式(8-8)可得用于判别当前的广告服务市场是否为相关产品市场的判别式:

$$\frac{(\Delta Q_1^A)^{CL}}{(\Delta Q_1^A)^{AL}}=-10\left(\frac{1}{\varepsilon_{P_1^A}^{Q_1^A}}+M_1^A\right) \tag{8-9}$$

广告投放市场的需求自价格弹性及勒纳指数,需经估测后,代入上式,求得关于当前广告投放市场的判别值。若值大于1,表示当前的广告服务市场范围偏大,需拆分;若值小于1,则表示当前的广告服务市场范围偏小,需加入其他产品,如非房地产网络平台提供的广告服务。如此反复,直至得到最合适的相关产品市场。

8.2 房地产网络平台广告服务市场各指标取值说明

与单边方式相同,双边方式下需界定的仍为广告服务的广告投放市场范围,如房天下 A 边市场。且依据房天下年度财务报表,合理假设广告服务的营业利润主要来源于广告投放市场,故 A 边对 B 边的交叉网络外部性强度(绝对值)要低于 B 边对 A 边的正交叉网络外部性强度(绝对值)[265]。

用于广告投放市场范围界定的 CLA 模型,其构建及求解过程已在第四章详细分析,不再赘述。本章直接参照第四章注册类产品 CLA 模型求得的临界损失比和实际损失比的表达式,求得判别式(8-10)。为便于分析阐述,将广告投放市场 CLA 模型结果中表示广告服务市场状态的各指标用简单字母表示,具体如下: $\varepsilon_{P_1^A}^{Q_1^A}=a,\varepsilon_{P_1^B}^{Q_1^B}=b,\varepsilon_{P_1^B}^{Q_1^A}=c,\varepsilon_{P_1^A}^{Q_1^B}=d,M_1^A=e,M_1^B=f,\frac{R_1^A}{R_1^B}=g$。因此,用于判别圈定的广告投放市场内包含的当前一类或几

类产品是否合理的判别式,可表示为:

$$\frac{(\Delta Q_1^A)^{CL}}{(\Delta Q_1^A)^{AL}} = \frac{4a2b2eg - 2abcdeg + 2ab2df + 4ab2g - 2abd}{4abc2eg2 - c3deg2 + 4ab2cfg + 0.2abc2g2 - bc2dfg - 0.05c3dg2 - 0.4a2b2g + 0.1abcdg + 4abcg - c2dg}$$

(8-10)

式中:a 表示广告投放用户需求自价格弹性;

b 表示广告目标用户需求自价格弹性;

c 表示广告投放用户需求对广告目标用户价格的弹性;

d 表示广告目标用户需求对广告投放用户价格的弹性;

e 表示广告投放市场的勒纳指数;

f 表示广告目标用户市场的勒纳指数;

g 表示广告投放市场销售收入与广告目标用户市场销售收入之比。

上式中,七个待估测指标在实际反垄断案件中,均需依据基础数据通过定量方法(如逻辑回归模型)估测出。但由于目前房地产网络平台发展时间较短,行业还不规范,基础数据的标准不统一,且大部分属于不对外公开的内部数据。因此,本章在考虑各指标间相互关联的基础上,参照前人对类似市场估测的结果,合理假设各指标的取值。据此分析展示,在模拟的"房天下广告投放市场垄断案件"中,运用房地产网络平台 CLA 模型进行相关市场界定的过程及优势分析。由于房天下广告服务几乎涵盖了房地产网络平台广告服务市场的所有用户,具有代表性,故下文均以房天下广告服务双边市场的状态为依据,对房地产网络平台广告服务市场的各指标进行分析取值。

8.2.1 广告服务需求自价格弹性

根据需求价格弹性的常规分类及房天下广告服务的实际情况,将需求自价格弹性分为两种情况:①需求缺乏弹性,即需求自价格弹性(绝对值)在区间(0,1)内时;②需求富有弹性,即需求自价格弹性(绝对值)大于等于1。

对于传统单边市场中的企业而言,当需求自价格弹性为负时,企业倾向于在需求缺乏弹性时提价,而非需求富有弹性时提价[207]。但是,对房天下的广告服务而言,则并非如此。若广告投放用户对广告目标用户存在较弱的负向交叉网络外部性影响,则房天下可以通过减少广告投放需求来增加广告目标用户规模,从广告目标用户一边获得利润上的补贴。

因此,考虑到缺乏基础数据的现状及尽可能地还原广告投放需求的目的,本章参照其他广告业及服务业需求自价格弹性估测结果,结合房天下广告服务的上述特点,将其广告投放需求自价格弹性的取值分为以下两种情况:

(1) 广告投放需求自价格缺乏弹性

结合广告服务业已有的需求价格弹性测算结果[128],同时考虑到房天下广告目标用户需求与广告投放需求间交叉网络外部性的影响,将广告投放需求自价格弹性限定在区间

(−1,−0.3]内。在此,仅考虑了双边用户交叉网络外部性均为正向的情况,而忽略了广告投放用户产生负向交叉网络外部性的可能性。因此,在取值时仅考虑了交叉网络外部性对需求弹性的增强作用。

虽然已有的住房市场需求价格弹性测算结果存在正值的情况[266],但是房天下向广告目标用户提供的产品并非新房、二手房、装修等,而是中介类服务,如房源信息搜寻、交易撮合等服务,故广告目标用户的需求价格弹性参考服务行业的测算结果[267]。同时,由于广告目标用户的需求自价格弹性(绝对值)应高于广告投放需求自价格弹性(绝对值)[56],因此将广告目标用户需求自价格弹性限定在区间[−3,−1]内,为简化模拟实验,将其限定为−2。

(2) 广告投放需求自价格富有弹性

同样,结合广告服务业及服务行业已有的需求价格弹性测算结果[127,267],同时考虑到广告目标用户需求与广告投放需求间交叉网络外部性的影响,即会增强广告投放需求自价格弹性(绝对值),故将其限定在区间[−2.5,−1]内。为简化模拟实验指标取值过程,同样将广告目标用户需求自价格弹性限定在区间[−3,−1]内。同时,考虑到广告目标用户需求自价格弹性(绝对值)应高于广告投放需求自价格弹性(绝对值)[56],将其限定为−2.5。

8.2.2 广告服务需求对边价格弹性

因两边需求自价格弹性均界定为负值,故其需求对边价格弹性的正负情况取决于其交叉网络外部性的正负情况。因此,需要先明确广告服务双边用户产生的交叉网络外部性情况。

首先,可以确定的是,广告目标用户即广告投放的目标人群产生的交叉网络外部性为正向,换言之,广告目标用户的集聚能提高广告投放用户的效用,否则房天下失去了存在的意义。

其次,广告投放用户产生的交叉网络外部性是否为负,学界还存在一些争议,部分学者认为会产生较弱的负向效应,部分学者认为存在正向的可能性,如 Filistrucchi 等估测出报纸业广告投放用户产生的交叉网络外部性强度为 0.05[127]。

因此,为尽可能全面地考虑到广告投放用户所产生的交叉网络外部性情况,本章将其分为两种情况讨论,即正向和负向。相应地,广告目标用户需求对边价格弹性也分为两种情况:①若广告投放用户产生正向交叉网络外部性影响,则其为负值;②若广告投放用户产生负向交叉网络外部性影响,则其为正值。因此,结合两边用户需求自价格弹性的情况,本模拟实验中广告服务两边市场的需求对边价格弹性的取值就出现了以下四种情况:

(1) 广告投放需求缺乏自价格弹性,广告目标用户需求对广告投放价格弹性为负值

因本模拟实验界定的目标为广告投放市场,则合理假设对广告投放用户提价能获得额外利润。故广告投放需求对广告目标用户价格弹性(绝对值)不应过小于广告投放需求的自价格弹性(绝对值),而广告目标用户需求的自价格弹性(绝对值)须不小于广告目标用户需求对广告投放价格弹性(绝对值)[27]。同时,结合房天下营业收入占比情况,即

广告投放一边收入不低于广告目标用户一边收入,则广告目标用户与广告投放用户产生的交叉网络外部性强度比值须不小于 0.5[265]。

因此,本模拟实验将广告目标用户需求对广告投放价格弹性限定在区间[-1,0]内,在对其他指标进行单指标分析时,将其限定为-0.5;而将广告投放需求对广告目标用户价格弹性限定在区间[-1.5,-0.5]内,在对其他指标进行单指标分析时,将其限定为-1。

(2)广告投放需求富有自价格弹性,广告目标用户需求对广告投放价格弹性为负值

为简化模拟实验过程的复杂程度,仍将广告投放需求对 B 边价格弹性限定在区间[-1.5,-0.5]内,在对其他指标进行单指标分析时,将其限定为-1。而因广告投放需求自价格弹性的变化,将广告目标用户需求对广告投放价格弹性做相应调整,即将其限定在区间[-3,0]内,在对其他指标进行单指标分析时,将其限定为-1.5。

(3)广告投放需求缺乏自价格弹性,广告目标用户需求对广告投放价格弹性为正值

为简化模拟实验过程的复杂程度,仍将广告投放需求对广告目标用户价格弹性限定在区间[-1.5,-0.5]内,在对其他指标进行单指标分析时,将其限定为-1。而因广告投放用户产生的负向交叉网络外部性影响较弱,且广告投放需求缺乏自价格弹性,故将广告目标用户需求对广告投放价格弹性限定在区间(0,0.5]内,在对其他指标进行单指标分析时,将其限定为 0.25。

(4)广告投放需求富有自价格弹性,广告目标用户需求对广告投放价格弹性为正值

为简化模拟实验过程的复杂程度,仍将广告投放需求对广告目标用户价格弹性限定在区间[-1.5,-0.5]内,在对其他指标进行单指标分析时,将其限定为-1。而因广告投放需求自价格弹性的变化,将广告目标用户需求对广告投放价格弹性做相应调整,即将其限定在区间(0,1]内,在对其他指标进行单指标分析时,将其限定为 0.5。

8.2.3　广告服务勒纳指数及销售收入比

(1)广告服务双边市场的勒纳指数

传统单边市场中勒纳指数与需求价格弹性(绝对值)一般存在互为倒数的关系,且垄断厂商不会选择从事需求缺乏价格弹性产品的生产[268]。以房天下为例,若其双边用户间交叉网络外部性的影响均为正向,由于两边用户需求的多次正向反馈(如图 8.1)会增大广告投放用户需求的自价格弹性(绝对值)。因此,即使房天下广告投放用户需求缺乏自价格弹性,房天下仍然有垄断该市场的可能性。为尽可能将房天下需求弹性、交叉网络外部性的实际情况涵盖在模拟实验中,本章将分三种情况讨论其两边市场勒纳指数的取值,具体如下:

① 广告投放需求缺乏自价格弹性,广告目标用户需求对广告投放价格弹性为负值

结合上文对广告投放需求自价格弹性取值的限定及房天下广告服务双边用户间正交叉网络外部性对房天下提价能力的限制,同时,参考已有的房地产等其他行业估测的勒纳指数结果[268-269],将广告投放市场的勒纳指数限定在区间(0,0.5]内。需要说明的是,勒纳指数一般也用作判别企业是否具有较强市场势力,若广告投放市场的勒纳指数值过大,就失去了通过相关市场界定来明确其市场势力的必要。同样,依据广告目标用户需求自价格弹性及交叉网络外部性影响,将广告目标用户一边市场的勒纳指数限定在区间(0,0.1]

内,在对其他指标进行单指标分析时,将其限定为0.05。

② 广告投放需求富有自价格弹性,广告目标用户需求对广告投放价格弹性为负值

同样,考虑到房天下广告服务双边用户间正交叉网络外部性对房天下提价能力的限制,同时,为简化模拟实验过程,仍将广告投放市场的勒纳指数限定在区间(0,0.5]内。而广告目标用户需求自价格弹性仅小幅调整,同样考虑到简化模拟实验过程的复杂程度,仍将广告目标用户一边市场的勒纳指数限定在区间(0,0.1]内,在对其他指标进行单指标分析时,将其限定为0.05。

③ 广告投放需求富有自价格弹性,广告目标用户需求对广告投放价格弹性为正值

由于广告投放用户产生的交叉网络外部性发生变化,致使两边用户间交叉网络外部性无法限制房天下对广告投放用户提价,且考虑到勒纳指数对房天下在广告投放市场市场势力的直观体现,故将其取值范围做一定调整,限定在[0.2,0.5]内,否则就失去进行相关市场界定的意义。为简化模拟实验过程,广告目标用户一边市场的勒纳指数参照情况①,仍为区间(0,0.1]内,在对其他指标进行单指标分析时,将其限定为0.05。

(2) 广告服务双边市场的销售收入比

本章参照房天下近两年的营业收入情况,考虑到模拟实验计算的简化,假定房天下广告投放市场的销售收入与广告目标用户市场的销售收入相等,即将广告服务两边市场销售收入比限定为1。而房地产网络平台价格结构非中性的特征通过两边市场的利润率及用户规模的差别来体现。

8.2.4 房天下广告服务市场各指标取值

综上所述,广告服务双边市场的需求自价格弹性、需求对边价格弹性、勒纳指数、销售收入比实际值的可能取值情况分为以下三大类:

① 广告投放需求缺乏自价格弹性,广告目标用户需求对广告投放价格弹性为负值。各指标取值如下:$a \in [-1,-0.3]$;$b \in [-3,-1]$;$c \in [-1.5,-0.5]$;$d \in [-1,0]$;$e \in (0,0.5]$;$f \in (0,0.1]$;$g = 1$。

② 广告投放需求富有自价格弹性,广告目标用户需求对广告投放价格弹性为负值。各指标取值如下:$a \in [-2.5,-1]$;$b \in [-3,-1]$;$c \in [-1.5,-0.5]$;$d \in [-3,0]$;$e \in (0,0.5]$;$f \in (0,0.1]$;$g = 1$。

③ 广告投放需求富有自价格弹性,广告目标用户需求对广告投放价格弹性为正值。各指标取值如下:$a \in [-2.5,-1]$;$b \in [-3,-1]$;$c \in [-1.5,-0.5]$;$d \in (0,1]$;$e \in (0.2,0.5]$;$f \in (0,0.1]$;$g = 1$。

从单边方式和双边方式下相关产品市场判别式的组成来看,均包含广告投放市场的需求自价格弹性及勒纳指数,其余指标均仅存在于双边方式下的判别式中。因此,本章选取广告投放市场的需求自价格弹性及勒纳指数为下文三维图形的变量a轴和变量e轴,以体现指标取相同值的情况下,两种方式下对当前广告投放市场范围判别结果的差异。

此外,由于双边用户间交叉网络外部性是导致两种方式下判别式组成差异的最主要原因,本章通过调整两边市场的需求对边价格弹性的取值,观测其对当前广告投放市场范

围判别结果的影响。同时，在下文模拟"房天下广告投放市场垄断案件"相关市场界定的过程中，扩大或缩小初始市场范围后必会呈现不同的市场状态，可合理选取上述广告服务市场的不同状态予以体现，便于界定过程的展示和分析。因此，本章将其他指标按照上述三类情况限定为固定值，即取值情况①中 $b=-2$，$f=0.05$；取值情况②中 $b=-2.5$，$f=0.05$；取值情况③中 $b=-2.5$，$f=0.05$。

8.3 各状态广告投放市场界定结果对比分析

房地产网络平台广告投放市场的产品，按照广告目标用户的不同可分为新房广告服务、二手房广告服务、商业地产广告服务、装修广告服务、房屋租赁广告服务、招投标类企业宣传服务等。实际的反垄断案件中，在界定出相关市场范围前，无法明确广告投放市场到底包含其中一类还是多类服务。同时，包含不同类服务的市场往往呈现不同的状态，如仅包含新房广告服务与包含新房、二手房广告服务的两种市场的需求自价格弹性等指标会有所变化。

在此，为尽可能地展示不同市场范围、不同市场状态下，运用传统单边方式和双边方式下 CLA 模型进行界定的判别结果间的差异，本章借助 Matlab 绘图功能，按照广告服务双边市场各指标不同的取值情况，描绘出相应的三维图形。同时，图形上任意一点代表了不同市场范围、不同市场状态的情况，这为下文模拟"房天下广告投放市场垄断案件"相关市场的界定，提供了直接的、直观的模拟数据来源，便于完整、清晰地展示相关市场界定的全过程。

其中，每幅图形中共包括三个曲面，其中 a 曲面为单边方式下房天下相关产品市场判别函数的图形，b 曲面为双边方式下房天下相关产品市场判别函数的图形，c 平面[①]为参照面。

此外，需要说明的是，交叉网络外部性的强弱仅由指标 c 和 d 体现，即若两指标均为零则认为不存在交叉网络外部性。因为单边方式下测算出的需求自价格弹性指标无法剔除交叉网络外部性的影响，与双边方式下测算出的值相等，所以不再考虑该部分交叉网络外部性。

8.3.1 广告服务双边市场状态①

（1）调整广告投放需求对广告目标用户价格弹性

当广告投放市场的需求缺乏弹性，产生的交叉网络外部性为正向时，即判别式中的指标按照取值情况①赋值时，通过调整广告投放需求对广告目标用户价格弹性的大小，得到如图 8-2 所示的六幅小图。

其中，a、b 曲面上各点表示各指标不同的取值组合，即代表了当前广告投放市场及广告目标用户市场的不同状态。a 曲面上任意一点对应的"函数值"表示，当广告投放市场

[①] 该函数为：$X_3=1$

的需求自价格弹性等指标取相应值时,单边方式下判别式(8-9)的值;b 曲面上任意一点对应的"函数值"则表示相应取值时,双边方式下判别式(8-10)的值;而 c 平面为参照面。

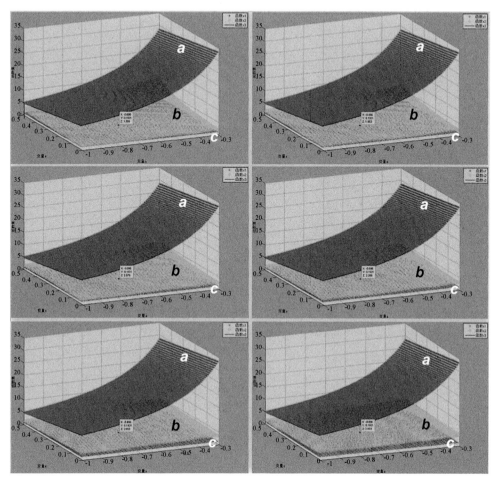

图 8-2 基于 CLA 模型的各状态广告投放市场界定结果模拟图
($c=-1.4,-1.2,-1,-0.8,-0.6,-0.5,d=-0.5$)

如图 8-2 所示,a 曲面、b 曲面均居于 c 平面上方,则表示:若广告投放市场及广告目标用户市场的需求自价格弹性、勒纳指数等指标值属于取值情况 ① 的范围时,两种方式下得出的判别结果相同,即当前选择的广告投放市场范围大于合理的相关产品市场范围。

因此,两种方式下的判别结果均表示,需将当前广告投放市场进行拆分。例如,当前的广告投放市场包括房地产网络平台的新房广告服务和装修广告服务,但两类服务的替代性较弱,按照案件需求将广告投放市场限定为仅包括房地产网络平台的新房广告服务。而后,按照新圈定的广告投放市场进行新一轮的判别,直至确定出合理的广告投放市场范围,即相关产品市场。

(2) 调整广告目标用户需求对广告投放价格弹性

当广告投放市场的需求缺乏弹性,产生的交叉网络外部性为正向时,即判别式中的指标按照取值情况①赋值时，通过调整广告目标用户需求对广告投放价格弹性的大小，得到如图8-3所示的六幅小图。图中各曲面及其曲面上点的函数内涵均与图8-2相同，不再赘述。

与图8-2情况基本相同，a 曲面、b 曲面均居于 c 平面上方，表示：若广告投放市场及广告目标用户市场的需求自价格弹性、勒纳指数等指标值属于取值情况①的范围时，两种方式下得出的判别结果相同，即当前选择的广告投放市场范围大于合理的相关产品市场范围。

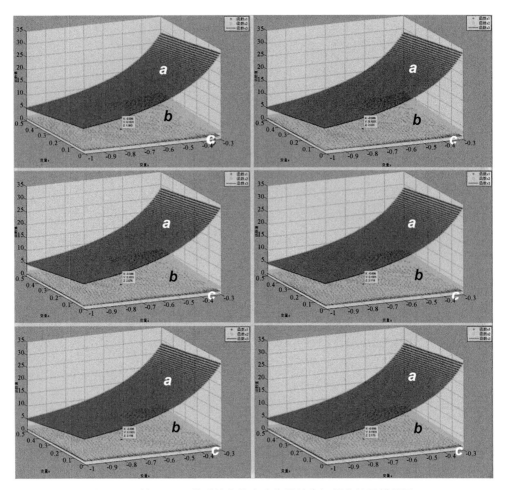

图 8-3　基于 CLA 模型的各状态广告投放市场界定结果模拟图
$(c=-1, d=-0.9, -0.7, -0.5, -0.3, -0.1, 0)$

综上所述，当广告投放市场状态表现为需求弹性缺乏，而两边市场交叉网络外部性均为正向时，即各指标于取值情况①中取值时，不论是通过单边方式还是双边方式，其判别结果均显示当前广告投放市场范围大于合理的相关产品市场范围，需将其拆分，即剔除该范围内与其他产品替代关系较弱的产品，以提高剩余产品间的替代性[38]。

此外，结合图 8-2 和图 8-3 可知，虽然双边用户间交叉网络外部性未对此轮相关产品市场判别结果产生质的影响，但从各自六幅小图中 b 曲面的变化趋势上可以看出，若交叉网络外部性继续增强，两种方式下的判别结果存在相反的可能，具体可参见取值情况②和③。

8.3.2　广告服务双边市场状态②

（1）调整广告投放需求对广告目标用户价格弹性

当广告投放市场的需求富有弹性，产生的交叉网络外部性为正向时，即判别式中的指标按照取值情况②赋值时，通过调整广告投放需求对广告目标用户价格弹性的大小，得到如图 8-4 所示的六幅小图。

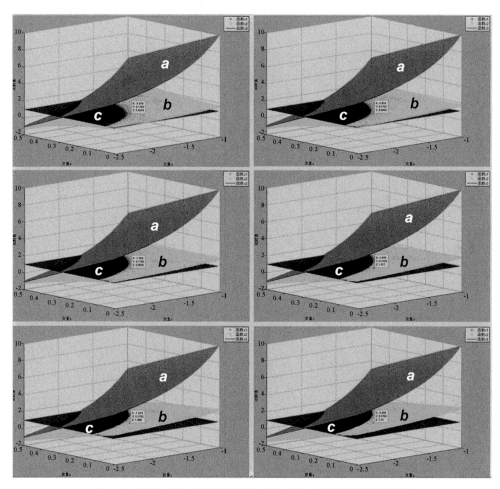

图 8-4　基于 CLA 模型的各状态广告投放市场界定结果模拟图
($c=-1.4,-1.2,-1,-0.8,-0.6,-0.5$, $d=-1.5$)

其中，a、b 曲面上各点表示各指标不同的取值组合，即代表了当前广告投放市场及广告目标用户市场的不同状态。a 曲面上任意一点对应的"函数值"表示，当广告投放市场的需求自价格弹性等指标取相应值时，单边方式下判别式(8-9)的值；b 曲面上任意一点对应的"函数值"则表示相应取值时，双边方式下判别式(8-10)的值；而 c 平面为参照面。

如图 8-4 所示，当广告投放市场及广告目标用户市场的需求自价格弹性、勒纳指数等指标值属于取值情况②的范围时，a、b 曲面均被 c 平面分为两部分。其中位于 c 平面上方部分的任意一点均表示，若广告投放市场为点所代表的相应状态时，其市场范围大于合理的相关产品市场范围,需将当前产品市场进行拆分。而位于 c 平面下方部分的任意一点均表示,若广告投放市场为点所代表的相应状态时,其市场范围小于合理的相关产品市场范围,需加入其他产品以扩大当前产品市场范围。例如,将招投标类房地产网络平台的广告服务相关产品纳入其中。

同时,a、b 曲面与 c 平面的交线在 c 平面上圈出了一块区域,本章称其为误差区域。当广告投放市场需求弹性及勒纳指数的取值在误差区域内时,则两种方式下,当前广告投放市场范围的判别结果完全相反。如图 8-4 所示,单边方式下的判别结果为,当前广告投放市场范围偏大;而双边方式下的判别结果为,当前广告投放市场范围偏小。

(2) 调整广告目标用户需求对广告投放价格弹性

当广告投放市场的需求富有弹性,产生的交叉网络外部性为正向时,即判别式中的指标按照取值情况②赋值时,通过调整广告目标用户需求对广告投放价格弹性的大小,得到如图 8-5 所示的六幅小图。图中各曲面及其曲面上点的函数内涵均与图 8-4 相同,不再赘述。

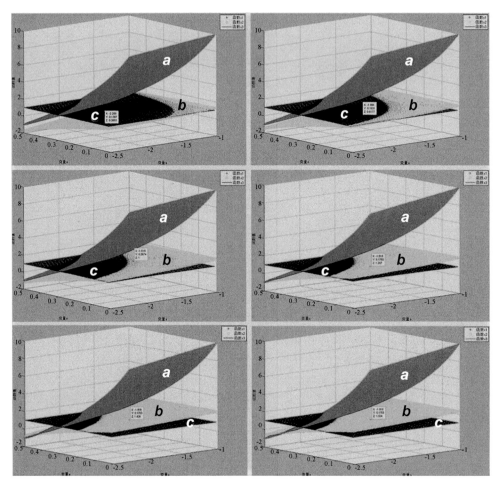

图 8-5 基于 CLA 模型的各状态广告投放市场界定结果模拟图
($c=-1, d=-2.7, -2.1, -1.5, -0.9, -0.3, 0$)

与图 8-4 情况类似，a、b 曲面均被 c 平面分为两部分，c 平面上方部分均表示，当前广告投放市场范围偏大；c 平面下方部分均表示，当前广告投放市场范围偏小。a、b 曲面与 c 平面的交线也在 c 平面上圈了一块误差区域，若广告投放市场的状态属于该误差区域，则单边方式下的判别结果与双边方式下的截然相反。

综上所述，当广告投放市场状态表现为需求弹性富有，而两边市场交叉网络外部性均为正向时，即各指标于取值情况②中取值时，两种方式下的判别结果存在截然相反的可能性。具体表现为，当广告投放市场的状态属于误差区域时，单边方式下的判别结果为，当前广告投放市场范围偏大，需将其进行拆分；而双边方式下的判别结果为，当前广告投放市场范围偏小，需加入新产品。

因此，通过多轮判别得出的界定结果，即合理的相关产品市场范围，也必不相同。那么，两种方式下，参照各自界定的相关市场范围，按照市场集中度等方法测度出的市场势力也必不相同。具体表现为，单边方式下，可能错误地将实际上并无市场势力的房天下，判别为拥有较强市场势力的企业，并对房天下的市场行为进行无谓的限制。而且，结合图 8-4 和图 8-5 中六幅小图的变化趋势来看，随着广告服务两边用户间交叉网络外部性的增强，误差区域将增大。即：使用单边方式对房天下广告投放市场进行相关产品市场界定出错的可能性，将随交叉网络外部性的增强而增大。

8.3.3 广告服务双边市场状态③

（1）调整广告投放需求对广告目标用户价格弹性

当广告投放市场的需求富有弹性，产生的交叉网络外部性为负向时，即判别式中的指标按照取值情况③赋值时，通过调整广告投放需求对广告目标用户价格弹性的大小，得到如图 8-6 所示的六幅小图。

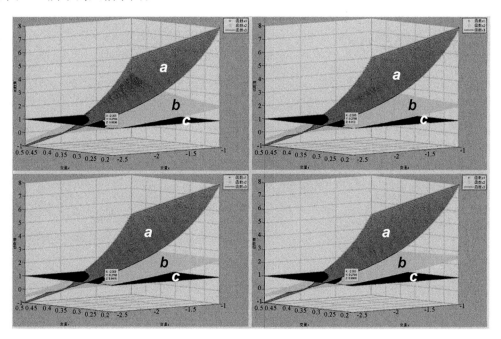

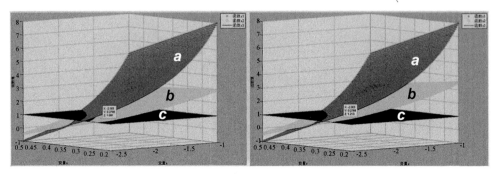

图 8-6　基于 CLA 模型的各状态广告投放市场界定结果模拟图
($c=-1.5,-1.3,-1.1,-0.9,-0.7,-0.5,d=0.5$)

其中,a、b 曲面上各点表示各指标不同的取值组合,即代表了当前广告投放市场及广告目标用户市场的不同状态。a 曲面上任意一点对应的"函数值"表示,当广告投放市场的需求自价格弹性等指标取相应值时,单边方式下判别式(8-9)的值;b 曲面上任意一点对应的"函数值"则表示相应取值时,双边方式下判别式(8-10)的值;而 c 平面为参照面。

如图 8-6 所示,虽然广告投放用户产生的交叉网络外部性变为负向,但图形中各面之间的关系仍与图 8-5 相同。具体表现为,当广告投放市场及广告目标用户市场的需求自价格弹性、勒纳指数等指标值属于取值情况③的范围时,a、b 曲面均被 c 平面分为两部分。

同时,a、b 曲面与 c 平面的交线也在 c 平面上圈了一块误差区域,若广告投放市场的状态属于该误差区域,则单边方式下的判别结果与双边方式下的截然相反。具体表现为,单边方式下,判别当前广告投放市场范围偏大,需将其拆分;而双边方式下,判别当前广告投放市场范围偏小,需加入新产品。

(2) 调整广告目标用户需求对广告投放价格弹性

当广告投放市场的需求富有弹性,产生的交叉网络外部性为负向时,即判别式中的指标按照取值情况③赋值时,通过调整广告目标用户需求对广告投放价格弹性的大小,得到如图 8-7 所示的六幅小图。图中各曲面及其曲面上点的函数内涵均与图 8-6 相同,不再赘述。

与图 8-6 类似,a、b 曲面均被 c 平面分为两部分,c 平面上方部分均表示,当前广告投放市场范围偏大;c 平面下方部分均表示,当前广告投放市场范围偏小。a、b 曲面与 c 平面的交线也在 c 平面上圈了一块误差区域,若广告投放市场的状态属于该误差区域,则单边方式下的判别结果与双边方式下的截然相反。

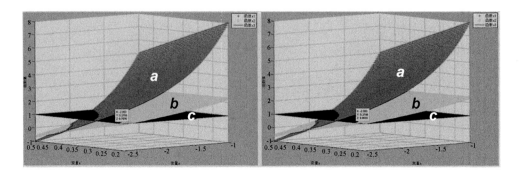

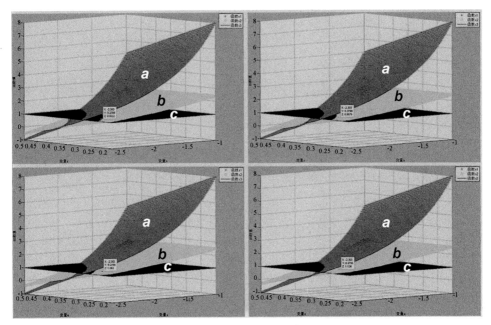

图 8-7　基于 CLA 模型的各状态广告投放市场界定结果模拟图
($c=-1, d=0, 0.2, 0.4, 0.6, 0.8, 1$)

但是,误差区域的变化趋势与图 8-6 的情况正好相反,表现为广告投放用户产生的负向交叉网络外部性越强,误差区域反而越小的趋势。其原因在于,广告投放用户产生的负向交叉网络外部性,会限制广告投放市场需求,而广告目标用户产生的正向交叉网络外部性,又会增加广告投放市场需求,两者相互抵消。

综上所述,当广告投放市场状态表现为需求弹性富有,而广告投放用户产生的交叉网络外部性均为负向时,即各指标于取值情况③中取值时,两种方式下的判别结果存在截然相反的可能性。即:当广告投放市场的状态属于误差区域时,单边方式下的判别结果为,当前广告投放市场范围偏大,需将其进行拆分;而双边方式下的判别结果为,当前广告投放市场范围偏小,需加入新产品。

因此,若按照单边方式界定相关市场,最终可能错误地将实际上并无市场势力的房天下,判别为拥有较强市场势力的企业,并对房天下的市场行为进行无谓的限制。而且,结合图 8-6 和图 8-7 中六幅小图的变化趋势来看,若广告服务两边用户间交叉网络外部性强度相差越大时,误差区域越大。即:使用单边方式对广告投放市场进行相关产品市场界定出错的可能性,将随交叉网络外部性强度差距的增大而增大。

8.3.4　广告投放市场界定结果对比分析结论

在对各类可能状态的广告投放市场进行一系列模拟判别后发现,对一些状态的广告投放市场而言,单边方式或双边方式的判别结果相同,其他则存在差异,具体结论如下:

(1) 当广告服务市场状态属于广告服务双边市场状态①代表的情形时,单边方式下关于当前广告投放市场范围的判别结果与双边方式下相同。

(2) 当广告服务市场状态属于广告服务双边市场状态②和③代表的情形时,单边方式下关于当前广告投放市场范围的判别结果与双边方式下存在相反的可能性,故不可仅参考单边方式下的界定结果。

(3) 当广告服务市场状态属于广告服务双边市场状态②和③代表的情形时,单边方式下的判别结果出错的概率受到广告投放用户和广告目标用户产生的交叉网络外部性影响,且与交叉网络外部性的正向、负向类型有关。

8.4 "房天下垄断模拟案"相关市场界定模拟与分析

8.4.1 "房天下垄断模拟案"相关市场界定过程模拟

无论是从年营业收入、用户注意力吸引能力,还是品牌知名度等方面,房天下都位于房地产网络平台的前列,已成为中国房地产网络平台的领军企业。而从房天下财务报表中各类营业收入的情况来看,广告投放市场的收入一直以来占比较高。因此,本书选择房天下为起诉对象,认为其在广告投放市场可能具有较强的市场势力,危害了市场竞争及消费者福利。

依据相关产品市场界定的步骤,首先需要确定一个初始市场,即反垄断当局根据经验或产品功能界定法,定性地明确房地产网络平台的几类广告服务间替代性强弱关系,主观地选择其中一类或几类广告服务构成初始广告投放产品市场。

从房天下网站首页的广告版面占比来看,新房的广告版面份额最高,几乎占据了半壁江山,其次是二手房广告和装修广告。本章意在模拟如何运用 CLA 模型进行本案件的相关市场界定,并依据界定结果给出合理建议,故简化初始产品市场的确定过程,假设新房广告服务与二手房、装修广告服务间的替代性不强,将新房广告投放市场设定为初始产品市场。

实际反垄断案件的审理中,需要收集新房广告服务双边市场的基础数据,通过定量方法(如逻辑回归模型)估测出相应指标,如需求自价格弹性等。如上文所述,基础数据获取不易,数据质量不高。本章结合实际情况,从 5.3 节列举的各类广告服务双边市场状态中选择较合理的取值,模拟新房广告服务双边市场的状态。

与报纸、电视等传统媒体的广告目标用户不同,房天下广告目标用户可能并不排斥新房广告,因为相当比例的用户可以获得所需的新房信息。因此,在"房天下垄断模拟案"中,假设广告投放用户与广告目标用户均产生正向交叉网络外部性。此外,参照普通广告服务市场的需求弹性,假设广告投放市场的需求富有自价格弹性。即:模拟的新房广告服务双边市场状态属于上文描述的状态②,具体表现为广告投放市场的需求自价格弹性为 -2.258,需求对边价格弹性为 -1,勒纳指数为 0.1387;广告目标用户市场的需求自价格弹性为 -2.5,需求对边价格弹性为 -2.7,勒纳指数为 0.05;且广告投放市场与广告目标用户市场的销售收入比为 1。

依据上述估测的指标值,可求得判别式(8-10)的值为 0.3503,如图 8-5 左列第一幅小图所示,b 曲面上对应的点位于 c 平面下方。这表示假定垄断者向新房广告投放用户提价 5% 后,新房广告投放用户大量转移至其他房地产网络平台(如链家网),仍有其他类广告服务与新房广告服务替代性较强。换言之,新房广告投放市场范围小于合理的相关市场范围,仍需加入另一类产品。为简化模拟过程,假设二手房广告服务与新房广告服务间的替代性较强,故将新房和二手房广告服务市场设定为本轮暂定的相关产品市场。

同样,实际反垄断案件的审理中,仍需重新收集相应市场的基础数据,估测出新的市场指标。为简化模拟过程,合理假设本轮广告投放市场的需求自价格弹性(绝对值)和广告目标用户市场的需求对边价格弹性(绝对值)相应减小,而勒纳指数相应增加,其他指标不发生变化。具体表现为广告投放市场的需求自价格弹性为−1.894,需求对边价格弹性为−1,勒纳指数为0.193 1;广告目标用户市场的需求自价格弹性为−2.5,需求对边价格弹性为−2.1,勒纳指数为0.05;且广告投放市场与广告目标用户市场的销售收入比为1。

依据上述估测的指标值,可求得判别式(8-10)的值为0.617 7,如图8-5右列第一幅小图所示,b曲面上对应的点仍位于c平面下方,表示假定垄断者向新房广告投放用户提价5%后利润减少。相应地,就表示新房和二手房广告投放市场范围仍小于合理的相关市场范围,仍需加入另一类产品。为简化模拟过程,假设装修广告服务与新房、二手房广告服务间的替代性相对较强,故将装修、新房和二手房广告服务市场设定为本轮暂定的相关产品市场。

同样,实际反垄断案件的审理中,需重新估测新的市场指标。此次,仍假设本轮广告投放市场的需求自价格弹性(绝对值)和广告目标用户市场的需求对边价格弹性(绝对值)继续减小,而勒纳指数继续增加,其他指标不发生变化。具体表现为广告投放市场的需求自价格弹性为−1.515,需求对边价格弹性为−1,勒纳指数为0.267 4;广告目标用户市场的需求自价格弹性为−2.5,需求对边价格弹性为−1.5,勒纳指数为0.05;且广告投放市场与广告目标用户市场的销售收入比为1。

依据上述估测的指标值,可求得判别式(8-10)的值为1,如图8-5左列第二幅小图所示,b曲面上对应的点位于c平面中,表示假定垄断者向新房广告投放用户提价5%后能保持利润不变。相应地,就表示装修、新房和二手房广告投放市场范围就是合理的相关市场范围,相关产品市场界定过程结束。

综上所述,运用单、双边方式下CLA模型界定相关产品市场的过程如图8-8所示。

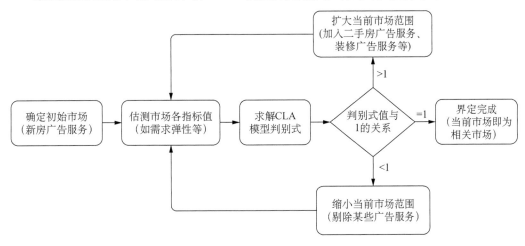

图8-8 相关产品市场界定流程图

8.4.2 "房天下垄断模拟案"单边方式界定结果偏差分析

若采用传统单边方式下的 CLA 模型模拟"房天下垄断模拟案"的相关产品市场界定,初始市场仍仅包括新房广告服务这一类产品。同时,对新房广告投放市场各指标的估测过程及结果与上文相同,即广告投放市场的需求自价格弹性为 −2.258,勒纳指数为 0.138 7。

依据这两个指标值,可求得判别式(8-9)的值为 3.043,如图 8-5 左列第一幅小图所示,a 曲面上对应的点位于 c 平面上方,表示假定垄断者向新房广告投放用户提价 5% 后利润增长。相应地,就表示新房广告投放市场范围大于合理的相关市场范围,需要将新房广告服务进一步拆分。为简化模拟过程,假设经过如图 8-8 所示的多轮判别之后,最终确定普通住宅广告投放市场为合理的相关产品市场。

本模拟案件中,传统单边方式下的界定结果存在较大偏差,按照准确的双边方式界定结果,不仅缺少了二手房广告服务和装修广告服务,还剔除了新房广告服务中的高档住宅广告服务等。之所以出现这样的情况,是因为在本模拟案件中被起诉的对象为房天下,单边方式忽略了广告目标用户市场对广告投放市场的约束作用。

以被起诉对象房天下为例,若房天下对新房广告投放用户提价 5%,在单边方式下仅考虑了新房广告投放市场的约束,即需求随价格上涨而减少。但是,房天下属于双边平台,新房广告投放需求减少后,会通过交叉网络外部性对广告目标用户需求产生影响。具体表现为,新房广告数量减少,房天下广告目标用户所能获得的新房房源信息减少,故对广告目标用户而言,房天下的价值降低,导致广告目标用户数量减少。此后,广告目标用户数量的减少,又通过交叉网络外部性反馈回广告投放市场。具体表现为,新房广告受众数量的减少,降低了新房广告投放的效果,从而进一步减少新房广告投放需求。因此,在两边市场交叉网络外部性的影响下,房天下提价 5% 后需求减少情况要比单边方式下估测的情况严重,最终致使真实获利水平低于单边方式下估测的情况。

8.4.3 "房天下垄断模拟案"相关市场界定启示

如第 1 章图 1-1 所示,相关市场界定只是"房天下垄断模拟案"审理的关键性第一步,反垄断当局仍需在此基础上测度房天下的市场势力。以常用的市场集中度法为例,在单、双边方式界定结果基础上,测度出的市场份额可能出现较大差别。

具体如下:从目前市场情况而言,二手房领域的链家,装修领域的土巴兔、齐家,都是房天下强有力的竞争对手。因此,房天下在新房、二手房和装修广告投放市场中的市场份额可能并不太高。这表明,依据双边方式相关市场界定结果测度出的房天下市场势力较弱。据此,反垄断当局无需对房天下的行为进行规制。而房天下在普通住宅广告投放市场中的市场份额可能较高,则认为房天下具有较强的市场势力。据此,反垄断当局会错误地采取一系列措施规制房天下在普通住宅广告投放市场中的行为。

因此,若继续沿用传统单边方式的相关市场界定方法,"房天下垄断模拟案"审理的最终结果,一方面会浪费有限的司法资源去规制房天下市场行为;一方面干预了房天下合理的市场行为,不利于房天下甚至房地产网络平台的有序发展。

结合各状态广告投放市场界定结果对比的结论及"房天下垄断模拟案"相关市场界定的模拟结果,以相关市场界定的最终目的为出发点,提出几点适用于房地产网络平台反垄断案件的建议:

(1)若实际案件的市场状态与模拟案件的情况相同,在对其进行相关市场界定时,应先对房地产网络平台两边市场的需求对边价格弹性进行估测,若非目标市场的需求对边价格弹性值极小,可优先选择传统单边方式下的 CLA 模型进行界定。

(2)若实际案件的市场状态与模拟案件的情况相同,且非第一条建议的情形,那么,若依据单边方式下界定结果,测度出被起诉的房地产网络平台不具备垄断势力时,无须依据双边方式下的界定结果,即可直接判定该企业在某市场中不具备垄断势力。

(3)若实际案件均不同于第一、第二条建议的情形,那么,反垄断当局需着重关注交叉网络外部性的影响,严格按照双边方式下的 CLA 模型进行界定。

参考文献

[1] 余清楚. 中国移动互联网发展报告(2017)[M]. 北京：社会科技文献出版社,2017.
[2] 苏振芳. 互联网对社会生活方式影响研究[J]. 福建师范大学学报,200301：86-92.
[3] 李海舰,田跃新,李文杰. 互联网思维与传统企业再造[J]. 中国工业经济,2014,10：135-146.
[4] 中国互联网信息中心. 第41次《中国互联网络发展状况统计报告》[EB/OL]. http://www.cnnic.net.cn,2017/2018.
[5] 中国电子商务研究中心. 2017年(上)中国电子商务市场数据监测报告[EB/OL]. http://www.100ec.cn,2017/2018.
[6] 孙立,杨斌,杨军,等. "互联网+"趋势下产业链大数据整合与应用研究[J]. 科技进步与对策,2015,17：57-60.
[7] 许正中,刘尧. "互联网+"时代经济发展趋势与机遇[J]. 人民论坛,2015,35：22-24.
[8] 李克强. 政府工作报告[R]. 北京：第十二届全国人民代表大会第三次会议,2015.
[9] 习近平. 决胜全面建成小康社会,夺取新时代中国特色社会主义伟大胜利[R]. 北京：中国共产党第十九次全国代表大会,2017.
[10] 徐晋. 平台经济学：平台竞争的理论与实践[M]. 上海：上海交通大学出版社,2007.
[11] 习近平. 第二届世界互联网大会开幕式主旨演讲[EB/OL]. http://www.xinhuanet.com,2015/2018.
[12] 唐德森. 科业变革和互联网渗透下的产业融合[J]. 科研管理,2015(S1)：453-458.
[13] 腾讯网. 跨界：开启互联网与传统行业融合新趋势[M]. 北京：机械工业出版社,2014.
[14] 马化腾. 互联网+：国家战略行动路线图[M]. 北京：中信出版社,2015.
[15] David S. Platform economics: essays on multi-sided business [J]. Competition Policy International, 2014.12：46-67.
[16] Kaiser U, Wright J. Price structure in two-sided markets: evidence from the magazine industry [J]. International Journal of Industrial Organization, 2006, 24：1-28.
[17] 巴曙松. 房地产电商的机会在哪里[J]. 中国房地产业,2015,03：44-45.
[18] 徐晋,张祥建. 平台经济学初探[J]. 中国工业经济,2006,05：40-47.
[19] 巴曙松. 房地产大转型的"互联网"路径区域城市间住宅价格波动溢出效应的内涵分析[M]. 厦门：厦门大学出版社,2015.
[20] Wright J. The determinants of optimal interchange fees in payment systems [J]. Journal of Industrial Economics, 2004, 52：1-26.
[21] Haigu A, Wright J. Multi-sided platforms [J]. International Journal of Industrial Organization, 2015,43：162-174.
[22] Choi J P. Tying in two-sided markets with multi-homing[J]. The Journal of Industrial Economics, 2010,58：607-626.
[23] 徐斌. 浅谈房地产网络营销[J]. 商业时代,2007,01：84-85.
[24] 中国地产总裁. "互联网+"时代房地产业的机遇与挑战[EB/OL]. http://news.dichan.sina.com.cn,2015/2018.
[25] 俞康平. 未来已来跨界共生,2016全球华人地产峰会[EB/OL]. http://house.ifeng.com/estatesummit,2016/2018.

[26] Filistrucchi L. A SSNIP test for two-sided markets: the case of media[J]. NET Institute Working Paper, 2008: 8-34.
[27] Evans D S, Schmalensee R. The antitrust analysis of multi-sided platform businesses[Z]. The University of Chicago, Institute for Law and Economics Working Paper, 2012.
[28] 朱兴珍. 平台厂商市场势力的获取、维持与中国银联的垄断、规制[D]. 济南:山东大学, 2015.
[29] 单姗. 平台厂商的市场势力研究[D]. 济南:山东大学, 2017.
[30] 王孟连. 房地产网络平台市场选择研究[D]. 南京:东南大学, 2017.
[31] Armstrong M. Competition in two-sided markets[J]. RAND Journal of Economics. 2006, 37(3): 668-691.
[32] 虞达锋. 互联网时代美国房地产经纪信息系统借鉴[J]. 中国房地产估价与经纪:2017(5):47-52.
[33] 丹尼斯·W.卡尔顿,杰弗里·M.佩洛夫. 现代产业组织[M]. 4版.北京:中国人民大学出版社, 2009.
[34] 邹恒甫,罗长林. 市场势力与规制:Tirole获得诺贝尔经济学奖的核心工作[J]. 中央财经大学学报, 2014(12): 125-130.
[35] 许晓丽,许晓东. 基于单边和双边的市场支配力测度方法演变[J]. 商业经济研究. 2016(03): 108-111.
[36] Turner D F. The American antitrust laws[J]. The Modern Law Review. 1955, 18(3): 244-258.
[37] 席玉光. 互联网反垄断相关市场界定方法研究[D]. 太原:山西财经大学, 2016.
[38] 黄坤,陈剑,张昕竹. 反垄断审查中的相关市场界定方法研究[J]. 当代财经, 2013(06): 5-18.
[39] 胡杰. 垂直网络视频行业市场势力的判定:以优酷网、土豆网兼并为例[J]. 生产力研究, 2014(03): 6-9.
[40] Evans D S, Noel M D. The analysis of mergers that involve multisided platform businesses[J]. Journal of Competition Law and Economics. 2008, 4(3): 663-695.
[41] 纪汉霖. 双边市场定价策略研究[D]. 上海:复旦大学, 2006.
[42] 迟旭锋. 房地产业信息化研究[D]. 重庆:重庆大学, 2004.
[43] 龙胜平,王仁武. 房地产业信息化[M]. 上海:上海人民出版社, 2002.
[44] 刘航. 大数据应用对房地产信息化建设的促进[J]. 四川建材, 2016, 42(03): 69-70.
[45] 刘文生,王瑾,李勃. 房地产与电子商务结合的模式研究[J]. 现代商业, 2010(05): 194-195.
[46] 张锦歌. 电子商务在房地产企业中的运用研究[J]. 现代物业(上旬刊), 2012, 11(07): 50-52.
[47] 丁焰. 大数据背景下房地产电子商务发展[J]. 市场周刊(理论研究), 2016(06): 54-56.
[48] Aalberts R, Townsend A. Real estate transactions, the internet and personal jurisdiction[J]. Journal of Real Estate Literature, 2002, 10(1): 27-44.
[49] 黄向荣. 房地产开发企业的电子商务应用模式研究[J]. 现代商业, 2009(21): 36-37.
[50] 陆莹. 电子商务在房地产行业中的应用分析[J]. 中国现代服务业, 2011(10): 22-23.
[51] Lu S. A empirical study on relationship between real estate enterprise e-business model and its performance[J]. Advances in Technology and Management, 2012, 187-194.
[52] Hung Y C, Tseng P. The benefit of knowledge sharing: a case study of a real estate brokerage service[M]. New York: Springer, 2012.
[53] Wu N, Gelman I A, Osesina I O. How consistent is web information—a case study on online real estate databases[J]. AMCIS 2009 Proceedings, 2009: 437-447.
[54] Cherif E, Grant D. Analysis of e-business models in real estate[J]. Electronic Commerce Research, 2014, 14(1): 25-50.
[55] Caillaud B, Jullien B. Chicken and egg: Competition among intermediation service providers[J]. RAND Journal of Economics. 2003, 34(2): 309-328.
[56] Rochet J, Tirole J. Platform competition in two-sided markets[J]. Journal of the European Economic Association, 2003, 1(4): 990-1029.
[57] Gabszewicz J, Wauthy Y. Two-sided markets and price competition with multi-homing[J]. Mimeo,

[58] Roson R. Two-sided markets[J]. Review of Network Economics, 2005, 4(2): 142-160.

[59] 濮小金, 司志刚. 网络经济学[M]. 北京: 机械工业出版社, 2006.

[60] Doganoglu, Wright J. Multi-homing and compatibility[J]. International Industrial Organization, 2006, 4(2): 42-76.

[61] Koh T K, Fichman T. Multi-homing Users' Preferences for Two-Sided Exchange Networks[J]. MIS Quarterly, 2014, 38(4): 977-996.

[62] Halaburda H, Jullien B, Yehezkel Y. Dynamic competition with network externalities: why history matters[J]. Social Science Electronic Publishing, 2015, 3(5): 24-36.

[63] Jeitschko T D, Tremblay M. Platform competition with endogenous homing[J]. Social Science Electronic Publishing, 2015, 6(1): 45-77.

[64] Gentzkow M, Petek N, Shapiro J M, et al. Do newspapers serve the state? incumbent party influence on the US press, 1869-1928[J]. Journal of the European Economic Association, 2015, 13(1): 29-61.

[65] Anderson S P, Kind H J. Product quality, competition, and multi-purchasing[J]. Cepr Discussion Papers, 2012, 8(1): 32-60.

[66] Athey S, Calvano E, Gans J S. The impact of consumer multi-homing on advertising markets and media competition[J]. Research Papers, 2016, 3(2): 132-156.

[67] Gentzkow M, Shapiro J M, Sinkinson M. Competition and ideological diversity: historical evidence from US newspapers-appendix[J]. Social Science Electronic Publishing, 2014, 104(10): 3073-3114.

[68] Devalve L, Pekec A. Optimal price/advertising menus for two-sided media platforms[J]. Social Science Electronic Publishing, 2016, 4(2): 66-88.

[69] Idu A, Zande T V D, Jansen S. Multi-homing in the Apple ecosystem: why and how developers target multiple Apple App stores[C]. International Conference on Management of Emergent Digital Ecosystems. ACM, 2011: 122-128.

[70] Hyrynalsmi S, Mäkilä T, Järvi A, et al. App store, marketplace, play! an analysis of multi-homing in mobile software ecosystems[C]. International Workshops on Software Ecosystems, 2012: 59-72.

[71] Lee R. S. Vertical integration and exclusivity in platform and two-sided markets[J]. American Economic Review, 2013, 103(7): 2960-3000.

[72] Rochet J, Tirole J. Defining two-sided markets[Z]. Mimeo, IDEI University of Toulouse, 2004.

[73] Ambrus A, Argenziano R. Asymmetric networks in two-sided markets[J]. American Economic Journal Microeconomics, 2009, 1(1): 17-52.

[74] Schiff A. Open and closed systems of two-sided networks[J]. Information Economics & Policy, 2003, 15(4): 425-442.

[75] Armstrong M, Wright J. Two-sided markets, competitive bottlenecks and exclusive contracts[J]. Economic Theory, 2007, 32(2): 353-380.

[76] 谢运博, 陈宏民. 互联网平台型企业的竞争与最优市场结构: 基于双边市场理论视角[J]. 社会科学研究, 2017(02): 24-30.

[77] Chakravorti S, Roson R. Platform competition in two-sided markets: the case of payment Networks[J]. Review of network Economics, 2010, 5(1): 118-143.

[78] Economides N, Katsamakas E. Two-sided competition of proprietary vs open source technology platforms and the implications for the software industry[J]. Management Science, 2006, 52(7): 1057-1071.

[79] Hagiu A. Pricing and commitment by two-sided platforms[J]. Rand Journal of Economics, 2010, 37(3): 720-737.

[80] Hagiu A. Merchant or two-sided platform?[J]. Review of Network Economics, 2007, 6(2): 115-133.
[81] Hagiu A. Optimal pricing and commitment in two-sided markets[J]. Rand Journal of Economics, 2004: 720-737.
[82] Bakos Y, Katsamakas E. Design and ownership of two-sided networks: implications for internet platforms[J]. Journal of Management Information Systems, 2008, 25(2): 171-202.
[83] Anderson S P, Coate S. Market provision of broadcasting: a welfare analysis[J]. Review of Economic Studies, 2010, 72(4): 947-972.
[84] Peitz M, Valletti T M. Content and advertising in the media: pay-tv versus free-to-air[J]. International Journal of Industrial Organization, 2008, 26(4): 949-965.
[85] 安凯. 上市房企电子商务盈利模式及其效率研究[D]. 杨凌:西北农林科技大学, 2014.
[86] Sun L. Sustainable peri-urban residential settlement development in China—the case of Tianjin[J]. International Journal of Sustainable Development and Planning. 2013, 8(4): 449-463.
[87] Gelman I A, Wu N. Combining structured and unstructured information sources for a study of data quality: a case study of zillow.com[C]// 2011 44th Hawaii International Conference on System Sciences. Kauai: IEEE Press, 2011.
[88] 万久红. 搜房网品牌提升策略研究[D]. 成都:电子科技大学, 2011.
[89] 徐晓丽. 房地产网站盈利模式探析[D]. 济南:山东大学, 2011.
[90] Scornavacca E, Herrera F. Mobile technologies in the New Zealand real-estate industry[J]. International Journal of Advanced Pervasive and Ubiquitous Computing, 2009, 1(2): 19-28.
[91] Filistrucchi L, Geradin D, Damme E V, et al. Market definition in two-sided markets: theory and practice[J]. Journal of Competition Law & Economics. 2014, 10(2): 293-339.
[92] 林平,刘丰波. 双边市场中相关市场界定研究最新进展与判例评析[J]. 财经问题研究, 2014(06): 22-30.
[93] 王建文,张雯嘉. 论互联网企业相关市场界定的挑战与解决思路[J]. 商业经济研究, 2017(06): 91-94.
[94] 郑承明. 基于UPP检验的中国网购行业并购模拟分析[D]. 大连:东北财经大学, 2016.
[95] Farrell J, Shapiro C. Antitrust evaluation of horizontal mergers: an economic alternative to market definition[J]. The B.E. Journal of Theoretical Economics. 2010, 10(1): 1-35.
[96] Affeldt P, Filistrucchi L, Klein T J. Upward pricing pressure in two-sided markets[Z]. TILEC Discussion Paper 2012-029, 2012.
[97] Baker J B. Market Definition: An analytical overview[J]. Antitrust Law Journal. 2007, 74: 129-173.
[98] 谢骞. 双边市场下的反垄断法相关市场界定研究[D]. 北京:中国政法大学, 2012.
[99] 中华人民共和国商务部反垄断局. 国务院反垄断委员会关于相关市场界定的指南[Z], 2009.
[100] 丁茂中. 反垄断法实施中的相关市场界定研究[D]. 上海:华东政法大学, 2010.
[101] Werden G J, Froeb L M. Correlation, causality, and all that jazz: the inherent shortcomings of price tests for antitrust market delineation[J]. Review of Industrial Organization, 1993, 8(3): 329-353.
[102] Harris B C, Simons J J. Focusing market definition: how much substitution is necessary?[J]. Research in Law and Economics, 1989, 12: 207-226.
[103] 韩立余. 反垄断法规范知识产权滥用的特点与局限:以欧美微软案为视角[J]. 暨南学报(哲学社会科学版), 2007(02): 91-97.
[104] 丹尼尔·L·鲁宾费尔德. 垄断地位的维持:美国政府控微软案[J]. 山东大学学报(哲学社会科学版), 2008(03): 15-27.
[105] 王妮妮. 互联网搭售行为的反垄断规制:"3Q案"与"微软案"的比较[J]. 江西社会科学, 2015(04): 187-192.

[106] Russo F, Stasi M L. Defining the relevant market in the sharing economy[J]. Internet Policy Review, 2016,5(2).

[107] Peitz M, Valletti T. Reassessing competition concerns in electronic communications markets[J]. Telecommunications Policy, 2015,39(10):896-912.

[108] Song M. Estimating Platform Market Power in Two-Sided Markets with an Application to Magazine Advertising[J]. Simon School Working Paper, 2011:9:11-12.

[109] Evans D S, Schmalensee R. The industrial organization of markets with two-sided platforms[J]. Competition Policy International, 2007,3(1):149-179.

[110] Evans D S. Two-sided market definition[J]. ABA Section of Antitrust Law, Market Definition in Antitrust: Theory and Case Studies, 2009, 5 (2):76-93.

[111] Filistrucchi L. How many markets are two-sided? [J]. Competition Policy International Antitrust Journal, 2010,6 (2).

[112] Evans D S. Competition and regulatory policy for multi-sided platforms with applications to the web economy[J]. Concurrences, 2008(2):57-62.

[113] Evans D S, Schmalensee R. Failure to launch: critical mass in platform businesses[J]. Review of Network Economics, 2010,9(4):1-26.

[114] Evans D S. How catalysts ignite: The economics of platform-based start-ups[M]. MA, US: Edward Elgar, 2009.

[115] Cooper R N, Evans D S, Fisher F M, et al. Did microsoft harm consumers? two opposing views[J]. Foreign Affairs, 2000, 79 (6):177.

[116] 陈双全. 互联网产业中相关商品市场界定:以奇虎360诉腾讯滥用市场支配地位案为例[J]. 宜春学院学报, 2013(11):29-33.

[117] 齐驰名. 互联网平台相关市场界定新视角:以"3Q大战"展开[J]. 商, 2015(29):214-215.

[118] 李剑. 双边市场下的反垄断法相关市场界定:"百度案"中的法与经济学[J]. 法商研究,2010(05):38-45.

[119] 张昕竹,占佳,马源. 免费产品的需求替代分析:以奇虎360/腾讯案为例[J]. 财贸经济,2016(08):144-160.

[120] 陈兵. 网络经济下相关市场支配地位认定探析:以"3Q"案为例[J]. 价格理论与实践,2015(09):16-20.

[121] Ratliff J D, Rubinfeld D L. Is there a market for organic search engine results and can their manipulation give rise to antitrust liability? [J]. Journal of Competition Law and Economics. 2014, 10(3):517-541.

[122] 陆伟刚,张昕竹. 双边市场中垄断认定问题与改进方法:以南北电信宽带垄断案为例[J]. 中国工业经济,2014(02):122-134.

[123] Filistrucchi L. A SSNIP test for two-sided markets: some theoretical considerations[Z]. Tilburg University Working Paper, 2008.

[124] Evans D S. Market definition in antitrust: theory and case studies[M]. New York: ABA Book Publishing, 2012:566.

[125] Wright J. One-sided logic in two-sided markets[J]. Review of Network Economics, 2004,3(1):44-64.

[126] Evans D S, Noel M. Defining antitrust markets when firms operate two-sided platforms[J]. Columbia Business Law Review, 2005(3):101-134.

[127] Filistrucchi L, Klein T J, Michielsen T. Assessing unilateral effects in a two-sided market: an application to the Dutch daily newspaper market[J]. Journal of Competition Law and Economics, 2012,8(2):297-329.

[128] Evans D S. The antitrust economics of multi-sided platform markets[J]. Yale Journal on Regulation, 2003, 20(2): 325-431.

[129] Alexandrov A, Deltas G, Spulber D F. Antitrust and competition in two-sided markets[J]. Journal of Competition Law and Economics, 2011, 7(4): 775-812.

[130] Emch E, Thompson T S. Market definition and market power in payment card networks some comments and considerations[J]. Review of Network Economics, 2006, 5(1): 15-25.

[131] Hesse R B, Soven J H. Defining relevant product markets in electronic payment network antitrust cases[J]. Antitrust Law Journal, 2006, 73: 709.

[132] 李允尧, 刘海运, 黄少坚. 平台经济理论研究动态[J]. 经济学动态, 2013(7): 123-129.

[133] Leibenstein H. Allocative efficiency vs. x-efficiency[J]. American Economic Review, 1966(7): 56.

[134] Rohlfs J. A theory of interdependent demand for a communications service[J]. Bell Journal of Economics, 1974, 5: 123-128.

[135] Katz M, Shapiro C. Network externalities, competition and compatibility[J]. American Economic Review, 1985, 75(3): 86-101.

[136] Farrell J, Saloner G. Standardization, compatibility and innovation[J]. Rand Journal of Economics, 1985: 70-83.

[137] 程虹, 王林琳. 梅特卡夫法则解说与横向战略联盟价值[J]. 情报探索, 2006, 12: 24-27.

[138] Hess J, Gerstner E. Loss leader pricing and rain cheek policy[J], Marketing Science, 1987, 6(4): 358-374.

[139] Bagwell K, Ramey G. Advertising and coordination[J]. Review of Economic Studies, 1994, 61(1): 153-172.

[140] 慕银平, 唐小我, 刘英. 多产品企业集团的中间产品转移定价策略分析[J]. 系统工程理论与实践, 2005, 25(7): 35-40.

[141] 张雪宁, 梁唯溪. 企业多产品多目标的价格决策[J]. 武汉理工大学学报, 2004, 05: 162-165.

[142] 王娜. 双边平台企业价格策略研究[D]. 武汉: 武汉大学, 2011.

[143] Holland M. Two-sided markets: a challenge to competition policy[C]. The First Annual Commission, Competition Tribunal and Mandela Institute Conference on Competition Law, Economics and Policy in South Africa, University of Witwatersrand, Johannesburg, 2007: 1-24.

[144] 种晓丽. 基于消费者价值的移动服务定价模型研究[D]. 武汉: 华中科技大学, 2012.

[145] Rochet J, Tirole J. Two-sided markets: a progress report[J]. RAND Journal of Economics. 2006, 37(3): 645-667.

[146] Rysman M. The economics of two-sided markets[J]. The Journal of Economic Perspectives, 2009, 23(3): 125-143.

[147] Choi J P. Tying in two-sided markets with multi-homing[J]. The Journal of Industrial Economics, 2010, 58(3): 607-626.

[148] 李煜, 吕廷杰, 郝晓烨. 双边市场理论与应用研究现状综述[J]. 首都经济贸易大学学报, 2013(02): 92-97.

[149] 黄民礼. 双边市场与市场形态的演进[J]. 首都经济贸易大学学报, 2007(03): 43-49.

[150] Rochet J, Tirole J. Two-sided markets: an overview[J]. Toulouse, 2004, 51(11): 233-260.

[151] Hagiu A. Platforms, pricing, commitment and variety in two-sided markets[J]. Princeton University Doctoral Dissertation, 2004, 1(4): 102-146.

[152] 陈宏民, 胥莉. 双边市场企业竞争环境的新视角[M]. 上海: 上海人民出版社, 2007.

[153] 熊艳. 产业组织的双边市场理论[J]. 中南财经政法大学学报, 2010, 4: 49-54.

[154] Baxter W F. Bank interchange of transactional paper: legal and economic perspectives[J], Journal of Law and Economics, 1983, 26(3): 541-588.

[155] Armstrong M. The theory of access pricing and interconnection[J]. MPRA Paper, 2001 (15608): 295-384.

[156] Betz R. Strategic business models [J]. Engineering Management Journal, 2002,14(1): 21-27.

[157] Parker G G, Van Alstyne M W. Two-sided network effects: A theory of information product design [J]. Management Science, 2005,51(10): 1494-1504.

[158] 张伯伦. 垄断竞争理论[M]. 北京: 北京三联书店,1958.

[159] 叶恒. 中国网络游戏产业的产业组织理论分析[D]. 长沙: 湖南师范大学,2010.

[160] Shaffer S. A test of competition in Canadian banking[J]. Journal of Money, Credit and Banking, 1993,25(1): 49-61.

[161] Gelos R G, Roldós J. Consolidation and market structure in emerging market banking systems[J]. Emerging Markets Review, 2004,5(1): 39-59.

[162] Bain J S. Industrial organization [M]. New York: Harvard University Press, 1968: 26-39.

[163] 李晓青. 基于双边市场的电子商务平台反垄断与规制分析[D]. 济南: 山东财经大学,2016.

[164] Ahlborn C, Evans D S, Padilla A J. The antitrust economics of tying: a farewell to per se illegality [J]. The Antitrust Bulletin, 2004,49(1/2): 287-341.

[165] Bain J S. Barriers to new competition[M]. Cambridge: Harvard University Press, 1956.

[166] Poolsombat R, Vernasca G. Partial multi-homing in two-sided markets[J]. Discussion Papers, 2006,8(1): 32-60.

[167] 孙玉辉. 用户多属下同城货运物流平台竞争策略研究[J]. 物流科技,2016,39(7): 85-87.

[168] 苏国斌. 基于双寡头模型的平台企业竞争行为研究[D]. 福州: 福建师范大学,2010.

[169] Roson R. Platform competition with endogenous multi-homing[J]. FEEM Working Paper, 2005, 5(2): 20-50.

[170] Evans D S. Some empirical aspects of multi-sided platform industries[J]. Review of Network Economics, 2003,2(3): 191-209.

[171] 於浩. 具有网络外部性的产品的双重购买研究[D]. 厦门:厦门大学,2007.

[172] 纪汉霖. 用户部分多归属条件下的双边市场定价策略[J]. 系统工程理论与实践,2011,31(01): 75-83.

[173] 尹冬生. 网络外部性下的我国电子支付产业竞争策略研究[D]. 济南:山东大学,2010.

[174] 傅联英. 银行卡支付平台竞争绩效及其生存区间分析[J]. 上海管理科学,2011(5): 25-28.

[175] Park S. Quantitative analysis of network externalities in competing technologies: the VCR case[J]. Review of Economics and Statistics, 2004,86(4): 937-945.

[176] Lieberman M B. Did first-mover advantage survive the dot-com crash[J]. Unpublished Working Paper, UCLA, 2005.

[177] Shapiro C, Varian H R. Information rules: a strategic guide to the network economy[M]. Boston: Harvard Business Press, 1998.

[178] 王庆国,蔡淑琴,汤云飞. 基于质量信息不对称度的消费者效用与企业利润研究[J]. 中国管理科学,2006(01): 88-93.

[179] 曹俊浩. 基于双边市场理论的B2B平台运行策略及其演化研究[D]. 上海:上海交通大学,2010.

[180] 刘蓉娜. 质量因素影响下的双边市场平台均衡分析[D]. 重庆:重庆大学,2010.

[181] Liebowitz S J. Re-thinking the network economy: the true forces that drive the digital marketplace [M]. New York: American Management Assoc., Inc, 2002.

[182] Tellis G J, Yin E, Niraj R. Does quality win? Network effects versus quality in high-tech markets [J]. Journal of Marketing Research, 2009,46(2): 135-149.

[183] 王小芳,纪汉霖. 用户基础与拥挤效应及双边平台的市场进入[J]. 系统工程学报,2015,30(4): 466-475.

[184] 徐风苓,孟祥武,王立才. 基于移动用户上下文相似度的协同过滤推荐算法[J]. 电子与信息学报,2011,33(11):2785-2789.

[185] Farrell J, Saloner G. Installed base and compatibility: innovation, product preannouncements, and predation[J]. American Economic Review, 1986,76(5):940-955.

[186] 苏宏. 经济均衡与最优化均衡研究[J]. 中国电子商务,2012(16):268-268.

[187] 高鸿业. 西方经济学[M]. 北京:中国人民大学出版社,2010.

[188] 孙璐. 中国纺织服装出口的国际市场势力测度及增进对策[D]. 杭州:浙江大学,2008.

[189] 赵业新. 欧美反垄断法的相关市场界定问题研究[D]. 厦门:厦门大学,2007.

[190] 刘长云,郑鹏程. 论相关市场界定在反垄断法中的地位和作用[J]. 财经理论与实践,2016,37(6):136-141.

[191] 谢怡琳. 欧美反垄断法关键设施原则的比较研究及其启示[D]. 湘潭:湘潭大学,2014.

[192] Gregory J W. Why (Ever) define markets? An answer to professor Kaplow[J]. Antitrust Law Journal, 2013,78:728-729.

[193] 王先林. 论反垄断法实施中的相关市场界定[J]. 法律科学(西北政法学院学报),2008(01):123-129.

[194] 王晓晔. 举足轻重的前提:反垄断法中相关市场的界定[J]. 国际贸易,2004(2):46-49.

[195] 李小明. 反垄断法中滥用市场支配地位法律问题研究[D]. 北京:中国政法大学,2005.

[196] Fry A, Mcguire M R, Schmierer C. Horizontal market power: the evolving law and economics of mergers and cartels[J]. GEO. MASON L. REV. 2011,18(4):819-825.

[197] 余东华. 反垄断法实施中相关市场界定的 SSNIP 方法研究:局限性其及改进[J]. 经济评论,2010(02):128-135.

[198] 董莹. 论反垄断法中相关产品市场的界定[D]. 北京:对外经济贸易大学,2006.

[199] Coe P J, Krause D. An analysis of price-based tests of antitrust market delineation[J]. Journal of Competition Law and Economics, 2008,4(4):983-1007.

[200] 黄坤. 互联网产品和 SSNIP 测试的适用性:3Q 案的相关市场界定问题研究[J]. 财经问题研究,2014(11):29-37.

[201] 张芸. 反垄断法中的假定垄断者测试研究[D]. 北京:中国政法大学,2011.

[202] 马路萌. 反垄断法执行中相关市场界定的临界损失分析[D]. 济南:山东大学,2013.

[203] Katz M, Shapiro C. Further thoughts on critical loss[J]. Antitrust Source, 2004, 3(4):1-9.

[204] Areeda P E, Turner D F. Antitrust law[M]. Boston: Little, Brown & Co, 1978.

[205] Scheffman D T, Coate M B, Silvia L. Twenty years of merger guidelines enforcement at the FTC: an economic perspective[J]. Antitrust Law Journal, 2003,71:277-318.

[206] 袁志刚. 西方经济学[M]. 北京:高等教育出版社,2010.

[207] 张薇,邓英飞,江晓珍. 会计学原理[M]. 北京:清华大学出版社,2018.

[208] 周鸿铎. 网络产业经营与管理[M]. 北京:经济管理出版社,2005.

[209] 周利华. 网络平台演化机制研究[D]. 金华:浙江师范大学,2013.

[210] 段文奇,赵良杰,陈忠. 网络平台管理研究进展[J]. 预测,2009,06:16-17.

[211] 曹振良. 房地产经济学通论[M]. 北京:北京大学出版社,2003.

[212] 李艳双. 房地产业与国民经济协调发展研究[D]. 天津:天津大学,2003.

[213] 韩波. 房地产业链中开发商运营模式变革分析[D]. 上海:上海交通大学,2002.

[214] 张洪力. 房地产经济学[M]. 北京:机械工业出版社,2004.

[215] 牛伟晨. 基于系统动力学的西安市住宅增量市场与存量市场互动机理研究[D]. 西安:西安建筑科技大学,2014.

[216] 吕其银. 我国房地产业并购战略研究[D]. 南京:东南大学,2006.

[217] 王国军,刘水杏. 房地产业对相关产业的带动效应研究[J]. 经济研究,2004(08):38-47.

[218] 杨岩枫. 政府规制视角下的集体经营性建设用地土地市场研究[D]. 北京:中国地质大学,2017.
[219] 于飒洲. 房屋中介网系统的设计与实现[D]. 长春:吉林大学,2011.
[220] 葛维. 基于云计算的房地产中介管理系统的分析设计研究[D]. 西安:西安科技大学,2014.
[221] 马飞. 房产中介管理信息系统的设计和实现[D]. 济南:山东大学,2013.
[222] 郑淑蓉.商务网站的成本与效益分析[J]. 经济问题,2009(4):50-52.
[223] Parker G, Van Alstyne M W. Information complements, substitutes, and strategic product design[C]. Proceedings of the twenty first international conference on Information systems. Association for Information Systems, 2000:13-15.
[224] 孙蕾. 基于AHP的网络广告三维决策模型[J]. 今日财富,2017(13):24-30.
[225] 胡雯瑾. 广告支持型双边市场的价格结构与网络外部性研究[D]. 上海:上海交通大学,2007.
[226] 刘厚俊. 现代西方经济学原理[M].南京:南京大学出版社,2009.
[227] Bakos Y. The emerging role of electronic marketplaces on the Internet[J]. Communications of the Acm, 1998,41(8):35-42.
[228] 方富龙. 基于双边市场理论的B2B平台运行策略及其演化研究[D]. 上海:上海交通大学,2010.
[229] Talking Data. 2016移动房产行业分析报告[EB/OL]. http://www.talkingdata.com, 2017/2018.
[230] 陆雄文. 管理学大辞典[M]. 上海:上海辞书出版社,2013.
[231] 段文斌. 西方经济学[M]. 北京:旅游教育出版社,2008.
[232] 张士军,施立奎. 现代经济学基础[M]. 北京:北京大学出版社,2008.
[233] Hagiu A. Two-sided platforms: product variety and pricing structures[J]. Journal of Economics & Management Strategy, 2009,18(4):1011-1043.
[234] Zeithaml V A. Consumer perceptions of price, quality, and value: a means-end model and synthesis of evidence[J]. Journal of Marketing, 1988,52(3):2-22.
[235] 芦彩梅,高小俊. P2P在线借贷平台的定价研究[J]. 陕西科技大学学报(自然科学版),2016(01):175-180.
[236] 吕凤琴. 房地产中介的市场选择与发展研究[D]. 重庆:重庆大学,2004.
[237] 袁东阳,马颖,程一木. 差异化战略与竞争优势的可持续性:理论与案例研究[J]. 技术经济,2014,05:118-124.
[238] 赵德余,顾海英,刘晨.双寡头垄断市场的价格竞争与产品差异化策略:一个博弈论模型及其扩展[J]. 管理科学学报,2006,05:1-7.
[239] 袁梁.双寡头垄断市场的纵向产品差异化与价格博弈分析[J]. 统计与决策,2011,12:175-176.
[240] 韦铁,鲁若愚. 基于Hotelling改进模型的服务创新差异化竞争战略研究[J]. 管理工程学报,2013,03:69-73.
[241] 马璐. 基于产品差异化的双寡头市场广告竞争模型研究[D]. 上海:上海交通大学,2009.
[242] 汪淼军. 网络外部性、竞争和产品差异化[J]. 经济学,2003,2(2):25-26.
[243] 刁新军,杨德礼,佟斌.具有不对称网络外部性和纵向差异化的产品竞争策略[J]. 运筹与管理,2011,20(03):23-29.
[244] Katz M, Shapiro C. Network externalities, competition, and compatibility[J]. American Economic Review, 1985,75(3):424-440.
[245] 史剑新. 伯川德价格博弈中的正利润均衡[J]. 管理工程学报,2001,15(2):82-83.
[246] 陈斑斑. 中国房地产网站信息内容建设研究[D]. 广州:暨南大学,2015.
[247] Gefen D, Rao V S, Tractinsky N. The conceptualization of trust and their relationship in e-Commerce[C]. Proc. 3th Hawaii Int. Conf. on System Science (HICSS 2003), 2003.
[248] Urban G L, Sultan F, Qualls W J. Placing trust at the center of your internet strategy[J]. Mit Sloan Management Review, 2001,42(1):39-48.
[249] 傅瑜. 中国互联网平台企业竞争策略与市场结构研究[D]. 广州:暨南大学,2013.

[250] 白林,李涛. 从 Zillow 看美国互联网房地产信息服务[J]. 金融博览,2014(9):54-55.
[251] 蒋超. 我国房地产门户网站内容建设研究[D]. 天津:天津师范大学,2012.
[252] 比达资讯. 2017 年 2 月中国房地产类 App 用户检测报告[EB/OL]. http://www.bigdata-research.cn/content/201704/413.html,2017/2018.
[253] 梁云芳,高铁梅,贺书平. 房地产市场与国民经济协调发展的实证分析[J]. 中国社会科学,2006(03):74-84.
[254] 国家统计局. 国民经济行业分类 GB/T 4754—2017[S]. 北京:中国标准出版社,2017.
[255] 巴曙松,杨现领. 房地产大转型的"互联网＋"路径[J]. 中国房地产,2015(27):2.
[256] 王丽艳,郑丹,王振坡. 新型城镇化进程中我国房地产产业链重构研究[J]. 建筑经济,2015(09):5-8.
[257] 钱炳,周勤. 中国人真的不能相互信任吗？——关于"韦伯命题"和淘宝案例的分析[J]. 东北大学学报(社会科学版),2010(05):409-414.
[258] 汪才华. 工程投标保证金问题法律之思考[J]. 中国招标,2009(41):18-20.
[259] 罗光辉. 完善投标保证金联保制度的思考[J]. 中国招标,2014(39):12-14.
[260] 吴汉洪,孟剑. 双边市场理论与应用述评[J]. 中国人民大学学报,2014(02):149-156.
[261] 方佳佳. 产品模块化对组织模块化的影响机制研究[D]. 杭州:浙江大学,2008.
[262] 吕俊涛. 基于纵向差异化的企业产品创新策略博弈分析[D]. 上海:上海交通大学,2008.
[263] 戴业强. 价格与价值的关系:兼论传统价格理论中的矛盾观点[J]. 滨州学院学报,2006(01):50-53.
[264] 埃德温·曼斯费尔德,里·约埃. 微观经济学[M]. 11 版. 北京:中国人民大学出版社,2012.
[265] 陈倩茹. 房地产网络平台价格结构研究[D]. 南京:东南大学,2017.
[266] 袁俊. 上海市住房市场需求弹性实证研究[D]. 上海:华东师范大学,2011.
[267] 程大中. 中国服务需求弹性的估计:基于 Baumol 模型的分析[J]. 南大商学评论,2004(02):50-71.
[268] 李宏瑾. 我国房地产市场垄断程度研究:勒纳指数的测算[J]. 财经问题研究,2005(03):3-10.
[269] 李国栋,惠亨玉,肖俊极. 中国银行业市场竞争程度及其顺周期性——以勒纳指数为衡量指标的重新考察[J]. 财经研究,2009(03):16-26.